KB126988

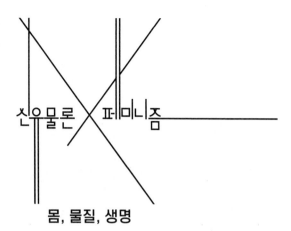

신유물론 페미니즘

몸, 물질, 생명

신유물론×페미니즘   몸 물질 생명

지은이 ❋ 김남이, 이현재, 임소연, 이지선, 박신현, 심귀연, 박이은실, 김지은
발행 ❋ 고갑희
주간 ❋ 임옥희
편집 · 제작 ❋ 사미숙
펴낸곳 ❋ 여이연
주소 서울 영등포구 영등포로 420-6 3층
전화 (02) 763-2825   팩스 (02) 764-2825
등록 1998년 4월 24일 (제22-1307호)
홈페이지 http://www.gofeminist.org
전자우편 gofeminist1020@gmail.com

초판 1쇄 인쇄 ❋ 2023년 12월 18일
초판 1쇄 발행 ❋ 2023년 12월 21일

값 16,000원
ISBN 978-89-91729-48-3   93330

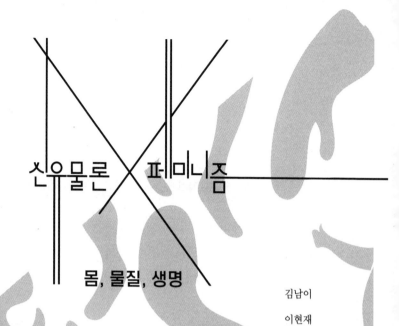

신유물론 × 페미니즘

몸, 물질, 생명

김남이
이현재
임소연
이지선
박신현
심귀연
박이은실
김지은
지음

도서출판 여이연

목차

서문

그때 코로나 팬데믹이 기후 위기 논의와 맞물려 한참 사람들의 입에 오르내리고 있었다. 하루가 멀다고 변이 바이러스의 출몰과 그에 대응하는 백신 관련 과학기술경쟁, 수백만 명의 죽음이 모든 매체에서 비현실적으로 스펙타클하게 재현되었다. 온갖 그래프와 숫자들은 우리를 혼미하게 만들었지만, 다른 한편으로 눈을 뜨면 몇 명의 사망자와 감염자가 나왔는지, 어떤 거대 제약기업의 주가가 올랐는지 확인하는 것이 습관이 될 정도로 사람들은 그 숫자들을 '즐겼다.' 바이러스는 곧 자연의 은유로 사용되기 일쑤였고, 자연이 '분노'한다고 저마다 열을 올리며 성토했었다. 그때쯤이었던 것 같다. 페미니즘 담론에서 전지구적인 기후위기와 과학에 대한 관심은 꾸준히 있었지만 본격적으로 생태, 자연, 물질, 과학이 지배적인 논제로 대두된 것은 분명 전지구적인 기후 위기에 대한 관심과 코로나라는 위기의 얽힘이 큰 영향이었을 것이다. 위기는 예측가능하게 흐르는 시간을 절단하고 구멍을 내어 이질적인 것들이 들어오게 만든다. 팬데믹은 비극이었지만 페미니즘은 다른 한 손에 생태, 과학, 물질이라는 긴급한 주제를 다룰 기회를 얻게 되었다.

이런 상황에서 신유물론(들)이 페미니스트들에게 많은 영감을 주었다. 신유물론 자체는 이미 30여 년 전부터 젊은 학자들로부터 꾸준히 호응을 얻어가던 (이렇게 말해도 된다면) 포스트-포스트구조주의 철학들 중 하나이다. 신유물론은 법과 정치, 인간, 경제와 사회를 향한 페미니스트들의 비판을 과학과 물질, 몸과 자연에 대한 성찰로 옮기고 기존의 담론들을 재고해보도록 하는 자원이 되어 왔다. 그러나 지금과 같이 본격적으로 한국에서 신유물론 관련 논문과 책들이 나오기 시작한 것은 최근인 것 같다. 부분적으로는 기후 위기와 팬데믹이 우리에게 던져준 물음들에 관한 학계의 반응일 것이다.

그러나 반대로, 이 선집의 글들에서 줄곧 다뤄지기도 하지만, 신유물론은 페미니즘이 없었으면 탄생하지 못했을 것이다. 전통 철학에서 '열등하고 하찮은 것'이라고 규정되던 것들에 관한 관심은 여성의/여성에 대한 관심과 일맥상통하기 때문이다. 인간(문명)이 아니라 자연, 이성이 아니라 신체의 감각, '초월'이 아니라 내재, 냉철하고 이성적인 결단에서 나오는 자유의 행위가 아니라 모호한 향유에서 비롯한 행위, 선형적이고 꽉 찬 시간이 아닌 비어있는 공간, 주체보다는 타자, 그리고 윤리보다는 미학. 뿐만 아니라 신유물론의 비일관적이고 확장적인 성격. 그리고 인문/사회/자연과학을 아우르며 학문들을 서로 전염시키고, 내파하는 힘은 페미니즘과 공유하는 지점이다. 이 선집은 그 둘이 공유하는 것들을 큰 줄기로 꿰어보았다.

한국에서 본격적으로 신유물론과 페미니즘을 함께 다룬 이론서가 없기에 우선은 페미니즘과 신유물론을 접속시켜 개괄하는 것으로 이 책은 시작한다. 김남이는 신유물론이 어떻게 학문적 영역에서 두각을 나타내고 진화해왔는지를 여러 연구자들의 주장들을 (거의) 시간순으로 추적한다. 그리고 신유물론이 기존의 지배적인 페미니즘 혹은 젠더 이론과 다른 점을 지적하며, 특히 로지 브라이도티가 왜 '젠더'가 아닌 '성차'를 역설하는 지에 대해 깊이 있게 다룬다. 이현재의 글은 저자의 오랜 질문인 "페미니즘은 '생물학적 여성'을 어떻게 설명해내야 하는가?"에 대한 철학적 대답이다. 그녀는 '생물학적 여성' 혹은 '몸'과 '성차'라는 개념들이 페미니즘에서 환원적으로 쓰여온 것을 경계하며, 그 원인을 생명과 자연에 대한 인간의 오래된 오인에서 비롯한다고 진단한다. 특히 그녀는 엘리자베스 그로스의 대표적이면서도 논쟁적인 저작 『몸 페미니즘을 향해 Volatile Bodies』에서 강조된 성차화된 몸 논의를 빌려와서 '문지방'으로서의 신체, 내부와 외부의 접점으로서의 성차와 몸을 페미니즘이 재사유해야 함을 역설한다.

무엇보다도 신유물론은 페미니즘 이론이 상대적으로 무관심했던 과학기술을 적극적으로 끌어온다. 물론 이런 무관심은 여타 인문사회과학들처럼 페미니즘도 '인간'의 '사회, 제도, 법, 정치, 권력, 경제'에 긴급한 논의를 중심으로 이루어져 왔기 때문이다. 그러나 신유물론 페미니스트들은 과학기술의 성과와 통찰들을 통해 과학과 페미니즘이 처한 문제들에 대한 새로운 시각을 보여준다. 임소연은 과학기술학이 페미니즘과 만날 때 어떤 물질, 사물, 타자, 대상, 그리고 자아가 새로이 드러나고 생성될 수 있는지 분명히 보여준다. 특히 저자의 성형수술에 대한 일종의 '경험적 기술'은, 의식을 중심으로 하는 후설의 '현상학적 환원'을 놀랍게도 다른 관점에서 유물론적으로 성취하면서, 페미니즘이 성형수술에 대해 가지는 통념을 비튼다. 이지선은 버라드의 물리학이 어떻게 정치, 문화와 만날 수 있을지를 고민한다. 그녀는 최근 많은 관심을 받았던 캐런 버라드의 행위적 실재주의를 충실히 설명하고, 이 이론을 통해 영화 <오펜하이머>와 <바비>가 보여준 존재-인식의 얽힘, 물질의 '물의빚기'를 흥미롭게 보여주고 있다.

신유물론이 자연과 몸에 보여온 관심과 열정은 페미니즘의 딜레마를 달리 보여줄 수 있을까? 여성이 몸과 맺어온 양가적 상황, 즉 사회적 평등을 위해 몸을 지워야하면서도 그 몸이 어떻게 다를 수 있는지를 끈질기게 다뤄야 하는 모순에 대해 신유물론은 무엇을 말해줄 수 있을까? 박신현은 페미니즘 안팎으로 전개되어온 여성의 몸과 재생산을 둘러싼 딜레마를 '자기-향유(self-enjoyment)'와 '관심(concern)'의 불가분성을 주장하는 스티븐 샤비로의 논의를 빌려 돌파하고 있다. 레비나스에게 '향유'보다 '관심'이 우월하고, 그래서 존재보다 윤리가 우월하다면, 레비나스를 비판하는 샤비로에게는 그 둘이 분리될 수 없다. 레비나스에게 재생산은 '형이상학적 초월적 타자(아이)'를 위한 물질적 과정일 따름이지만 (그러면서 레비나스는 재생산에서 여성을 지우고 자연과 같이 우리가 향유할 수 있는 물질적 조건 정도로 축소한다), 이리가레와 지아렉에게 재생산은 여성의 창조성, 쾌락과 자기-향유를 위한 공간이다. 저자는 이런 논의를 통해 현재 멈춰있는 임신중지와 관련한 사회적/법적 논의를 여성의 자기-창조 관점에서 볼 것을 제안한다. 심귀연은 신유물론이 구성주의적인 버틀러의 몸과 물질 논의를 비판하지만 그녀가 보기에 버틀러의 몸 개념은 신유물론의 비판과 달리 훨씬 신유물론에 가까이 있음을 보여주고자 한다. 그리고 이를 위해 메를로 퐁티의 몸현상학을 경유한다. 메를로 퐁티의 몸의 행위성은 단순히 의식적 주체의 능동적 행위와는 거리가 먼, 성적 끌림과 감각 및 지각, 그리고 신체의 물질로 구성되는 몸이다. 버틀러에게서든 메를로 퐁티에게서든 몸과 물질은 단순히 담론/의식의 기입의 효과가 아니라 능동/수동의 구분 불가능성, 물질화와 언어화의 동시성과 비경계의 지대인 것이다.

신유물론을 단순히 물질에 관한 이론이 아니라 실제적이고 실천적이며 전방위적인 사태를 분석할 수 있는 방법론으로서 보여주고자 하는 것이 이 책의 결론부를 장식한다. 박이은실은 한국의 한 여성/청소년/학생/노동자였던 어떤 '소녀'의 짧은 삶을 추적함으로써, 그녀의 삶의 다양한 국면에서 작동한 일련의 사회-생태를 분석한다. 그녀는 전 세계적 '녹색혁명', 한국의 산업화, 농어촌과 생태 파괴, 화학적 물질인 농약, 그리고 자본주의까지를 한꺼번에 분석의 테이블에 올리고 신유물론이 생산할 수 있는 '물질'의 정치학을 시도한다. 김지은은 신유물론에서 주로 집중하는 '생명'에 관한 논의에서 생명의 순환으로서의 '죽음'의 계기를 발견한 발 플럼우드를 조명하며, 개체적 차원의 삶 속의 죽음이 다른 차원의 생명과 접속되어 있음을 역설한다.

신유물론은 (일부 심층생태주의에서 보이듯) 자연을 신비화하지 않으면서 인간중심주의를 탈피하고자 하며 사회를 과학주의적으로 개입하려는 것이 아니라 과학적 통찰들을 빌어 페미니즘을 비롯한 정치적 교착을 돌파하려고 한다. 자연은 분노하지 않는다. 인간이 자연의 무관심과 비일관성을 다룰 수 없을 뿐이다. 과학은 우리에게 '답'을 주는 것이 아니라 우리에게 새로운 방식의 '질문'이 가능함을 보여준다. 그 아래에 면면히 흐르고 있는 물질은 생명도 죽음도 아닌 존재 일반의 핵심이다. 그와 동시에 이런 자연/과학/물질에 대한 재사유가 혼미한 숫자놀음과 착취적인 자본주의의 본질을 드러내 줄 수 있다.

이 책의 저자들은 각자의 학문적 여정에서 해결되지 않는 물음들을 신유물론과 페미니즘을 통해 답하려고 했다. 미리 밝히자면 저자마다 신유물론에 대한 관점이 조금씩 다르고, 번역도 일관되지 않은 것들이 있다. 심지어 '신유물론'이라는 이론의 이름과 그 경계에 대해서도 생각이 달랐다. 예를 들어 어떤 저자는 new materialism에 대해 기존의 유물론들과의 차별화를 위해 '물질주의'라고 번역할 것을 선호하지만 또 어떤 저자는 '신유물론'이라는 기존 번역어로 고수할 필요가 있다고 생각한다. 어떤 저자는 캐런 버라드(Karen Barad)의 이론인 agential realism을 행위 실재론, 수행적 신유물론 등으로 부르지만 또 다른 저자는 행위적 실재주의라고 번역한다. 더 심각하게는(?) 어떤 저자는 신유물론을 그것의 개방성과 창조성으로 긍정하지만, 또 어떤 저자는 신유물론에 대한 기대와 함께 우려를 표하는 것을 주저하지 않는다. 일관성을 위해 개념어와 관점 등을 모두 통일할 수도 있었겠지만 그런 비일관성은 이 책이 저자들의 손을 떠나 여기저기 방랑한 후 여러 마주침들과 내부-작용(intra-action)을 통해 고정되거나 또 달리 변할 것이고, 저자들은 그 모든 것을 환영할 것이다. 부디 이 둘의 얽힘과 공명이 또 다른 얽힘과 공명을 만들어내며 파동으로 서서히 모두에게 가닿기를 바라면서 말이다.

　마지막으로 이 기획에 기꺼이 동참했을 뿐만 아니라 개인적 시간을 들여 고된 수정을 거듭하면서 애써준 저자분들, 그리고 엮은이의 부족함을 여러모로 채워준 도서출판 여이연의 사미숙님께 감사를 전한다.

저자들을 대신하여
김남이

신유물론(들)과 페미니즘,
그리고 버틀러 비판[1]

김남이

1. 들어가며

신유물론은 최근 국내의 페미니즘 담론에서 눈에 띄게 부상하고는 있지만, 그것의 복잡성과 다학제성 때문인지 그 흐름들을 따라가는 것이 쉽지 않다. 사실 신유물론은 '새롭다'고 하기에는 이미 90년대부터 철학에서 특정 흐름으로 부상한 학풍이다. 그런데 왜 여전히 신유물론은 스스로 적극적인 학풍을 구성하는 듯 보이면서도 그 윤곽이 잘 잡히지 않는 것인가? 우리는 그들이 말하는 유물론적 사유가 무엇인지 제대로 질문하고 있는 것일까? 그들이 말하는 물질, 실재, 인간중심주의 비판은 철학사에 어떤 새로운 자원을 들여오는가? 특히 신유물론은 페미니즘 담론들과 어떻게 엮이며 상호 영향을 끼쳐왔는가? 본 글은 이러한 복잡하고 방대한 신유물론을 지도 그리면서, 신유물론과 페미니즘 사상들과의 접점과 상호 개입을 확

---

1 (본 글은 여/성이론 47호에 신유물론 특집호 기획글로 실린 바 있다.) 필자는 얼마 전 '성의 존재론'과 관련하여 부분적으로 신유물론들을 다루는 논문을 이미 쓴 바 있다. 그 논문의 몇몇 아이디어들(신유물론이 부상하는 배경 분석, 신유물론에 대한 반응들 소개)이 본 글에서 좀 더 구체적이고 쉽게 재서술될 것이다. 그 논문은 신유물론들 중에서도 캐런 버라드의 성의 존재론의 한계를 확인하고 엘리자베스 그로스의 성차 이론과 알렌카 주판치치의 정신분석적 성 이론을 논하는 것이 주요 골자이다. 그와 달리 본 글은 신유물론의 부상과 분기, 신유물론에 대한 학계의 반응들을 훨씬 비중있게 소개할 것이며, 버틀러에 대한 신유물론의 '표준' 비판과 로지 브라이도티의 버틀러 비판을 요약하여 설명하는 것에 중점을 둘 것이다. 비교를 위해서는 다음을 참조. 김남이, 「성의 존재론과 존재론적 성: 버라드, 그로스, 주판치치의 경우」, 『한국여성철학』, 제38권, 2022, 67- 116쪽.

인하고자 한다.

특히 눈에 띄는 것은 대부분의 신유물론 페미니스트들이 공통적으로 주디스 버틀러(Judith Butler)를 비판의 과녁으로 삼고 있다는 점이다. 신유물론뿐 아니라 다른 동시대 페미니즘 이론들도 주디스 버틀러의 젠더 이론을 넘어서고자 한다. 그러한 학문적 움직임과 동일한 궤도에 있는 신유물론은 어떤 방식으로 넘어서려고 하며, 그러한 극복 혹은 비판적 시도는 성공한 것일까?

이와 같은 질문들로 꿰어지는 본 글은 다음과 같이 전개된다. 우선 신유물론이라는 학풍의 탄생과 그것의 분기, 그리고 신유물론에 대한 비판과 그에 대한 신유물론의 응답들을 살펴봄으로써 신유물론을 (단순화를 무릅쓰고) 지도그린다. 특히 신유물론들 중에서도 스스로 페미니즘 사상에 적극적으로 개입하고 있는 신유물론 페미니스트들의 논의를 중심으로 한다. 그리고 신유물론 이론가들 중 버틀러를 직접적으로 비판하는 논평들을 살펴봄으로써 그 유효성을 검토한다. 그럼으로써 신유물론의 '새로움'에 주목하는 것이 아니라, 그것이 일견 그리 새롭지 않을 수는 있지만 우리에게 필요한 페미니즘 이론을 적극적으로 생산해내고 있음을 확인한다.

2. 신유물론의 부상과 물질적 전회

2.1. 신유물론 부상의 배경
주목되는 것은 몇몇 신유물론 이론가들이 동시에 페미니스트이기도 하다는 점이다. 아마도 그것은 동시대 페미니즘 이론에 대한 불만이 신유물론의 전망을 탐구하도록 유도했기 때문으로 생각된다.[2] 어떤 전망인가?

무엇보다도 오늘날의 많은 페미니스트 이론가들은 소위 '사회구성주의 페미니즘'과 포스트구조주의의 한계를 넘어서고자 한다. 아마도 신유물론이 사회구성주의 페미니즘에 대한 가장 강한 비판이론 중 하나일 것이다. 신유물론 이론가들에 의하면 "많은 사회구성주의 이론이 물질적 현실의 존재를 인정하지만, 그 현실은 언어, 담론, 문화와는 완전히 분리된 영역으로 자주 주장된다."[3] "소위 문화적 전회와 연관된 텍스트적 접근법들은 점점 현대 사회의 이해에 부적합해졌다 (…) [70년대의] 영미 및 대륙적 접근들은 모두 언어, 담론, 문화, 가치를 특권화하는 문화적 전회와 연관되어 왔다. (…) 이제는 물질의 문제를 재개해서, 다시 한 번 사회를 형성하는 데 있어 물질적 요인들에게 마땅한 자격을 주어야 한다."[4] 즉, 이들이 보기에 소위 지배적인 사회구성주의, 포스트구조주의 페미니즘은 물질을 언어에 의해 구성되는 수동적이고 무력한 것으로 보기 때문에, 중요한 정치적 실천을 담론과 문화의 문제로 국한하여 논해왔다. 이런 진단은 동시대 페미니즘을 다소 과장하고 단순화하기는 하지만 충분히 가능한 진단이다. 필자가 보기에도 페미니즘의 정치적 실천의 문제를 담론의 문제로 집중하는 경향은 두 가지 상반된 반응을 낳은 것 같다. 한쪽에서는 정체성 자체를 상대주의적이고 역사주의적인 담론에 둠으로써 모든 정치가 상징적 담론들 사이의 경합으로 환원되는 경향이 우세해졌고,[5] 다른 쪽에서는 그와 반대로 주체의

2　모든 신유물론 이론들이 페미니즘을 다루는 것은 아니나, 현재까지 주도적인 신유물론 이론가 중에는 페미니스트들이 꽤 있다. 신유물론들에 관한 구분은 이 절의 마지막에 다룰 것이다.

3　Alaimo, Stacy & Susan Hekman, *Material Feminisms*, Bloomington, IN: Indiana University Press, 2008, p.3.

4　Coole, Diana & Samantha Frost, *New Materialisms: Ontology, Agency, and Politics*, Durham; London: Duke Univ. Press, 2010, p.3.

신유물론(들)과 페미니즘, 그리고 버틀러 비판

소박한 경험적 실재를 강하게 긍정하는 경향이 나타나기도 한 것이다.[6] 둘 모두 신체와 물질을 이야기하지만 바로 그 신체와 물질이 무슨 일을 하는가에 관해서는 침묵해왔다. 아마도 이런 문제의식을 가진 페미니스트들은 신유물론이 다른 전망을 보여줄 것이라 기대했을 것이다.

다른 한편, 소위 지배적인 사회구성주의 페미니즘은 주로 여성 정체성의 반본질주의에 기대고 있는데, 사실 그러한 경향에는 충분한 이유가 있다. 특히 전통 철학에서 여성성과 자연이 자주 친연한 것으로 등장하고, 여성은 본래적으로(naturally) 자연적인(natural) 존재였다. 말하자면, 임신과 출산이라는 자연의 법칙, 월경의 자연 주기성과 식물처럼 정주하는 성향은 여성에게 본질적인 것으로 여겨졌다. 전통 철학에서 자연과 여성이 인간적/남성적인 것의 타자로서 폄하되어온 역사가 너무 길었던 것이다. 물론 이때 전통 철학이 폄하한 자연이란 인간/남성의 능동적이고 합리적인 이성이 결여된 무력하고 수동적인 자연 관념을 따르는 것이었다. 따라서 페미니스트들이 여성의 주체성과 능동성을 말하기 위해서 자연과의 연결고리를 비본질적인 것으로 설명하려는 경향은 어떤 면에서는 당연한 반응이었다. 그런데 페미니즘의 이런 반본질주의적인 경향은 어느

----

5 이것의 가장 강한 형태는 젠더 플루이드(Gender Fluid)일 것이다. 이런 형태는 정체성을 '선택의 자유'와 동일시함으로써 실제 성소수자들의 무의식적이고 고통스러운 정체성의 형성과정을 역사적 담론의 전유 및 재전유를 통한 유희로 축소시킬 위험이 있다. 그뿐 아니라 이런 경우에 선택의 자유는 자본주의의 명령인 '다양한 상품을 선택할 개인의 자유'와 명료하게 구분되지 않는다.
6 이런 의미에서, 가령 여성의 '생물학적 신체'와 '성기'를 여성성과 여성적 경험의 본질로 삼는 이들이야말로 유물론이 아니라 정확히 관념론의 뒤틀린 형태라고 할 수 있다. 여성의 몸이 무엇인지에 대한 '실재'—기관과 그것의 '정상적인' 기능, 즉 추상화된 실재이자 상상적인 실재—를 강하게 주장함으로써, 그 몸이 우리의 통념과 달리 실제로 무엇을 할 수 있는가에 대해서는 질문하기를 거부하기 때문이다.

정도 자연과 자연과학에 대한 무관심을 낳았다. 더구나 진화론이나 사회생물학이 해왔던 성차별적 연구들은 페미니스트들이 자연형이상학과 자연과학을 적극적으로 받아들이는 것을 꺼리게 했을지도 모른다.[7] 나아가 이런 반본질주의적 경향이 오늘날 더욱 문제시되고 있는 이유는, 우리 시대가 겪고 있는 생태 위기 속에서 인간뿐 아니라 비인간 존재들을 고려하는 방식을 보여주는 데에 (신유물론 페미니스트들에 따르면) 주류 페미니즘이 실패했기 때문이다. 그리고 이런 맥락에서 몇몇 에코페미니스트들이 신유물론이라는 학풍을 적극적으로 구성하기도 한다.

이와 같은 신유물론자들의 진단은 설득력이 있다. 그러나 동시에 신유물론이 주류 페미니즘과 포스트구조주의를 제대로 비판해내고 있는지, 그리고 그에 대한 대안을 제시하고 있는 것인지에 대해서는 더욱 면밀한 검토가 필요하다. 이제 신유물론의 부상과 그것의 변천을 상세히 따라가면서 이 이론이 페미니즘 이론이 당면한 문제에 어떤 사유의 빛을 던져줄 수 있을지 가늠해보도록 하자.

2.2. 신유물론의 부상과 문제의식

신유물론(neo-materialism, new materialism)이라는 명칭은 로지 브라이도티(Rosi Braidotti)가 처음 창안한 것으로 알려져 있는데, 릭 돌피언(Rick Dolphijn)과 이리스 반 데어 튠(Iris van der Tuin)도 브라이도티와의 인터뷰에서 그 점을 언급한다.[8] 그러나 브라이도티는 그에

---

7 페미니즘과 과학의 관계에 관한 문헌들로 다음을 참조: 샌드라 하딩, 『페미니즘과 과학』, 이재경
· 이박혜경 옮김, 이화여자대학교 출판부, 2002; 이블린 폭스 켈러, 『과학과 젠더』, 민경숙 · 이현주
옮김, 동문선, 1996; 캐롤린 머천트, 『자연의 죽음』, 전규찬 · 전우경 · 이윤숙 옮김, 미토, 2005; 하워드
L. 케이, 『현대 생물학의 사회적 의미』, 생물학의 역사와 철학 연구모임 옮김, 뿌리와이파리, 2008.
8 Dolphijn, Rick & Iris van der Tuin, *New Materialism: Interviews & Cartographies*, Open Humanities

대해 긍정이나 부정을 하기보다 그 용어의 이론적 의미를 더 밝히는 것에 집중한다. 브라이도티에 따르면, 80년대 프랑스의 포스트 68혁명 사상가들에게 긴급한 일은 유물론을 최신의 과학적 통찰, 그 중에서도 특히 정신분석과 자본주의 비판의 견지에서 다시 정의해야 하는 일이었다. 구체적으로는 롤랑 바르트나 자크 라캉과 같은 소위 '언어적 전회(linguistic turn)'를 이끈 포스트구조주의자들이 '기호의 물질성'을 강조하며 유물론을 재정의하려 했다. 그런데 90년대에 들어서 포스트구조주의자들 사이에 분열이 생겨나기 시작했는데, 언어적 전회를 강조한 입장의 포스트구조주의자들은 대서양을 건너 영미 학계의 해체주의에 강력한 영향을 행사했고, 이후 대륙철학에서는 미국의 해체주의와 구별되는 것으로서 신유물론이라는 용어가 부상하게 된 것이다. 특히 이 신유물론은 대체로 언어학적 패러다임을 거부하고 사회의 권력관계에 침잠된 구체적이고 복잡한 신체의 물질성을 강조한다. 그리고 브라이도티는 다른 포스트구조주의자들 중에서도 깡귀엠(Georges Canguilhem), 푸코, 들뢰즈의 유물론을 신유물론의 시작과 관련시킨다.[9]

특히 브라이도티는 신유물론의 시작에 페미니즘 사상의 역할이

Press, 2012, p.19; Braidotti, Rosi, "Teratologies", *Deleuze and Feminist Theory*, Ian Buchanan & Claire Colebrook (ed.), Edinburgh Univ. Press, 2000, p.160. 여기서 브라이도티가 신유물론(neo-materialism)이라는 용어를 처음 사용했다고 언급한다. 그러나 사실 브라이도티의 글이 실린 동일한 선집의 다른 저자도 신유물론(neo-materialism)이라는 명칭을 사용한다. Griggers, Camilla. B., "Goodbye America", *Deleuze and Feminist Theory*, Ian Buchanan, Claire Colebrook (ed.), Edinburgh Univ. Press, 2000, p.199. 그리고 브라이도티는 이 단어를 자신의 박사학위 논문부터 들뢰즈의 유물론을 지칭하는 용어로 가끔 사용해왔다고 한다. 말하자면 오늘날과 같은 특정 학풍을 만들기 위해 이 용어를 만들어냈다기보다는 자신의 들뢰즈주의적 유물론의 기원을 다른 유물론(변증법적 유물론, 역사적 유물론 등)과 차별화하고 극복하기 위해 사용했다고 할 수 있다.

9 Dolphijn, Rick & Iris van der Tuin(2012), *op. cit.*, pp.20-21. 그런데 오늘날 느슨한 의미의 신유물론에는 페미니즘과 연관된 신유물론 외에도 퀑탱 메이야수의 사변적 실재론, 그레이엄 하먼의 객체-지향 존재론 등을 포함시킬 수도 있다. 이에 관한 논의는 이 절의 후반부에서 소개될 것이다.

컸음을 강조한다. 그녀에 의하면 지금까지 페미니즘 사상은 이미 드 보부아르로부터 시작된 '현상학적 신체'에 대한 탐구를 마르크스주의와 결합하여 신체와 권력의 관계를 더욱 잘 이론화할 수 있었다. 그리고 이것의 결과로 페미니즘 철학은 기존의 전통적인 대륙철학보다 한층 더 육체/정신 혹은 자연/문화의 이분법을 거부한다. 브라이도티가 보기에, 이와 같은 이분법의 거부는 한편으로 사회구성주의의 영미 젠더이론가(가령 주디스 버틀러와 조운 스콧 등 '성'이 이미 담론의 결과물이라는 주장)들에 의해 이루어지지만, 다른 한편 대륙의 페미니즘 사상은 성적 차이를 이론화하고 물질성을 탐구하며 성/젠더의 구분을 하지 않는 존재론으로 나아간다(이리가레, 식수, 브라이도티, 부분적으로 크리스테바 등). 이런 과정에서 대륙의 페미니즘 사상을 잇는 신유물론은 해체적 비평을 견지하면서도 그 정치적 대안으로서 능동적이고 생산적인 창조성을 강조한다. 이들은 영미 해체주의 페미니즘과 마찬가지로 보편성 및 이분법과 단절하고, 추상적인 남성성과 백인성을 비판한다. 보편성이 문제인 이유는, 추상적인 남성성과 백인성이 시공간을 초월한 인간의 보편성으로 가정되어 지정학적 시공간을 삭제하고 윤리적 우월성을 참칭해왔기 때문이다. 그러나 해체주의 페미니즘이 문화와 담론 중심의 권력 분석에 치중한 것과 달리, 브라이도티는 페미니즘 유물론이 들뢰즈-이리가레를 참조하면서 성화된(sexualized) 자연과 권력관계의 근본적인 내재성, 쉽게 말해 초월적으로 행사하는 권력의 형상이 아닌 관계들이 본질적으로 배태하고 있는 권력의 근본적이고 물질적인 힘을 기반으로 해야 한다고 주장한다. 동시에 그녀는 푸코와 들뢰즈의 권력 이론을 적극적으로 끌어들여 권력의 억압적 측면이 아닌

신유물론(들)과 페미니즘, 그리고 버틀러 비판

생산적 측면을 강조할 필요가 있다고 주장한다.[10]

그런데 브라이도티가 설명한 신유물론의 이론적 배경과 그 목적들은 신유물론에 적극적으로 참여하는 저자들에 따라 다양하게 이해되어 온 것으로 보인다. 가령 마이라 허드(Myra Hird)는 한 서평에서 "사회구성주의가 정체성 형성의 발달적이고 문화적인 측면에 집중해 왔지만," 그와 달리 신유물론과 같은 사회구성주의에 대한 비판은 "담론과 텍스트에 관한 논의들이 궁극적으로는 행위자(doer)의 물질성을 지웠다는 주장"을 담고 있다고 설명한다.[11] 그런데 바로 뒤이어 버틀러를 인용하며 허드가 강조하는 바, 우리는 신체와 관련한 물질성들을 인정할 수 있어야 하는데, 이 신체는 "생물학, 해부학, 생리학, 호르몬적이고 화학적인 구성, 병, 체중, 대사, 생과 사에 의해 의미화되는 것"이라고 덧붙인다.[12] 그리고 이 서평에서 다루는 대부분의 책들은 과학 연구들에 집중되어 있다: 마누엘 데란다(Manuel DeLanda)의 비선형 역사성과 진화론, 엘리자베스 윌슨(Elizabeth A. Wilson)의 신경학, 린 마굴리스(Lynn Margulis)와 도리언

---

10 *ibid*, pp.21-22. 물론 브라이도티 자신의 이런 관점은 해당 인터뷰에서 처음 한 이야기라기보다는 그 이전부터 반복적으로 해오던 주장들이기도 하다. 그리고 이렇게 봤을 때 신유물론을 신물질주의라고 번역하는 것은 다소 오해의 소지를 낳을 수 있다. 브라이도티는 분명 과거의 유물론과의 대결뿐만 아니라 포스트구조주의자들(푸코, 들뢰즈, 정신분석)과의 연결도 강조하고 있기 때문이다. 만일 이것을 기존의 유물론과는 다른 '새로운' 물질주의라고 부른다면 신유물론의 역사성을 협소하게 만들 수도 있다. 신유물론은 분명 기존의 유물론들과 전혀 동떨어진 것이 아니라 그런 유물론과의 대결과 갈등에서 나온 것이기 때문이다. 신유물론의 물질은 기존 유물론의 물질 규정의 변증법적 연속성 속에서 이해되어야 하며, 그런 의미에서 물질주의라는 단어는 그런 맥락성을 간과할 수 있고 또한 협소한 의미의 자연과학적 물질로만 제한할 여지가 있다. 그러나 다른 한편으로 몇몇 신유물론이 과학주의의 경향을 지속한다면 그들을 신물질주의라 부르면서 신유물론 내의 차이들을 구분할 수도 있다고 생각된다. 초기의 브라이도티나 엘리자베스 그로스의 신유물론과는 다소 다른 학파로서 말이다.
11 Hird, Myra J., "Feminist Matters: New Materialist Considerations of Sexual Difference", *Feminist Theory*, Vol.5, No.2, 2004, p.223.
12 *ibid*, p.223.

세이건(Dorian Sagan)의 생물학적 의미에서의 성 이론 등. 물론 이
서평에서 허드는 클레어 콜브룩(Claire Colebrook)의 성차와 형이상학
에 관한 논의도 다루기는 하지만 이 논의는 마굴리스의 진화론적
성 이론으로 수렴되기 위한 교두보 정도의 역할을 하는 것 같다.

스테이시 앨러이모(Stacy Alaimo)는 『물질 페미니즘*Material Feminisms*』
이라는 선집을 기획하면서 자신의 기획이 "신체와 자연의 바로 그
'재료(stuff)'를 재사유 하는 것"이라고 강조하며, 이것을 "물질적 전
회(material turn)"라고 부른다.13 앨러이모는 주류 페미니즘이 '자연'
을 페미니즘에 기만적인 영역으로 만들어왔다고 비판하고, 자신이
기획하는 물질적 전회가 존재론, 인식론, 윤리학, 정치학에 관한 근
본적인 물음들을 개방할 것이라고 하면서도, 사실상 ""물질 페미니
스트들"이 원하는 것은 과학에서 '실재'가 어떻게 규정될 수 있는
지, 그리고 과학적 맥락에서 비인간 행위자가 어떻게 설명될 수 있
는지 알게 되는 것"이라고 강조한다.14

허드와 앨러이모의 주장을 통해 필자가 불분명하게나마 감지하
고 있는 것은, 브라이도티가 개괄한 신유물론의 의미나 전망과 다소
다르게, 혹은 보다 협소하게 지금의 신유물론의 주요 관심분야가 철
학적 의미의 물질 일반보다는 자연과학적 물질과 자연과학의 '새로
운' 발견에 대한 강조로 변화되고 있다는 것이다. 물론 필자가 여기
서 소개한 브라이도티의 개괄과 주장이 앨러이모와 허드의 주장보
다 뒤늦게 나온 것이지만 브라이도티의 주장들은 해당 인터뷰 이전
그녀의 초기 작업부터 일관되게 표현된 것임은 분명하다. 신유물론

---

13 Alaimo, Stacy & Susan Hekman(2008), op. cit., p.6.
14 *ibid*, p.7.

이라는 명칭의 이런 미묘한 변화들은 이후 자연과학 분야에서 나타
난 존재론들과 만나면서 더욱 큰 동력을 만난 것으로 보인다. 그리
고 이에 대한 반응이 학계에서 서서히 비판적 방식으로 나타나게
된다.

　　가장 잘 알려진 신유물론에 관한 비평으로는 사라 아메드(Sara
Ahmed)의 논평이 있다. 아메드에 따르면 신유물론이 학계에서 부상
하는 방식에는 그것만의 독특한 제스처가 있다.

> 나의 주장은, '사회적'이라는 낱말이 여기[신유물론]에서 환유적으로 작동한
> 다는 것이다: 사회라는 낱말은 부분적으로는 인접한 다른 말들, 예를 들면
> 언어, 담론, 문화라는 단어를 통해서 의미를 획득한다. 발화 행위는 페미니즘
> 과 포스트구조주의가 '모든 것'을 언어와 문화로 환원해왔다는 익숙한 혹은
> 심지어 습관적인 불안을 표현하는 것인지도 모른다. 종종 '텍스트중심주의'
> 로 여겨지고, 그래서 실제 세계의 '실제' 혹은 소여(所與)의 물질성을 망각해
> 왔다고 하면서 말이다. 학회 저널의 리뷰어로서, 나는 아무렇지도 않게 보통
> 어떤 사례들도 없이 페미니즘과 포스트구조주의가 몸을 실제로 살아있는
> 물질적, 생물학적 존재로 다루지도 않았고, 혹은 '모든 것'을 언어, 의미화,
> 문화로 환원시켜왔다고 말하는 글들을 수도 없이 봐왔다. 이런 문장들이 어
> 떤 사례나 맥락도 없이 반복되어온다는 것은 내가 그런 제스처, 반생물주
> 의 혹은 구성주의를 향한 지적의 제스처의 '관습화'라고 부르는 것의 증상이
> 다. 이를 통해 이런 반생물학주의는 그 자체로 나쁜 신념의 형식으로 기능한
> 다. (…) 내가 집중하고 싶은 것은, 페미니즘의 반생물학주의 혹은 구성주의
> 가 [페미니즘에서] 관습적이라는 것이 아니라, 페미니즘의 반생물학주의 혹
> 은 구성주의를 향한 [신유물론의] 제스처의 관습화이다.[15]

15　Ahmed, Sara, "Open Forum Imaginary Prohibitions", *The European Journal of Women's Studies,*
Vol.15, No.1, 2008, p.25. 강조는 필자에 의함.

즉, 아메드가 보기에 신유물론은 자신의 학풍을 구성하기 위해서 동시대 페미니즘 이론들이 모든 물질을 문화나 언어로 환원했고, 물질을 망각해왔으며, 반생물학주의에 근거해 있다고 규정하는 제스처를 반복적으로 해오고 있다. 그녀에 따르면 그런 제스처 자체도 문제가 있지만, 더 큰 문제는 그런 제스처가 기존의 페미니즘 사상의 계보 내에 있는 다양한 물질 이론과의 대결을 삭제하고 있다는 데 있다. 이런 제스처의 정확한 사례로 그녀는 캐런 버라드를 든다. 버라드를 중요한 신유물론자로 불리게 만든 한 논문에서 버라드 자신은 다음과 같이 주장한다.

언어에 너무 많은 권력이 주어져 왔다. 언어적 전회, 기호적 전회, 해석적 전회, 문화적 전회: 최근의 모든 전회에서 모든 '사물'—심지어 물질성도—은 언어의 문제로 혹은 문화적 재현의 어떤 다른 형식으로 변한 것 같다. '물질'에 대한 만연한 언어유희는, 오 이런, 주요 개념들(물질성과 재의미화)과 그들 간의 관계에 대한 재사유를 언급하지는 않는다. 오히려, 그것은 (소위) '사실'의 문제들이 의미화의 문제들(여기에는 심지어 인용부호도 없다)로 대체될 정도로 증상적인 것 같다. 언어는 중요하다. 담론은 중요하다. [그러나 여기에서] 중요해 보이지 않는 오직 사물만이 물질이라는 의미심장한 의미가 존재한다.16

아메드는 이러한 버라드의 주장에서, 신유물론자들이 포스트구조주의자와 '주류 페미니즘'에 대해 행하는 독특한 제스처의 전형을 읽는다. 그녀는 버라드가 70년대에 있었던 소위 '언어적 전회'를 단

---

16 Barad, Karen, "Posthumanist Performativity: Toward an Understanding of How Matter Comes to Matter", *Signs: Journal of Women in Culture and Society*, Vol.28, No.3, 2003, p.801.

순화하고 "캐리커처화" 함으로써 포스트구조주의와 페미니즘의 물질과 관련된 문제의식에 대한 통찰을 간과하고 있음을 지적한다.[17]

버라드는 최근 이론에서의 '귀환들'에 대한 캐리커처를 제공하고 있다. 그 주장을 뒷받침할 어떤 사례들도 제공하지 않지만 말이다. 그녀가 실제로 가리키는 이가 누구인지 우리는 알 수 없다('물질'을 언어유희로 사용하는 사람 외에). 여기서 물질은 중요하다/물질화한다. 정말로 중요한 것(matter)인 물질(matter)을 사라지게 만든 이론들에 대항해 스스로를 방어하는 하나의 위치로서 말이다. 그녀는 여기서 이론가들이 물질의 사실들을 의심한다고 함축한다―그러나 문화에 대해서는 그렇지 않다고 [함축한다]. 마치 지금 우리가 말은 믿으면서도 사물을 믿지 않는다는 듯이 말이다. 그래서 우리는 '사실'(여기서 우리는 인용부호[scare quotes]를 넣는다)이라는 낱말에 겁먹고(scared) 있지만 '의미화'라는 낱말에는 그렇지 않은 것이다. 그래서 버라드는 이렇게 묻는다: '어떻게 언어가 물질보다 더 믿을 만한 것이 되었나?' 여기서 우리가 주목할 수 있는 것은, 언어에 대한 포스트구조주의 비평은 말이 진실하다는 것과는 거리가 멀다는 점, 그리고 말은 우리에게 사물로의 직접적 접근을 제공하지 않는다는 점이었다. 나는 심지어 포스트구조주의적 전회는 **말과 사물 모두**에 대한 의심으로 시작한다고 주장하고 싶다.[18]

특히 버라드가 버틀러를 비판하는 부분에 대한 분석에서 아메드의 논의는 더욱 두드러진다. 버라드는 버틀러가 『물질화하는 신체』에서 물질을 담론으로 환원시킴으로써 물질을 제대로 사유하지 못했다고 비판하지만, 아메드가 보기에 버라드는 버틀러가 신체의 물질성을 논하는 맥락을 간과하고 있다. 왜냐하면 버틀러의 주장은 신

---

17 Ahmed(2008), *op. cit.*, p.34.
18 *ibid*, p.34. 강조는 필자에 의함.

체의 물질적 존재론 자체에 관한 것이 아니라, 신체의 물질성이 시간의 경과와 권력관계 속에서 어떻게 침전되는가에 관한 것이었기 때문이다. 즉 버틀러가 자신의 맥락에서 벗어나 물질의 존재론 자체를 말하지 않은 것을 두고 버틀러의 오류라고 말하는 것은 문제라는 것이다. 정리하면, 아메드는 신유물론이 과학에 대한 페미니즘의 개입, 나아가 페미니즘 자체를 환원적인 방식으로 그려냈음을 비판한다. 그러나 동시에 자신도 이런 방식으로 신유물론을 단순화하고 환원하는 것일 수도 있음을 인정한다. 필자가 보기에도 아메드는 신유물론의 다양하고 방대한 이론들을 과장하고 단순화하는 측면이 있다. 그러나 아메드의 주장은 신유물론들의 지형을 파악하는 데에서 매우 설득력이 있는 것도 사실이다.

반 데어 튠은 아메드의 이런 비평에 곧바로 응답하여 아메드가 마찬가지로 신유물론을 축소하고 있다고 비판한다. 그러나 동시에 아메드의 주장에 동의하며 제2물결 페미니즘을 반생물학주의로 규정하는 것은 대단히 문제라고 지적한다. 특히 포스트페미니즘이 2물결 페미니즘의 복잡한 논의와 성과를 폐기했던 것은 나르시시즘적이며 (가령, '페미니즘은 충분히 성공을 거뒀고 이미 과거의 것이 되었으니') 현재를 무비판적으로 찬양하는 것이라고 진단한다.[19] 그

---

19 Van Der Tuin, Iris, "Deflationary Logic", The European Journal of Women's Studies, Vol.15, No.4, 2008, p.412. 아이러니하게도 필자가 보기에, 반 데어 튠의 포스트페미니즘 비판이 어떤 면에서 정확히 국내의 몇몇 신유물론 연구자들이 갖고 있는 측면을 보여주는 것 같다. 특히 그들 중 일부는 신유물론을 포스트구조주의자들이 했던 동일한 작업, 즉 말과 '물질' 모두에 대한 의심의 연장이라고 보기보다는, 물질, 있는 날것, 사실 그대로의, 담론으로 환원될 수 없는 물질에 대한 '소박한' 믿음으로 되돌리는 경향을 종종 보이기 때문이다. 예를 들면, 퀑탱 메이야수가 주장하듯 '과거 칸트에서 포스트구조주의에 이르기까지 상관주의적 철학은 대단히 잘못되었다. 우리는 그 너머로 나아가야 한다, (담론 외부의) '실재, 현실, 사실'을 인정하자!' 이것은 정확히 반 데어 튠이 포스트페미니즘을 비판하는 부분과 유사성을 보인다. '과거의 비판적 페미니즘은 할 만큼 했다. 우리는 그 너머로 나아가야 한다. 실재, 현실, 사실을 인정하자!'라는 모토는 마치 나의 감정과 인식을 의심하도록 만들었던

러면서 그녀는 다시금 신유물론을 다음과 같이 설명한다: "내가 신유물론이라는 범주를 만든 것은 제2물결 인식론이라 불리는 기획을 더욱 심화시키기 위함이었다. 나는 제2물결 인식론을 주류 인식론에 대한 변증법적 반응으로 만들어진 인식론이라고(페미니즘 인식론은 '본래의' 인식론에 반대하고 그럼으로써 페미니즘의 인식론뿐만 아니라 본래의 인식론 또한 구성하고 있다), 그리고 변증법적으로 관계하는 페미니즘 인식론 학파들[샌드라 하딩의 입장론과 포스트모더니즘 페미니즘 등]을 따르고 있는 인식론이라고 규정한다."[20] 그리고 그는 이것을 "유물론 제3물결"이라고 부른다.[21]

바로 이듬해 널라 데이비스(Noela Davis)도 마찬가지로 아메드의 비판에 대한 비판을 행하는데, 여기서는 또다시 페미니즘의 유물론과 그 의미에 대한 탐색보다는 페미니즘의 생명/생물학공포증(biophobia)을 비판하며 '과학적 근거들을 통해' 신유물론을 옹호한다. 그런데 데이비스의 논의는 안타깝게도 아메드가 비판하는 바로 그 동일한 제스처를 취하고 있는 것으로 보인다. 가령 데이비스 자신은 그 예로서, 린다 버크(Lynda Birke)의 내분비학에 대한 비판을 든다. 버크는 생리주기에 관한 호르몬 내분비계의 진단, 즉 호르몬이 여성의 행동들을 결정한다는 주장이 과학계만 아니라 대중에게 너무 당연하게 여겨지고 있는 상황을 비판하면서, 정신의학이나 심리학으로 오면 생리주기에 관한 그런 설명은 효력이 없어짐을 보여준다. 왜냐하면 문화적 터부와 사회적 관습에 따라 생리주기와 그에 관련된

과거의 소위 '학문적 이데올로기(포스트구조주의, 비판이론, 문화이론 등)'가 물질을 모두 소거한 데에 대한 반감과 회심으로서 말이다.
20 *ibid*, p.414.
21 *ibid*, p.415.

행위들, 몸의 변화들이 다양하다는 것을 내분비학(생물학 혹은 의학)은 부정하지만 정신의학과 심리학은 긍정하기 때문이다. 그러나 데이비스는 이 대목에서 버크의 각주를 인용하며 비판한다. 버크가 자신의 각주에서 "그것이 생물학적 결과라면, 우리는 [생리주기를] 형식적으로 좀 더 일정하다고 기대할 수 있을 것"이라고 논평했기 때문이다.[22] 즉 데이비스가 보기에 버크는 정신의학과 심리학은 주기를 결정하는 요인의 다양성을 알려주지만 생물학은 그런 다양성을 알려주지 못한다고 단정하는 것으로 이해한 것이다. 즉 데이비슨은 정확히 버크가 생물학은 고정되고 문화는 순수한 변형들이라는 점을 함축한다고, 그래서 여전히 이 두 체계가 여하간에 상호작용을 하지만, 버크에게는 이분법적으로 분리되어 있다고, 그리고 여전히 신체를 문화가 기입되는 수동적인 어떤 것으로 만든다고 비판하고 있다.[23] 그런데 필자가 보기에 데이비스는 버크의 논점을 대단히 흐리고 있다. 버크가 비판하는 대상은 생명현상을 결정론적인 것으로 보았던 당시의 생명에 대한 주류 '과학담론', 즉 생물학(biology)인가, 생명현상(biology) 자체인가? 전자일 것이다. 버크가 글을 쓴 80년대 당시 만연한 '생물학적 결정론'에 대한 강한 믿음은 페미니즘

---

22 Birke, L. and S. Best, "The Tyrannical Womb: Menstruation and Menopause", in L. Birke, W. Faulkner, S. Best, S. D. Janson-Smith and K. Overfield (eds), *Alice Through the Microscope: The Power of Science over Women's Lives*, London: Virago,. 1980, p.269; note:52; Davis, Noela, "New Materialism and Feminism's Anti-Biologism", *The European Journal of Women's Studies*, Vol.16, No.1, 2009, p.72에서 재인용. 버크의 이러한 언급은 돌아보면 '자연이 일정하며 법칙적'이라는 당시 과학계의 학문적 전제를 그대로 따른다는 면에서 버크도 당시의 과학담론을 비판함과 동시에 당시의 과학 담론의 한계 안에 있는 것이라고 볼 수 있다. 즉 데이비스의 지적(생물학적 신체가 문화와는 달리 안정적/결정적이라는 버크의 언급에 대한 지적)은 옳지만, 데이비스는 당시의 주류 생물학을 비판하는 대신 버크를 '반생물학주의'로 비판한다. 그러나 맥락상 버크야말로 생명현상이 단순히 생물학의 이론으로 환원될 수 없다고 주장한다는 면에서 데이비스의 주장과 크게 다르지 않을 것이다.
23 Davis(2009), *op. cit.*, p.72.

의 믿음인가, 그와 관련한 주류 과학적 주장들인가? 데이비스도 당연히 생명현상의 끊임없는 변천을 주장할 텐데, 그렇다면 그녀의 비판의 과녁은 무엇이 되어야 하는 것일까? 버크가 문화와 생명을 이분법적으로 논할 때 그것이 어떻게 문화와 생명을 그 자체 존재론적으로 다른 것처럼 여겼다고 데이비스는 해석할까? 인식론적 차원의 생물학에 대한 비판을 존재론적 차원의 생명현상과 혼동하고 있는 것은 아닐까?[24] 이런 인식론과 존재론의 혼동과 버크가 개입하는 역사적 맥락과 한계를 삭제하는 것은 데이비스에게서도 동일하게 보인다.[25]

이후 학계 내의 이러한 토론 과정에서 최근 크리스토퍼 갬블은 신유물론을 세 종류로 분류하고 '진정한 신유물론'으로서 캐런 버라드의 행위 실재론(agential realism)을 꼽는다.

세 종류의 유물론[수행적 신유물론, 부정적 신유물론, 생기론적 신유물론] 모두, 물질을 본질적으로 수동적이고 의미가 결여된 것으로서 인간중심주의적으로 가정하는 것을 비판하려 하지만, 우리는 오직 수행적 신유물론의 접근만이 근본적으로 인간과 물질 사이의 구별적 분리를 약화시킨다고 주장한다. 부정적 신유물론과 생기론적 신유물론은 물질의 진정으로 수행적인 운동들에 대한 가치를 다른 방식으로 계속 배제하고 있다. 한편으로, 부정적 신유

---

24 버크 당시의 철학 담론이 인식론 중심이었음을 감안하면 버크의 이러한 설명방식은 분명히 한계가 있다. 그러나 데이비스와 같이 버크의 분석적 범주들을 존재론화하는 것은 범주들을 통한 지식의 확장을 때로는 가로막을 것이다.

25 이 외에도 신유물론의 생물학주의와 과학주의를 비판하는 글로는 Sullivan, Nikki, "The Somatechnics of Perception and The Matter of The Non/human: A critical response to the new materialism", *European Journal of Women's Studies*, Vol.19, No.3, 2012, pp.299-313; Imi, Sari, "The politics of materiality: Affective encounters in a transdisciplinary debate", *European Journal of Women's Studies*, Vol.20, No.4, 2013, pp.347-360; Braunmühl, Caroline, "Beyond Hierarchical Oppositions: A Feminist critique of Karen Barad's agential realism", *Feminist Theory*, Vol.19, No.2, 2018, pp.223-240.

물론은 인간 사유와 비유기체적 물질 사이의 근본적 분열, 혹은 '물러난' 본질을 받아들인다. [근본적 분열이나 물러난 본질] 둘 모두가 끈질기게 지속되는 이유는, 외부의 인간-관찰자 관점에 대해서는 무비판적으로 받아들이기 때문이라고 생각된다. 다른 한편, 생기론적 유물론은 분명하게 어떤 형태의 본질주의도 거부하지만, 우리 생각엔 그럼에도 불구하고 본질주의가 무기적 물질에 투사된 생명의 형이상학을 통해 다시 들어온다. (…) [부정적 신유물론이나 생기론적 신유물론 같은] 비-수행적 신유물론들은 특정 객관주의, 비-관계적인, 따라서 관념론적인 가정들이나 잔여들을 계속 함축하고 있다.[26]

갬블이 보기에 제인 베넷(Jane Bennett)이나 엘리자베스 그로스로 대표되는 생기론적 신유물론(vital new materialism)은 데모크리토스에서 나타나는 "원자 물질의 기계적 수동성을 제외한 생명력의 내재적 능동성의 존재론화"로 요약될 수 있다.[27] 생기론적 유물론은 물질이라고 하기 힘든 불분명한 '힘'이나 '생명'을 존재론화하는 까닭에 사실상 관념론과 다르지 않은 결론으로 흐르며, 나아가 생명이 죽음, 무기물과 뒤얽혀 있음에도 불구하고 이런 죽음, 비생명에 대해 논하는 것이 생기론적 신유물론에서는 불가능하다.[28] 또한 부정적 신유물론(negative new materialism)의 경우 "물질이 비-관계적으로 사유의 외부에 있다는 주장"으로 요약될 수 있는데,[29] 특히 퀑탱 메이야수의 '사변적 실재론(speculative realism)'과 그레이엄 하먼의 '객체-지향 존재론(object-oriented ontology)'이 이에 해당한다. 이 둘

---

26 Gamble, Christopher N. Hanan, Joshua S., Thomas, Nail, "What Is New Materialism?," *Angelaki*, Vol.24, No.6, pp.112.
27 *ibid*, p.120.
28 *ibid*, pp.119-120.
29 *ibid*, p.120.

모두 물질과 사유의 비-관계성에 몰두하기 때문에 물질의 수행적 존재론과는 한참 거리가 먼 것이다. 이들에게 물질은 사유로부터 독립적(퀑탱 메이야수)이며 존재는 사유하는 모든 객체들로부터 물러나 있기 때문이다(그레이엄 하먼).[30] 그러므로 갬블에게 이와 같은 비-수행적 이론들은 존재론과 인식론의 상호함축을 보지 못하는 것이다. 이와 달리 캐런 버라드로 대표되는 '수행적 신유물론'은 양자역학에 대한 닐스 보어의 주류 해석을 받아들여, 측정자(관찰자)의 측정 행위가 단순히 측정 대상과 분리되어 있지 않으며 관찰행위를 통한 만남, 혹은 측정을 포함한 물질들의 배치 자체가 상호작용(interaction)이 아닌 '내부-작용(intra-action)'으로 얽혀 있어서 이 작용을 통해 '현상'이라는 존재론적 단위가 발생하는 것으로 요약될 수 있다. 따라서 갬블이 보기에 실재를 주체나 객체로 환원시키지 않고 둘 모두를 보존하면서도 그것의 유물론적 보증을 근거짓는 버라드의 존재론이 신유물론에서 가장 유망하다.

각각의 신유물론'들'에 관한 갬블의 범주화와 해석이 얼마나 적합하고 유용할지에 대한 판단은 필자의 능력 밖이지만, 적어도 방대한 신유물론들을 파악하는 데 있어 이 분류는 유용한 이정표로 보인다. 그리고 갬블이 보여주는 것처럼 우리가 어렴풋하게나마 인지하는 신유물론'들'은 지금까지도 각자의 방식으로 스스로를 정교화하고 있다. 최근의 한 인터뷰에서 그로스는 신유물론과 다소 거리를

---

30 *ibid*, p.120-122. 본 글은 논의의 흐름을 위해 사변적 실재론과 객체-지향 존재론을 거의 다루지는 않는다. 이 두 이론(갬블의 분류에 따르면 부정적 신유물론)은 페미니즘 이론들과 직접적으로 대결하지 않으며, 무엇보다도 실재를 담론 외부의 어떤 것으로 상정한다는 면에서 담론과 물질의 얽힘을 사유하는 페미니즘과 신유물론 페미니즘(캐런 버라드, 엘리자베스 그로스 등)과는 궤를 달리한다. 부정적 신유물론에 대한 비판은 다음을 참조: 테리 이글턴, 『유물론』, 전대호 옮김, 갈마바람, 2018; 알렌카 주판치치, 『왓 이즈 섹스?』, 김남이 옮김, 여이연, 2021.

두는 모습을 보인다. 그리고 그녀는 자신의 최근작인 『무형*The Incorporeal*』이 자신의 작업의 전환을 가리킨다고 언급한다.

내가 신유물론의 한계들에 관해 (비판은 아니지만) 약간 거리두기를 하고 있다는 것은 맞다. 나는 "유물론적"이라는 말에 결코 편한 적이 없다. 왜냐하면 유물론의 대부분의 형식들, 심지어 "신유물론"이나 "페미니즘 신유물론"까지도 그렇게 새롭지 않기 때문이다. 나에게 실제로는 두 가지 형태의 유물론만 보인다. [하나는] 환원적 유물론. 이것은 분석철학과 심리학, 경제학에서 증식하는 것으로, 비-물질적이거나 초과-물질적 현상들(가령 사상, 생각, 심지어 의미있는 언어와 같은 것들. 이런 것들의 물질적 요소들은 이런 [현상들의] 의미있는 작동들을 설명하지 않는다) 또한 심지어 존재함에도 불구하고 중요한 실제적인 것은 오직 물질적 힘들(뇌, 신경 시스템, 돈과 상품의 흐름)뿐이라고 단언한다. [다른 하나는] 헤겔의 관념론 비판을 통해 맑스가 발전시킨 종류의 변증법적 유물론. 여기서 물질적 힘과 사건들은 변증법의 물질-구조적 논리의 끊임없는 격변을 통해 그것들의 의미, 가치, 효과들로 변형된다. (…) 나는 물질성과 유물론이 물론 삶과 지식에서 직접적으로 중요하다고 말할 것이다. 그러나 우리는 오직 이미 조직화 된 물질, 객체, 생명 존재들에 집중할 수 있을 뿐이다. 이런 존재에서 물질성은 언제나 이미 구조화되고 조직화되어야 하지만, 그것의 형식과 변형은 초과-물질적 존재의 부분으로 간주되어야 한다. …) 『무형*The Incorporeal*』은 내 작업의 전환을 가리킨다. (…) 돌아보면, 내가 유물론의 지배적인 형식들, 즉 환원적이고 변증법적인 유물론의 형식들에 저항한 것도, 정신분석과 언어에 매혹되었던 것도, 이 모두는 내가 의미작용/의미, 욕망/재현 둘 모두를 수용할 수 있는 유물론에 집중하는 방법들이었다. 관념론이나 유물론 모두 혼자서는 세계를 구성하는 존재와 되기의 질서를 설명할 수 없다. 그것들의 관계가 철학사 대부분에서 상호배제적인 언어로 어떻게 규정되는지를 생각하면, 우리는 그것들이 영속적인 공속(共屬)을 말할 수 있는 새로운 개념 집합과 방식이 필요하다.[31]

신유물론(들)과 페미니즘, 그리고 버틀러 비판

이렇게 대략적으로나마 신유물론의 시작과 분기를 살펴보면 특정한 흐름이 보인다. 권력의 내재성과 미시성을 강조하고 자연의 물질성뿐만 아니라 문화나 담론의 물질성을 동시에 사유하려 한다는 면에서 신유물론은 포스트구조주의의 계승으로 시작한다. 특히 신유물론은 포스트구조주의나 사회학이 다루지 않거나 다루기 어려워했던 자연과학을 훨씬 적극적으로 들여온다는 측면에서 환영하지 않을 수 없다. 그러나 최근 들어 자연과학으로 페미니즘에 개입하는 신유물론의 방식은 그들 내에서 차이들을 낳기도 한다. 자연과학적 사실을 다른 학문들의 우위에 두거나, 페미니즘의 역사를 축소시키고 진지하게 대결하지 않거나, 혹은 증식하는 차이들에 대한 찬양(인간에서 비인간으로, 생명에서 무생물로의 확장)등으로 전개되기도 했다. 페미니즘이 무엇보다도 담론과 물질의 공속을 주장한 역사라는 점에 동의한다면, 신유물론 또한 그러한 전제를 공유한다는 면에서 더욱 주목되어야 한다. 그러면서 동시에 신유물론자들 간의 '물질'에 대한 서로 다른 개념적 차이, 이론의 유효성, 그것의 정치적 효과 등을 세밀히 따져 묻고 한계를 함께 사유해야 할 것이다.

3. 버틀러의 젠더이론에 대한 비평들

거의 모든 신유물론 페미니스트들이 주디스 버틀러를 비판하지만, 본 글에서는 버라드를 비롯한 많은 신유물론 페미니스트들의 '표준적인' 비평과 국내에는 잘 알려지지 않는 로지 브라이도티의 버틀러 비평에 집중할 것이다. 최근에 캐런 버라드에 관한 국내의

---

31 Grosz, Elizabeth, "Immaterial Matters, or the Unconscious of Materialism: A Conversation with Elizabeth Grosz", *Sintesis, Revista de Filosofia*, Vol.4, No.2, 2021, pp.143-144.

급증하는 글들이 버틀러에 대한 버라드의 비판을 소개하고 있다. 대체로 신유물론 페미니스트들의 버틀러 비판은 버라드가 행하는 비판에서 크게 벗어나지 않으므로 본 글에서는 버틀러에 관한 비판을 종합적으로 간단히 언급하고 그에 대한 국외 학계의 반응들을 살펴볼 것이다. 그런 다음 버틀러에 관한 브라이도티의 비판을 살펴볼 것이다. 국내에 브라이도티에 관한 관심이 없었던 것은 아니나, 주로 그녀의 들뢰즈주의 유물론에 관한 소개와 소위 '포스트휴머니즘'과 관련해서 주로 읽히고 있는 것으로 생각된다. 본 글에서는 브라이도티의 신유물론적 사유 전체를 갈음하기보다, 그녀가 버틀러를 어떤 지점에서 어떤 방식으로 비판하고 있는지에 더욱 중점을 둘 것이다.

3.1. 담론으로 환원된 물질: 버틀러에 대한 신유물론의 공통 비평과 그에 대한 반응들

신유물론자들에 따르면 버틀러는 '성이 언제나 이미 젠더였다'는 언명을 통해 물질이 담론과 권력관계의 사후적 효과임을 주장하면서, 사실상 신체의 물질성과 행위성(혹은 능동성)을 담론에 의해 수동적으로 기입되는 무력한 기체로 환원한다. 그럼으로써 사실상 버틀러는 자연과 문화의 이분법의 해체, 즉 문화와 자연의 공속관계에 관한 사유에 실패할 뿐만 아니라 오히려 그 이분법을 강화한다. 버틀러가 무엇보다도 성과 젠더, 자연과 문화의 이분법의 해체를 강조하고 있음에도 불구하고, 뿐만 아니라 끊임없이 물질과 신체의 중요성에 대해 말하고 있음에도 불구하고, 담론으로의 환원이라는 결론으로 흐르는 이유는 차이화하는 능력을 물질 자체에 둔 것이 아니라 담론들의 모순적인 속성에 두기 때문이다. 뿐만 아니라 버틀러에 의하면 주체가 물질과 관계맺는 수행적 실천은 근본적으로 주체의 수행이지 신체와 신체를 둘러싼 물질들의 수행이 아니다. 따라서 버틀러에게 물질은 "말할 수 없고 사유할 수 없는 것"으로만 간주된다. 왜냐하면 버틀러에게 "물질에 대해 알려질 수 있는 유일한 것이란 그것이 재현을 초과한다는 점일 뿐이기 때문이다."[32] 즉 "물질은 본질적으로 물질이 아닌 것(가령 인간의 담론)에 의해 포착되는 것에 수동적으로 저항하는 한에서만 그런 저항성 덕분에 '구성적'이며, '능동적'이다."[33] 따라서 버틀러에게 정치성은 신체나 물질의 수행성이 아니라 담론을 경유하는 주체의 수행성에 달려 있고, 담론들의 경합과 모순에 달려 있으며 주체의 포착불가능한 인식론적 실패에 달려 있다. 즉 "버틀러의 이론은 궁극적으로는 물질을 바로 그 물질화 과정에 적극적으로 참여하는 것으로 보기보다는, 담론적 실천의 수동적 산물로 재기입한다."[34] 그리고 여전히 주체를 정치성의 핵심으로 본다는 면에서 인간중심주의를 벗어나지 못한다. 그런 의미에서 버틀러의 유물론은 "실패한 유물론"이다.[35]

이와 같이 버틀러에 대한 신유물론의 비판은 대체로 일관된 반면, 그러한 비판에 대한 비판은 다양하다. 가령 니키 설리번(Nikki Sullivan)은 신유물론의 과학주의와 비-인간(non-human being)에 대한 과도한 투자를 비판한다. 즉 신유물론은 생물학에 대한 페미니즘의 무관심을 지적하기 위해 주로 동물연구를 참조하면서 페미니스

---

32 Kirby, Vicki, *Telling Flesh*, New York: Routledge, 1997, p.108.
33 Gamble(2018), *op. cit.*, p.118.
34 Barad, Karen, *Meeting the Universe Halfway: Quantum Physics and the Entanglement of Matter and Meaning*, Duke Univ. Press, 2007, p.151.
35 Gamble(2018), *op. cit.*, p.118.

트들이 비-인간 존재에 또한 무관심했음을 비판할 뿐만 아니라, 비
-인간 동물들로 인간의 행위나 현상을 정당화하는 경향이 강하다는
것이다.[36] 예를 들면, 허드는 「동물 트랜스」(2008)에서 동물 세계의
다양한 성들을 보여주는 '팩트들'을 통해 인간 성의 다양성과 트랜
스섹슈얼리티를 정당화한다. 그럼으로써 트랜스젠더들을 비자연적이
라고 주장하는 트랜스배제적 급진페미니스트들을 비판하고 동시에
트랜스젠더가 독특한 인간의 문화라는 트랜스 구성주의자들도 비판
한다. 그러나 설리번은 이러한 방식의 정당화들을 곱씹으며 다음과
같이 질문한다: "나는 신유물론의 여러 저작들을 읽고 난 후 여전히
궁금한데, 왜 우리가 육체적 친밀성을 급진적 다양성으로 보기 위해
서, 보노보노, 흰고래수염, 큰뿔양, 무늬도요새, 진드기에 대한 '과
학적' 연구로 돌아가야 하는가? (…) '우리 자신'을 알기 위해 우리
는 왜 박테리아를 (더 정확히 말해, 박테리아에 대한 동시대 지각들
을) 들여다봐야 하는가?"[37] 설리번은 그 이유로 신유물론 이론가들
이 "'인간이 아닌 것'(비인간 동물)을 '인간'보다 '자연'에 더 가까운
것으로 보기 때문"이라고 지적한다.[38] 뿐만 아니라 허드와 같은 사
회생물학적 관점의 보편화 경향은 비인간 동물들이 가지고 있을 대
타성을 부지불식간에 인간과 과학의 관점으로 환원하면서 아이러니
하게도 페미니즘이 비판해왔던 인간동형적이고 식민적인 시각을 답
습한다는 것이다.[39]

사리 어니(Sari Irni)는 신유물론이 초학제성을 기반에 두고 있지

---

36 Sullivan(2012), *op. cit.*, p.304.
37 *ibid.*, p.308.
38 *ibid.*, p.308.
39 *ibid.*, p.305.

만 결국에는 학제들 사이의 권력관계와 연루되어 있다고 비판한다. 가령 자연과학에 관여하지 않는 연구들(사회과학 연구나 인문학 연구들)이 신유물론에 의하면 거의 대부분 "기묘하게도 '제한적'인 것으로 다뤄지기" 때문이다.[40] 그러면서 그녀는 모든 학문은 정의상 특정 방식으로 '제한적'임에도 불구하고 "사회과학 연구가 '자연문화적 힘들'을 논의하지 않았다는 이유로 비판받을 만한 것인지" 묻는다.[41] 가령 버라드는 버틀러의 신체에 관한 논의의 맹점으로 "아마도 버틀러[의 접근]에서 가장 심각한 한계는 (…) 그것이 인간 신체의 물질화에 관한 설명, 더 정확히 말해 인간 신체의 표면의 구성에 관한 설명에 국한된다는 것이다."[42] 따라서 신체의 지각적 표면이 아니라 신체에서 일어나고 있는 생물학적 과정과 그 과정에서의 물질들의 수행성/능동성(뭐라고 부르건 간에)에 대한 분석을 강조하는 것이 신유물론자들의 대부분의 주장이다. 이에 대해 어니는 "생물학/생명현상을 설명해야 한다는 일련의 주장들도 마찬가지로 때로는 자연과학과의 연관을 '물질성'에 대한 설명과 혼동"시킨다고, "그래서 물질 페미니즘에서 물질성은 때때로 정의상 자연과학적 물질이 됨"을 비판하는 것이다.[43] 다시 말해, 사회과학이나 인문학에서 다루는 물질 개념의 사용(가령 버틀러의 물질에 관한 설명)과 자연과학에서 다루는 물질 개념의 사용은 그 차원과 맥락이 다를 수 있는데 이것을 혼용하는 경향이 보인다는 것이다. 이것은 앞서

---

40 Imi(2013), op. cit., p.349.
41 ibid., p.355.
42 Barad, Karen, "Getting real: Technoscientific practices and the materialization of reality", Differences: A Journal of Women's Studies, Vol.10, No.2, 1998, p.107.
43 Imi(2013), op. cit., p.352.

소개한 아메드의 버라드에 대한 비판과 유사한 맥락이다.

갬블의 신유물론의 분류들에 관한 글에서 그는 신유물론의 제스처와 경향에 대한 학계의 비판을 인정한다. 그가 보기에 "어떤 신유물론의 작업은 자신이 문제삼으려는 이분법들을 부지불식간에 강화하기도 한다."[44] 또한 "어떤 신유물론들은 과학의 발견을 물질 자체와 혼융하는 방식으로 부지불식간에 과학을 무비판적으로 수용"하는 "과학 선망"과 "새로움에의 집착"을 보이기도 한다.[45] 아마도 이러한 비판적 토론 속에서 갬블은 버라드의 행위 실재론을 가장 유망한 신유물론으로 꼽고 있는 것으로 보인다. 필자는 앞서 소개한 비판들이 아마도 신유물론들을 페미니즘과 더욱 생산적인 관계를 맺도록 독려하고 더욱 정교한 유물론을 구성하도록 추동하고 있을 것이라고 생각한다. 사실 버라드의 수행성 신유물론에 대한 비판들은 버라드의 유물론(혹은 존재론)—모든 것은 물질이며, 물질이 사유하고 느낀다. 담론과 물질의 내부작용이 특정 절단을 통해 하나의 현상을 구성한다—의 기본 구도 자체에 대한 비판은 아니다. 존재론 자체에 대한 비판보다는 신유물론이 자신의 학문 경향을 구성하는 방법, 그리고 페미니즘과 정치성에 개입하는 방법과 그 유효성에 관한 비판이다.[46] 이는 어쩌면 자연스러울 수도 있는데, (최소한 필자가 아는 많은) 페미니스트들에게는 버라드가 주장하는 존재와 인식

---

44 Gamble(2018), *op. cit.*, p.112.
45 *ibid.*, pp.112–113.
46 필자는 다른 지면을 통해 버라드의 존재론 자체에 대해 비판적으로 조망한 바 있다. 결론적으로 말하자면, 필자가 보기에 버라드의 유물론은 버틀러의 물질성 개념의 '극복'이라기보다는 도착 (perversion)이자 확장이다. 바로 그런 이유로 버라드에게서도 버틀러와 동일한 문제—역사주의적 측면과 모순으로서의 성과 섹슈얼리티의 삭제—가 사라지지 않는다고 지적한 바 있다. 이에 대해서는 졸고를 참조: 김남이(2022), 앞의 글. 이외에도 버라드의 존재론을 직접 비판하는 논의로는 다음을 참조: Braunmühl(2018), *op. cit.*, pp.223–240.

의 공속성, 물질과 담론의 공속성, 버라드의 용어로 하자면 '내부-작용(intra-action)'을 부정하거나 오류라고 비판할 이유가 없다. 바로 그런 공속성을 붙들고 사유한 것이 페미니즘 철학이기 때문이다. 인간이 신체를 벗어난 영적 초월자가 아닌 살과 피를 가진 자연-문화적 존재라는 것, 의식적 주체가 아닌 몸과 무의식의 주체라는 것을 줄곧 주장해온 이들이 페미니스트들 사상가들이었다. 아마도 브라이도티가 주장하는 것처럼, 신유물론의 부상은 페미니즘 사상이 없었으면 불가능했을 것 같다.[47] 그런 의미에서, 여러 우려에도 불구하고 생산적인 토론을 경유한 버라드의 다음 연구가 기대되는 것은 분명하다.

3.2. 성을 삭제한 젠더 이론: 브라이도티의 버틀러 비평

브라이도티가 보기에 버틀러를 비롯한 영미 페미니즘의 젠더 이론이 문제인 이유는 단순히 젠더가 신체의 물질성을 담론으로 환원한 점에만 있지 않다. 영미의 젠더이론은 근본적으로는 성과 성차 및 섹슈얼리티를 삭제했다는 점에서 대단히 문제적이다. 그리고 그녀는 이것을 "대서양을 가로지르는 [영미와 대륙 사이의] 단절" 혹은 "여성공포증(femino-phobia)"라고 부른다.[48] 특히 영미의 많은 페미니스트들은 여성성에 대한 강조를 결정론적이고 부적절한 것으로 거부해왔는데, 그럼으로써 대륙 철학의 성차와 섹슈얼리티에 대한 사유, 특히 이리가레나 식수의 여성성에 관한 사유는 피상적으로 수용되거나, '본질주의'적이거나 '이성애주의'적이라는 혐의를 씌우기

---

47 Dolphijn(2012), *op. cit.*, pp.21-22.
48 Braidotti, Rosi, *Metamorphoses: Towards a Materialist Theory of Becoming*, Cambridge: UK: Polity Press, 2002, pp.28-29; 로지 브라이도티, 『변신: 되기의 유물론을 향해』, 김은주 옮김, 꿈꾼문고, 2020, 63쪽.

에 급급했다. 브라이도티는 이런 '오독'의 수용 배경으로 당시 미국의 페미니즘의 주요 의제들을 지적한다. 80년대 미국의 '성 전쟁(sex-wars)'은 섹슈얼리티에 관해서 매우 부정적으로 반응하게 만들었다. "포르노와 성매매 논쟁이 섹슈얼리티를 독점하고, 섹슈얼리티는 말하자면 부정적으로 폭력과 지배의 문제와 동일시됐다."[49] 캐서린 맥키넌과 안드레아 드워킨의 안티-섹슈얼리티 운동은 섹슈얼리티를 여성 억압의 핵심으로 만들었다. 그럼으로써 여성 주체성의 가능성과 권력의 창조적 생산성을 아예 차단해버렸다.

가령, 이미 잘 알려져 있는 제인 갤럽(Jane Gallop)과 학생과의 소송 사건(갤럽이 여제자에게 성폭력을 가했다는 혐의)에서 브라이도티는 폴 패튼(2000)의 논평을 인용하며 해당 사건이 권력과 욕망의 관계에 관한 사유를 서둘러 삭제했다고 지적한다. "갤럽의 경험은 타자들의 권력에 기여함으로써 얻는 권력의 느낌이 욕망의 강렬한 경험과 어떻게 구별되지 않을 수 있는지를 (…) 보여준다. 그렇다면, 우리가 욕망에 대해 말하는 것인지 권력의 느낌을 말하는 것인지는 중요하지 않다."[50] 푸코와 들뢰즈처럼 브라이도티에게도 권력은 양가적 성격을 지닌다. 즉 권력은 금지하고 제약하는 성격과 힘을 부여하고 가능하게 하는 성격 모두를 지니고 있으며, 섹슈얼리티는 이러한 권력과 욕망의 분석에서 핵심이다.[51] 그러나 갤럽의 문제를 단순한 사법조치로 귀결시킴으로써 섹슈얼리티와 성차는 미국 페미니즘 담론에서 거의 부정적으로만 논의되거나 사라졌다.

---

49 *ibid,* p.30; 위의 번역서, 65쪽.
50 Patton, Paul, *Deleuze and the Political,* New York and London: Routeledge, 2000. (*ibid.,* p.31; 위의 번역서, 70쪽에서 재인용)
51 *ibid,* p.21; 위의 번역서, 49쪽.

신유물론(들)과 페미니즘, 그리고 버틀러 비판

"나는 미국 페미니즘의 '신체'가 비평 담론과 공공담론에서 섹슈얼리티와 긍정적으로 연관될 수 없다고 말하고 싶다. 정신분석과 포스트구조주의의 비판담론들에서 근본적 패러다임인 섹슈얼리티는 미국의 정치 담론에서는 단적으로 어떤 자리도 없다. (…) 한편으로는 정치적 보수주의의 풍토에 의해서, 다른 한편으로는 미국 공공 및 정치 생활에서 법적 소송의 중요성이 증가함에 따라, 섹슈얼리티를 둘러싼 논쟁은 미국에서 거의 전적으로 사회적 권리로서만 제기되었다."[52]

그리고 성과 섹슈얼리티는 이제 미국에서 페미니즘의 중요 의제가 아니라 퀴어 이론에 맡겨졌다. 그런데 퀴어 이론에서 "섹슈얼리티는 거의 항상 위반과 동의어"가 되어버린다.[53] 즉 퀴어 이론은 섹슈얼리티라는 욕망이 권력과 관계하는 양가적 속성을 마찬가지로 간과한 것이다. 브라이도티는 버틀러의 젠더 이론 또한 이러한 미국적 맥락에서 크게 벗어나지 않는다고 본다. 왜냐하면 버틀러는 당시 미국의 사회학과 인류학 및 언어학(John L. Austin)적 전통에서 유래한 섹스/젠더 패러다임을 그대로 받아들이기 때문이다. 브라이도티에게 게일 러빈(Gayle Rubin)부터 버틀러에게까지 이어져 내려오는 섹스/젠더 패러다임이 문제인 이유는, 권력의 이성애주의 매트릭스가 분석의 초점이 됨으로써, "'섹스'가 젠더의 효과이고, 따라서 성

---

52 *ibid.*, p.31; 위의 번역서, 68쪽. 브라이도티와 유사한 주장은 미국의 정신분석 페미니즘에서도 발견된다. 가령 조운 콥젝은 미국의 젠더 이론을 다음과 같이 비판한다: "젠더라는 **중성화된** 범주가 선호되면서 성차라는 정신분석 범주가 의심스럽게 여겨지고 널리 버림받게 된 것은 이 시대[1980년대 중반]부터였다. 그렇다, **중성화되었다**. 내가 주장하는 바, 그렇게 버림받은 이유는, 이 용어가 **젠더**에 의해 대체되었을 때 누락된 것이 바로 구체적으로 말하면 **성차의 성**이기 때문이다. 젠더 이론은 하나의 주요한 업적을 수행했다. 즉 그것은 성에서 그 성을 제거했던 것이다. 젠더 이론가들은 계속해서 성적 **실천**을 말하면서도, 그들은 성이나 섹슈얼리티가 무엇인지 질문하기를 멈추었다." Copjec, Joan, "The Sexual Compact", *Angelaki: Journal of Theoretical Humanities*, Vol.17, No.2, 2012, pp.31-32.
53 *ibid.*, p.32; 위의 번역서, 69쪽.

차는 모든 종류의 다른 변수를 포괄하는 커다란 권력관계의 결과"로 단순하게 축소되기 때문이다.[54] 브라이도티가 보기에 이러한 틀은 전통적인 사회구성주의가 젠더를 설명하는 방식과 물론 다르지만, 섹슈얼리티와 성차가 주체 구성(체현된 주체가 권력을 **받아들임**)에 지대한 영향을 미친다는 점을 고려하지 않기 때문에 여전히 섹슈얼리티와 성차를 지우고 있다.[55] 단순히 섹스나 섹슈얼리티의 '물질성', 생물학적 요소들의 역동성을 고려하지 않는다는 점이 비판되는 것이 아니다. 섹슈얼리티가 가진 양가적 속성, 즉 권력에 기여하고 힘기르기를 동기화하는 측면을 간과한다는 점이 문제이다.[56] 따라서 브라이도티는 자신의 버틀러 비판을 다음과 같이 요약한다: "젠더 이원론의 단순한 거부나 탈안정화가 유일하게 또는 필연적으로 전복적인 입장이라고 믿는 것은 참으로 순진한 일일 것이다. 내 생각에, 동시대의 많은 보수주의 담론이나 신자유주의 담론은 다원주의적 방식으로 '차이들'에 대한 거짓된 찬사라는 형식을 취하고 있다. 자주 생물학이나 유전학을 교차 참조하는, 복수의 차이들에 대한 찬사는 일자의 주권과 동일자의 정치 경제에 근거를 두고 있

---

54 *ibid*, p.33; 위의 번역서, 71쪽.

55 *ibid*, p.33; 위의 번역서, 71쪽. "주체의 체현성은 자연적, 생물학적 종류가 아닌 신체적 물질성의 한 형태이다. 나는 신체를 고도로 구축된 사회적, 상징적 힘들의 복잡한 상호작용으로 간주한다. 신체는 본질도 생물학적 물질도 아니며, 힘들의 놀이, 강도들의 표면, 원본이 없는 순수한 시뮬라크르이다."

56 필자는 버틀러에 대한 이와 같은 비판에 공감하면서도 온전히 동의하지는 않는다. 버틀러가 『권력의 정신적 삶』에서 보인 근본적인 문제의식 또한 권력의 이러한 양가적 속성에 대한 탐구와 주체 구성에 개입하는 권력의 힘을 함께 논하기 때문이다. 필자가 보기에 버틀러가 사유하려는 근본적 질문은 우리가 어떻게 담론을 해체, 전유, 재전유하고 전복적 정치성을 획득할 수 있는가 라기 보다는 우리는 왜 그리도 자발적으로 권력에 예속되는가 하는 것이다. 물론 버틀러의 이러한 문제에 대한 답은 들뢰즈나 브라이도티와 같은 권력과 힘기르기의 '긍정성'과는 달리 윤리적이고 정치적인 응답, 사회적인 인정에 더 방점이 두어져 있다. 권력과 신체의 힘의 긍정이 곧바로 정치적이고 윤리적인 결과를 낳을 것이라는 들뢰즈주의 신유물론의 전망은 너무 낙관적일 뿐 아니라 심지어 그것이 신체의 '물질성'에서만 자원을 찾는다면 비정치성을 피할 수 없기 때문이다.

신유물론(들)과 페미니즘, 그리고 버틀러 비판

는 정체성을 전복하는 충분조건도, 필요조건도 아니다."[57]

뿐만 아니라 브라이도티는 버틀러의 정신분석에 관한 오독도 함께 지적하고 있다. 브라이도티는 라캉주의 정신분석에 대해서 매우 비판적이다. 그럼에도 불구하고 자신이 계승하는 포스트구조주의에서 정신분석의 기여를 분명히 한다. 특히 그녀는 멜라니 클라인이나 카렌 호나이와 같은 모성에 관한 논의와 그것을 급진화한 이리가레와 식수의 논의를 도입하여 정신분석에서 말하는 무의식이 주체의 개방성을 보증한다고 주장한다.[58] 그런데 브라이도티가 보기에 버틀러의 모성에 관한 정신분석적 해석은 과도하거나, 자칫 여성의 모성적 계보를 삭제할 위험이 있다. 왜냐하면 정신분석적 주체 형성에서 중심은 모성적인 것, 어머니와의 기원적 합일을 상실하는 것인데, 버틀러는 그런 기원적 상실을 '레즈비언 동성애의 폐제'로, 혹은 모성의 상실 이전에 이미 존재하는 동성애에 대한 금지의 선험성으로 읽기 때문이다. 브라이도티가 동성애적 사랑의 장소로서의 모성을 부분적으로 인정하면서도, 그녀는 버틀러가 모성 이전의 동성애적 금지라는 선험성은 근거가 부족하거나 과도한 해석이라고 생각한다. 나아가 버틀러가 주체 구성의 역동적 정동을 우울과 애도에 두는 것 또한 브라이도티의 비판의 대상이 된다.[59]

결국 브라이도티에게 버틀러의 젠더이론을 극복할 수 있는 것은 체현된 주체성과 주체 구성과정에서 중요한 성과 섹슈얼리티의 재도입이다. 단순히 "대상 선택(동성애/이성애/'도착')이나 성적 라이프스타일의 선택보다는, 욕망하는 주체의 구조 내에서 이런 과정이

---

57 *ibid*, p.37; 위의 번역서, 80쪽.
58 *ibid*, pp.39-40; 위의 번역서, 84쪽.
59 *ibid*., pp.43-58; 위의 번역서, 93-118쪽.

수반하는 구조적 전환이 훨씬 중요하다."[60] 왜냐하면 성과 섹슈얼리티는 단순한 성적 실천들과 성적 의미들 그 이상이며, 주체 구성과 권력의 양가성에서의 핵심이기 때문이다. 그리고 결론적으로 브라이도티는 이를 위해 이리가레가 주장하는 것처럼 '감각적 초월(Sensible Transcendental)'이 더욱 사유되어야 한다고 주장한다. 물질과 초월 사이에서 여성 주체를 위치시키는 것이 중요하다. "초월성 없는 신체 유물론은 없고, 비물질성 없는 체현된 여성 주체는 없다."[61] 브라이도티와 이리가레에게 여성의 체현된 신체적 주체성을 강조하는 것(물질)과 모성적이고 상징적인 계보학을 세우는 것(담론)은 양립가능하기 때문이다.

4. 나가며

필자는 신유물론의 부상과 그것의 철학적 배경, 그리고 그에 대한 비판적 반응과 분기들을 거칠게나마 살펴보았다. 그리고 국내에서도 많은 페미니스트들이 관심을 가지는 '버틀러를 넘어서'에 대해 신유물론이 어떤 전망을 줄 수 있을지 보여주고자 했다. 신유물론은 아직 과정 중의 학문인 탓에 지금 이 시점에서 신유물론을 규정하는 것은 불가능하다. 그리고 그들과의 생산적 토론이 더욱 필요해 보인다. 특히 필자에게는 버라드가 보여주는 과학적 통찰의 페미니즘적 사용들도 매우 중요하지만 (과학적 통찰을 거부할 오늘날의 페미니스트들이 있을까? 신유물론의 과학주의에 대해 비판적 입장을 견지하는 필자도 개인적으로는 신경과학과 진화론을 연구한다. 생태

---

60 *ibid.*, p.60; 위의 번역서, 123쪽.
61 *ibid.*, p.59; 위의 번역서, 120쪽.

신유물론(들)과 페미니즘, 그리고 버틀러 비판

위기를 비롯한 많은 위기에서 과학은 이루 말할 수 없을 정도로 중요하다.), 미국 중심의 페미니즘 사상이 거의 폐기한 성과 섹슈얼리티의 문제를 다시 제기한다는 면에서 브라이도티의 버틀러 비판이 좀 더 중요해 보인다. 왜냐하면 페미니즘은 단순히 존재론이기만 한 것이 아니라 정치사상이기 때문이다. 필자가 자연과학이 매우 중요하다고 생각하는 이유는, 구체적이고 객관적인, 새로운 과학적 발견을 내놓기 때문이 아니다. 더욱 중요한 이유는, **자연과학은 어떤 면에서는 자기파괴적일 정도로 집요하게 우리의 모든 기존 개념들을 해체할 때까지 밀어붙이는 (긍정적인 의미에서) 편집증적인 정동이 실려있기 때문이다.** 생물학이 말해주는 바, 우리는 생과 사를 명확히 구분할 수 없다. 뇌사 상태의 호흡기가 달린 신체는 죽은 상태인가 산 상태인가? 어느 정도의 호르몬 수치가 성별을 구분할 수 있는 것인가? (물론 그런 구분은 '의학적으로' 불가능하다) 진화론에서 성선택(매력)이 간혹 자연선택(즉 생존)을 방해한다는 것을 우리는 자연과학적으로 어떻게 이해해야 하는 것일까? 헤아릴 수 없을 만큼 죽음뿐인 우주에서 우리가 생명을 가지고 있다는 기이한 현상을 물리학과 생물학은 어떻게 설명할 수 있는가? 시간은 형식적인 것이 아니라 실제 물질적으로 존재한다는 것을 이해하려면 어떤 개념적 재배치를 해야 하는 것일까? 말하자면 자연과학은 스스로를 밀어붙이면서 답을 내놓지 않고 질문을 내놓는다. 이 점을 간과한다면 우리는 소박한 과학주의에서 벗어나지 못할 것이다. 페미니즘이 과학을 받아들이거나 과학이 페미니즘 사상을 받아들이는 것은 문제가 아닐 수도 있다. 원하든 원하지 않든 그 둘은 언제나 공속관계일테니.

참고문헌

김남이, 「성의 존재론과 존재론적 성: 버라드, 그로스, 주판치치의 경우」, 『한국 여성철학』 제38권, 2022.

로지 브라이도티, 『변신: 되기의 유물론을 향해』, 김은주 옮김, 꿈꾼문고, 2020.

알렌카 주판치치, 『왓 이즈 섹스?』, 김남이 옮김, 여이연, 2021.

테리 이글턴, 『유물론』, 전대호 옮김, 갈마바람, 2018.

Ahmed, Sara, "Open Forum Imaginary Prohibitions", *The European Journal of Women's Studies*, Vol.15, No.1, 2008.

Alaimo, Stacy & Susan Hekman, *Material feminisms*, Bloomington, IN: Indiana University Press, 2008.

Barad, Karen, "Getting real: Technoscientific practices and the materialization of reality," *Differences: A Journal of Women's Studies*, Vol.10, No.2, 1998.

_____, "Posthumanist Performativity: Toward an Understanding of How Matter Comes to Matter", *Signs: Journal of Women in Culture and Society*, Vol.28, No.3, 2003.

_____, *Meeting the Universe Halfway: Quantum Physics and the Entanglement of Matter and Meaning*, Duke Univ. Press, 2007.

Birke, L. and S. Best, "The Tyrannical Womb: Menstruation and Menopause", in L. Birke, W. Faulkner, S. Best, S. D. Janson-Smith and K. Overfield (eds), *Alice Through the Microscope: The Power of Science over Women's Lives*, London: Virago, 1980.

Braidotti, Rosi, "Teratologies", *Deleuze and Feminist Theory*, Ian Buchanan, Claire Colebrook (ed.), Edinburgh Univ. Press, 2000.

_____, Metamorphoses: *Towards a Materialist Theory of Becoming*, Cambridge: UK: Polity Press, 2002.

Braunmühl, Caroline, "Beyond Hierarchical Oppositions: A Feminist critique of Karen Barad's agential realism", *Feminist Theory*, Vol. 19, No.2, 2018.

Coole, Diana & Samantha Frost, *New Materialisms: ontology, agency, and politics*, Durham;London: Duke Univ. Press., 2010.

Copjec, Joan, "The Sexual Compact", *Angelaki: Journal of Theoretical*

Humanities, Vol.17, No.2, 2012.

Dolphijn, Rick & Iris van der Tuin, *New Materialism: Interviews & Cartographies*, Open Humanities Press, 2012.

Davis, Noela, "New Materialism and Feminism's Anti-Biologism", *The European Journal of Women's Studies*, Vol.16, No.1, 2009.

Gamble, Christopher N., Hanan, Joshua S., Thomas, Nail, "What Is New Materialism?", *Angelaki*, Vol.24, No.6.

Griggers, Camilla. B., "Goodbye America", *Deleuze and Feminist Theory*, Ian Buchanan, Claire Colebrook (ed.), Edinburgh Univ. Press, 2000.

Grosz, Elizabeth, "Immaterial Matters, or the Unconscious of Materialism: A Conversation with Elizabeth Grosz", *Sintesis, Revista de Filosofia*, Vol.4, No.2, 2021.

Hird, Myra J., "Feminist Matters: New Materialist Considerations of Sexual Difference", *Feminist Theory*, Vol.5, No.2, 2004.

Irni, Sari, "The politics of materiality: Affective encounters in a transdisciplinary debate", *European Journal of Women's Studies*, Vol.20, No.4, 2013.

Kirby, Vicki, *Telling Flesh*, New York: Routledge, 1997.

Sullivan, Nikki, "The Somatechnics of Perception and The Matter of The Non/human: A critical response to the new materialism", *European Journal of Women's Studies*, Vol.19, No.3, 2012.

Van Der Tuin, Iris, "Deflationary Logic", *The European Journal of Women's Studies*, Vol.15, No.4, 2008.

신유물론의 렌즈로 읽는 그로스의 육체유물론 :
사회구성주의와 생물학적 결정론을 넘어서는 '몸'을 향하여[1]

이현재

1. 도입: 사회구성주의와 생물학적 결정론의 사이에서

"여성은 태어나는 것이 아니라 만들어지는 것이다"라는 시몬 드 보부아르의 테제는 사회구성주의 페미니즘의 입장을 대변하는 문구로 알려져 있다. 로지 브라이도티(Rosi Braidotti)에 따르면 17세기 이후 에코페미니즘을 제외한 거의 모든 페미니즘은 사회구성주의의 입장을 취하고 있었다고 해도 과언이 아니다.[2] 사회구성주의자들은 보부아르의 테제를 급진화시키는 과정에서 여성의 몸을 사회적 관계의 총합으로 이해하거나 언어적 문법이 반복적으로 수행된 결과로 간주하였다.

그러나 사회구성주의는 사회적 구조나 언어적 의미체계에 의해 설명되지 않는 몸의 물질성을 너무도 쉽게 간과해 버렸다는 비판을

1 이 글은 2021년도 서울시립대학교 연구년교수 연구비에 의하여 연구되어 한국현상학회 학술지 『현상학과 현대철학』 제 97집(2023.06)에 「신유물론의 렌즈로 읽는 그로스의 육체유물론: '문지방'으로서의 몸과 '비환원적 성차' 개념을 중심으로」라는 제목으로 게재되었던 논문을 수정한 것임.]
2 Rosi Braidotti, *Posthuman Feminism*, Cambridge: Polity, 2022, p.71.

받아왔다. 몸이나 성차가 사회적 구조나 언어적 의미망에 따라 일방적으로 주조되는 것은 아니라는 것이다. 이런 점에서 비키 커비(Vicki Kirby)는 주디스 버틀러(Judith Butler)가 몸을 담론적인 것으로만 논의하는 가운데 "말하는 육체(telling flesh)의 가능성" 즉 언어적 재현으로 환원되지 않는 물질의 자기 조직성을 간과했다고 비판한 바 있다.[3] 버틀러의 이론은 섹스 역시 젠더라고 주장함으로써 언어적 의미 실천이나 인간의 의도와 관계없이 나타나는 육체의 물질성을 쉽게 간과하고 있다는 것이다.

이와 반대로 최근 디지털 시대로의 전환과 함께 재등장한 래디컬 페미니즘의 한 분파는 아예 "생물학적 여성"을 여성 정체성의 핵심으로 재소환하기도 하였다. 가령 2018년, 비동의 촬영물의 촬영, 유포, 시청을 강력하게 비판하기 위해 시위를 조직했던 그룹 "불편한 용기"는 카페 공지에 오직 "생물학적 여성"만이 시위에 참여할 자격이 있음을 선포했으며, "생물학적 여성"의 권력 탈환을 페미니즘의 가장 우선적인 이슈로 삼는다고 선언했다.[4]

---

3 Vicky Kirby, *Telling Flesh: The Substance of the Corporeal*, Londong: Routledge, 1997. 릭 돌피언/이리스 반 데어 튠, 박준영 옮김, 『신유물론-인터뷰와 지도제작』, 교유서가, 2021, 204쪽에서 재인용.
4 다음카페 <불법촬영 편파수사 규탄시위>에서 "불편한 용기"는 '생물학적 여성'을 시위 참가 자격으로 공식화했으며, 이를 통해 남성뿐 아니라 남성 어린이, 트랜스 남성 등에게도 시위 자격을 박탈한다. 2018년 7월 "불편한 용기"가 제시했던 스탠스는 다음과 같다. "하나, 여성 위에 그 어떤 성역도 없다. 여성 위에 어떤 이익단체나 정치도 없고, 우리는 어떠한 남성권력도 비판한다. 또한 정당, 이념, 사상에 휘둘리지 않고 '남성권력에 저항하는 여성' 스탠스에 집중하기 위해 어떠한 외부 단체와도 연대하지 않는다. 둘, 빼앗긴 여성의 권력을 탈환한다. 이번 사태의 책임자인 이철성 남경찰청장과 문무일 남검찰총장을 파면하고 여성경찰청장과 여성검찰총장 선출을 요구한다. 앞으로 뽑는 여남 경찰 비율을 90:10으로 요구한다. 셋, 동일수사 동일처벌을 요구한다. 불법촬영 사진 및 영상이 만연한 남초 사이트의 불법촬영물 유포자, 다운로더 처벌을 요구한다. 불법촬영 카메라 판매자 및 구매자 처벌을 요구한다. 디지털 장의사 수사를 요구한다. 한국의 여성들은 더이상 좌시하지 않는다. 정부는 여성들의 분노에 대한 합당하고 구체적인 해결방안을 내놓고 즉각적으로 실행하라. 우리는 대한민국을 불태울 준비가 되어있다." 현재 이 문구가 담긴 원문은 볼 수 없으며 내용은 "불편한 용기 스탠스를 알려드립니다"(2018.05.27), 다음카페 <내가 아는 카페>, https://cafe.daum.net/cs11sz/LG19/329874?q=%EB%B6%88%ED%8E%B8%ED%95%9C+%EC%9A%A9%EA%B8%B0+%EC%8A%A4

이들 중 트랜스젠더 배제적 래디컬 페미니즘을 표방했던 그룹은 여성들의 경험이 이분법 내에서의 "생물학적 여성의 몸"을 통해 이루어짐을 강조하는 가운데 여성 경험의 통일성을 전제하며, 이를 기반으로 생물학적 이분법에서 벗어나는 소수자들의 정체성을 배제하게 된다. 가령 이들은 "여성의 스탠스에 집중하기 위해" 장애, 노동, 성소수자 등의 문제를 다루는 어떠한 외부 단체와도 연대하지 않겠다고 선언하기도 했으며, 트랜스젠더(MtoF) 역시 "생물학적 남성"이기에 그들이 가지는 소수자성을 차선의 문제로 간주한다고 밝히기도 하였다. 결국 이들은 생물학적 조건에 토대를 둔 여성 경험의 동일성에 집중하면서 여성 내부의 문화적 계급적 인종적 차이들을 사상하게 된다.[5]

그렇다면 이제 페미니즘은 몸과 성차를 어떻게 이야기해야 할까? 생물학적 결정론에 빠지지 않으면서도 '몸'의 물질성을 이야기할 수 있는 방식은 없을까? 사회구성으로 환원하지 않으면서도 우리 몸에 미치는 사회적 언어적 구조를 고려할 수 있는 방식은 없는 것인가? 성적 차이를 여전히 유의미한 방식으로 분석하면서도 물질적 결정론에 갇히지 않을 수 있는 성차 이론은 어떻게 가능한가? 성차를 만드는 문화적 힘을 인정하면서도 이 구조로부터 독립적인 몸의 행위자성을 정당화할 수 있는 방법은 무엇인가?

이에 필자는 신유물론의 렌즈를 통해 몸과 성차를 규명하는 엘

%ED%83%A0%EC%8A%A4%EB%A5%BC+%EC%95%8C%EB%A6%BD%EB%8B%88%EB%8B%A4.&re=1 에서 가져왔다(검색일: 2023.02.21).

5 억압을 교차적으로 살필 필요가 있다는 지적은 오드리 로드, 벨 훅스 등의 흑인 페미니스트, 낸시 프레이저와 같은 사회주의 페미니스트, 그리고 탈식민 페미니즘이나 퀴어 이론 등에서 꾸준히 제기되어 온 것이다.

신유물론의 렌즈로 읽는 그로스의 육체유물론

리자베스 그로스(Elizabeth Grosz)의 육체유물론에 주목하고자 한다. 그리고 그로스의 '문지방'으로서의 몸이나 '비환원적 성차'와 같은 개념이야말로 생물학적 결정론이나 사회구성주의적 환원이라는 극단에 빠지지 않고 '몸'을 설명하려는 이론임을 분명하게 보여주고자 한다. 이를 논증하기 위해 필자는 이 논문에서 어떻게 새로운 방식으로 물질을 규명하는 신유물론이 페미니즘의 주도 하에 등장하게 되었는지, 그 핵심이 무엇인지를 먼저 설명하고(2절), 몸을 사회적 생물학적 심리학적 물리적 층위들이 드나드는 "문지방"으로 비유하는 그로스의 육체유물론이 신유물론의 핵심을 어떻게 전개하고 있는지, 이를 통해 어떻게 사회구성주의적 환원과 생물학적 결정론을 넘어서고 있는지를 보여주고자 한다(3절). 마지막으로 필자는 다공적 몸을 통한 흐름과 변화를 강조하는 그로스가 "비환원적 성차"를 포기하지 않는 이유를 신유물론적으로 밝히고, 신유물론의 렌즈를 통해 남성이나 트랜스섹슈얼이 여성으로 산다는 것을 경험할 수 없다고 한 그로스의 말이 무엇을 의미하는지를 해명하고자 한다(4절).

2. 페미니즘의 신유물론으로의 전환

신유물론을 규명하기에 앞서, 철학에서 몸이 어떻게 이해되어왔는지를 먼저 간단히 살펴보자. 고대 철학에서 몸은 소마(soma)로, 근대 철학에서 몸은 연장체(res extensa)로 이해되곤 했다. 몸을 소마로 이해하는 전통은 영혼/육체의 이원론적 구분에 따라 몸을 형상이 부여되지 않은 질료로 이해했으며, 몸을 연장체로 이해하는 전통은 정신/물질 실체 이원론에 따라 몸을 주체의 정신에 의해 규정되는 대상으로 이해해왔다. 즉 철학은 상호배타적 이원론 안에서 소마 또는 연장체로서의 몸을 행위자성이 없는 수동적 대상으로만 이해해왔다는 것이다. 이러한 이원론 안에서 여성은 영혼을 부여받지 못한 수동적 육체와 동일시되면서 행위자성을 가진 주체로서의 자격을 박탈당하곤 했다.

18세기 근대 생물학은 몸을 성별 이분법에 따라 체계화시키면서, 각 성이 생물학적으로 다른 원칙의 영향을 받고 있다고 설명한다. 가령 여성의 난자는 활동성을 갖지 않는 물질로 대변되는 반면, 남성의 정자는 활동성을 갖고 여성의 난자에 형태를 부여하는 주체의 모습으로 형상화된다.[6] 근대 가부장제는 이러한 이분법적 생물학의 법칙을 토대로 여성을 수동성과 재생산성이라는 특정한 사회적 역할에 묶어 두었다.

이에 평등주의 페미니스트들[7]은 가부장 문화에 저항하는 과정에서 생물학적으로 철학적으로 규정된 여성의 몸을 초월하거나 거부하는 방향으로 나아가게 된다. 예를 들어, 보부아르는 실존철학의 바탕 위에서 여성도 남성과 마찬가지로 자유에 도달하기 위해서는 육체성으로서의 규정을 넘어서야 한다고 보았으며, 파이어스톤은 새로운 과학기술의 발전을 환영하면서 그동안 여성의 종속을 강제했

---

6 철학사에서 몸을 이해하는 세 가지의 다양한 방식에 대해서는 필자의 논문 「지워진 여성의 몸-코라(chora)와 물질 개념을 중심으로」, 『한국고전여성문학연구』 제 21집(한국고전여성문학회, 2010)을 참고하시오.

7 그로스는 울스턴크래프트, 보부아르, 파이어스톤 등 자유주의, 실존주의, 급진주의 페미니즘을 아우르는 분파를 평등주의로 명명하는데 이들은 기본적으로 사회구성주의의 입장을 갖는다. 그러나 그로스에 따르면 사회구성주의 페미니스트에는 평등주의 페미니스트들 외에도 미첼, 크리스테바, 초도로우 등과 같은 마르크스주의 페미니스트와 정신분석학 페미니스트들도 속한다. 그로스에 따르면 이들은 모두 몸을 수동적 물질로 간주하기에 교육이나 정책을 통해 지금과는 다른 사회적 의미를 여성에게 부여함으로써 여성들의 해방이 가능하다고 보았다. Elizabeth Grosz, Volatile Bodies, Indiana Uni. Press: Bloomington, 1994, p.16-17 (엘리자베스 그로스, 『몸 페미니즘을 향해』, 임옥희 옮김, 꿈꾼문고, 2019, 60-61쪽).

던 여성의 신체적 특수성을 제거하는 데 관심을 표한다.[8] 이들 사회구성주의적 평등주의자들은 남성과 동일한 교육을 통해 여성들이 내재적으로 주어진 몸의 특수성과 수동성을 초월할 때 진정한 해방에 도달할 수 있다고 믿었다.

언어학적 전회를 선언한 페미니즘과 퀴어 이론가들은 이를 좀 더 밀고 나아가 생물학적 차이마저도 담론적 실천의 결과로 보기에 이른다. 라캉의 정신분석학과 소쉬르의 기호학에 영향을 받은 언어학적 해체주의자들은 언어적 재현모델이 모든 차이를 대립적 이분법에 의해 구성된 언어적 의미화의 보편적 질서로 환원시킨다고 보았다. 이에 버틀러는 아예 섹스와 젠더의 이분법적 구분까지도 거부하면서 섹스조차 젠더라고 본다. 가령 그에 따르면 몸(또는 섹스)은 사회적으로 반복하여 수행되는 담론적 실천의 결과로 나타난 스타일이다. 몸이 독자적인 힘을 가지는 존재라기보다 담론적 실천의 반복적 수행 결과라는 점에서 "여성 신체는 '여성' 젠더의 임의적 위상"[9]이 된다.

그렇다면 몸은 사회적 구조와 언어적 법칙을 받아들이는 수동적 표면에 불과한 것인가? 몸은 사회적 의미화 작용에 저항할 수 없는 "생물학적 백지(tabula rasa)"[10]인가? 성차는 단순히 사회적 권력이나 담론이 만들어 내는 문화적 의미화 작용의 산물인가? 인간의 정신적 또는 담론적 재현에 독립적으로 존재하는 물질성은 없는 것인가? 주체성과 독립성을 갖는 것은 오직 영혼이나 정신적 존재뿐인

---

8 Grosz(1994), p.16 (그로스(2019), 58쪽).
9 릭 돌피언/이리스 반 데어 튠, 『신유물론-인터뷰와 지도제작』, 박준영 옮김, 교유서가, 2021, 203쪽.
10 Grosz(1994), p.18 (그로스(2019), 65쪽).

가? 그렇다면 페미니스트들은 몸과 연관된 여성성은 부정해야 하는 것인가?

이에 페미니스트들은 다시금 "몸의 재형상화"11에 관심을 갖기 시작했다. 한편으로 페미니스트들은 인간/남성중심주의의 전통이 정신이라는 추상적 보편성을 이론의 중심에 두는 가운데 서로 다른 몸으로 사는 삶이 경험하게 되는 구체적 차이와 차별적 상황을 세심하게 파악할 수 없음을 인식하고 있었다. 보편 이성의 담지자로서의 추상적 인간에 대한 관념으로는 서로 다른 몸을 가지고 사는 서로 다른 인간의 상황을 제대로 이해할 수 없다는 것이다. 다른 한편으로 페미니스트들은 생물학적으로 이해되는 몸이 이미 이분법적 성별이라는 사회적 의미 망 안에서 있음을 파악하고 있었다. 따라서 페미니스트들은 몸/정신, 여성/남성, 수동성/능동성 이분법을 벗어나 몸을 재형상화 하는 전략을 강구하게 된다. 다시 말해 이들은 몸을 정신의 대립물이나 수동적 대상이 아니라 그 자체로 행위자성을 갖는 물질로 재형상화하는 신유물론적 전회를 시도하게 된다는 것이다. 종합하여 말하자면 신유물론 페미니즘은 이분법적인 사고를 벗어나는 틀 안에서 "몸을 분석의 주변부에서 중심으로 이동시킴으로써 이를 통해 몸을 주체성의 '원료' 그 자체로"12 삼으려는 경향을 의미한다고 할 수 있다. 이것이 바로 신유물론 페미니즘의 흐름이다.

로지 브라이도티는 릭 돌피언 및 이리스 반 데어 튠(Rick Dolphijn and Iris van der Tuin)과의 인터뷰에서 자신이 "신유물론(neo- materialism)"이

---

11 *ibid*, p.ix (같은 책, 12쪽).
12 *ibid*, p.ix (같은 책, 12쪽).

라는 용어를 처음 만들어 그 계보를 규정한 바 있음을 분명히 한다.[13] 브라이도티는 그 인터뷰에서 신유물론을 "언어학적 패러다임을 거부하고, 대신에 권력의 사회적 관계 안에 담긴 신체들의 구체적이지만 복잡한 물질성에 방점"을 두는 흐름을 지칭하는 개념적 틀이라고 설명한다.[14] 그에 따르면 신유물론 페미니스트들은 "새로운 방식의 물질과 물질화과정에 대한 사고"[15]를 위해 제인 베넷(Jane Bennett)이 "매혹적 유물론(enchanted materialism)"이라고 불렀던 프랑스 유물론의 계보를 잇는 사람들이다. 베르그송과 니체의 비결정론적 유물론과 조르주 깡귀엠의 생기론적 유물론은 한편으로는 미셸 세르나 질 들뢰즈를 경유하는 페미니스트들에게 영향을 주었고, 다른 한편으로는 뤼스 이리가레, 엘렌 시수(Hélène Cixous) 그리고 비아지니 데팡트(Virginie Despentes)와 같은 육체유물론적 계열의 페미니즘을 낳았다.[16] 브라이도티에 따르면 이 흐름을 이어받아 포스트휴먼 신유물론 페미니즘을 전개하고 있는 것이 자신과 엘리자베스 그로스, 데란다(Manuel DeLanda), 프로테비(John Protevi), 인골드(Tim Ingold), 그루엔(Lori Gruen), 해러웨이(Donna Haraway), 로이드(Genevieve Mary Lloyd), 앨러이모(Stacy Alaimo), 반 데어 튠(Iris van der Tuin), 플럼우드(Val Plumwood) 등이다.

그렇다면 "새로워진(renewed)"[17] 유물론은 어떻게 기존의 유물론

---

13 릭 돌피언과 이리스 반 데어 튠은 브라이도티와의 인터뷰에 따르면 새로운 물질성에 대한 브라이도티의 언급은 이미 『불일치의 패턴』(1991)부터 나타나 『유목적 주체』(1994)로 이어지는데, 브라이도티가 이를 "신유물론"으로 명명하면서 그 계보학을 그린 것은 『들뢰즈와 페미니즘』(2000)에 기고한 글에서이다. 릭 돌피언/이리스 반 데어 튠(2021), 20-21쪽.
14 같은 책, 23쪽.
15 Diana Coole and Samantha Frost(ed.), *New Materialisms: Ontology, Agency, and Politics*, Duke University Press: London, 2010, p.2.
16 Braidotti(2022), p.110.

과 다른가? 무엇보다도 먼저 신유물론에서 물질은 기존과 다르게 형상화된다. 데카르트 식의 이분법 철학에서 물질은 딱딱하고 공간을 차지하면서 경계를 갖는 대상으로, 외부의 정신적 힘에 의해서 움직이는 예측과 통제 가능한 대상으로 간주된다. 하지만 신유물론에서 물질은 정신에 대립적인 수동적 대상이 아니다.[18] 물질은 정신과 분리되어 있다가 정신에 의해 활성화되는 것이 아니라, 그 자체 내에 변화의 활력이 깃든 살아있는 물질로 새롭게 형상화된다. 가령 스피노자에게 물질은 정신과 분리되어 대립하는 실체가 아니라 신이 내재되어 있는 존재의 다른 양태일 뿐이며, 제인 베넷에게 물질은 죽어있는 대상이 아니라 "생기"를 가진 "생동하는 물질(vibrant Matter)"[19]이다. 신유물론이 물질의 존재론적 토대를 스피노자의 생기론(viltalism)로부터 가져오고 이를 모든 존재에 깃든 생명성을 가리키는 "조에(zoe)"와 연결시키는 것은 바로 이러한 이유에서이다.

이로써 신유물론에서 말하는 물질은 수동적 질료 그 이상이 된다. "물질성은 항상 '단순한' 물질 그 이상이다." 물질성은 이분법에서의 물질과 달리 그 내부에 생명과 의미를 담는 '물질-담론'(캐런 바라드)이자 '물질-기호(도나 해러웨이)'로서, "초과, 힘, 활력, 관계성, 차이이며 이를 통해 물질은 활동적, 자기-창조적, 생산적, 예측할 수 없는 것이 된다." 신유물론에서 몸은 몸 밖의 정신에 종속되는 대상이 아니라 그 자체로 "행위자성(agency)"을 가지는 존재, 횡단적으로 다층적인 관계를 맺으면서 변화하는 "자기-조직적인 물질"이다. 이로써 행위자성은 과거 순수 정신만이 가질 수 있는 특권

---

17 Diana Coole and Samantha Frost(2010), p.4.
18 ibid., pp.7-8.
19 제인 베넷, 문성재 옮김, 『생동하는 물질』, 현실문화, 2020.

이 아니라 자기-조직성을 갖는 모든 물질 존재의 능력이 된다.

둘째로, 브라이도티의 설명에 따르면 물질의 재형상화를 중심에
두는 신유물론은 존재들의 위계성보다 관계성을 강조하는 가운데
모든 존재를 다층적 관계들이 얽혀있는 "이종적 집합체(heterogeneous
assemblage)"[20]와 같은 것으로 이해하며 이를 통해서 인간중심적 사
고를 벗어난다.[21] 가령 생태 비평적 관점에서 수행되는 원소론적 페
미니즘 유물론은 근본물질로서의 물과 흙이 어떻게 문화 및 테크놀
로지와 연관되어 있는지를 보여줌으로써 물질을 자연-문화-테크노
복합체로 정립한다. 해러웨이에게 인간은 단일한 정체성을 갖는 정
신적 존재인 호모(homo)가 아니라 죽은 것과 산 것이 서로 관계를
맺으며 혼합되어 있는 후무스(부식토, humus)이자 퇴비(compost)이다.
퇴비는 기호와 구분되는 물질이 아니라 기호와 항상 실뜨기식의 연
관을 맺고 있는 땅인 "물질-기호론적 퇴비"[22]이다. 살아있는 몸은
박테리아, 동물, 대지와도 연결되어 있지만 문화와 기술의 다층적인
차원과도 연결되어 있으며, 이 다층적 관계들을 통해서 지속적으로
변화한다. 인간의 몸 역시 박테리아뿐 아니라 문화적 규범 및 테크
놀로지가 얽혀 있는 이종적 집합체이다.

셋째로 신유물론 페미니즘은 '체현(embodied)되고 땅에 뿌리내려
얽힌(embedded)' 몸을 이론의 중심에 두기 때문에 각각의 몸이 처한
다른 권력의 위치들을 숙고한다. 정신이 맥락초월적인 보편성을 장
담했다면, 몸은 맥락에 처한 지식을 말한다. 샌드라 하딩의 입장론

---

20 Braidotti(2022), p.134
21 Braidotti(2022)의 4장 내용을 필자가 정리한 것이다.
22 Donna Haraway, Staying with the Trouble, London: Duke University Press, 2016, p.31(도나 해러웨
이, 『트러블과 함께하기』, 최유미 옮김, 마농지, 2022, 60쪽).

에 따르면 어떤 위치도 갖지 않는 보편적 인간 시점과 같은 것은 존재하지 않는다.[23] 이런 점에서 신유물론 페미니즘은 몸이 아니라 성차화된 몸에서 시작하는데 여기서 몸은 "우리가 출발하도록 놓여진 육체적 장소"[24]로서 위치와 권력의 차이를 포함하고 있으며, 따라서 우리가 다루어야 하는 것은 몸 일반이 아니라 차이를 갖는 몸들이다.

넷째로, 따라서 구체적 몸에서 시작하는 페미니스트 육체 경험론(carnal empiricism)은 몸을 생물학적으로 주어진 것과 사회적으로 구성된 것이 상호작용하는 "되기(becoming)의 존재론적 지점"[25]으로 규정한다. 서로 다른 위치에서 다양한 층위들과의 관계성을 통해 생명을 지속하는 이종적 집합체로서의 몸의 물질성은 생물학적 법칙이나 사회적 구조에 의해 완전하게 결정되는 것이 아니라 몸을 둘러싼 생물학적, 사회적, 심리적, 물리적 층위들이 서로 얽히는 가운데 변이한다. 가령 인간의 몸은 인간의 몸이 갖는 팩터와 그것이 관계를 맺고 있는 비인간 환경 팩터와의 다층적 상호의존적 관계과정 속에서 변화하는 "되기"의 존재[26]이다.

브라이도티와 마찬가지로[27] 필자는 그로스가 *Volatile Bodies* (1994, 한국어 번역판 『몸 페미니즘을 향해: 무한히 변화되는 몸』)

---

23 그렇다고 해서 입장론이 모든 입장을 상대적인 진리로 허용하는 것도 아니다. 페미니즘 관점에서 시작하는 입장론은 여성이라는 억압된 몸이 경험하는 권력의 비대칭성에 대한 관심에 집중하며, 이러한 관점을 다른 소수자들에 대한 연대의 관점으로 확장하고 있기 때문이다. 이에 대해서는 샌드라 하딩, 『누구의 과학이며 누구의 지식인가?』, 조주현 옮김, 나남, 2009를 참고하시오.
24 릭 돌피언과 이리스 반 데어 튠(2021), 35쪽.
25 Braidotti(2022), p.113.
26 *ibid*, p.110.
27 릭 돌피언과 이리스 반 데어 튠, 박준영 옮김, 『신유물론: 인터뷰와 지도제작』, 교유서가, 2021, 35쪽. 여기서 브라이도티는 그로스는 신유물론의 대표주자로 언급한다.

에서 이러한 신유물론의 흐름 속에서 몸 이론을 발전시키고 있다고 본다. 그로스는 이후 「페미니즘, 유물론 그리고 자유」에서도 물질의 재구성을 페미니즘과 자유를 행하기 위한 토대로 논의하고 있으며,[28] 「다윈과 페미니즘」에서는 다윈의 생물학을 본질주의적 진화가 아니라 "사회적, 문화적 그리고 정치적 생명의 풍부한 가변성을 더 적절하게 설명할 수 있는 복합적이고 심도 깊은"[29] 이론으로 해석하는 등 신유물론의 흐름을 견인하고 있다. 이에 다음 장에서 필자는 그로스의 *Volatile Bodies*에 나타난 "문지방(threshold)"으로서의 몸과 "비환원적 성차" 개념을 신유물론의 렌즈로 면밀하게 살펴보면서 이것이 앞서 정리한 신유물론 페미니즘의 핵심 개념인 살아있는 물질성, 서로 다른 권력의 위치를 갖는 체현적 몸, 다층적 관계를 갖는 이종적 집합체, 생물학적 결정론이나 사회구성주의적 환원을 넘어서는 되기의 존재론 등과 어떻게 연관되어 있는지를 밝혀보고자 한다.

3. 신유물론과 '문지방'으로서의 몸

*Volatile Bodies*에서 그로스는 신유물론자들과 마찬가지로 몸을 수동성과 동일시하는 사고방식 자체를 재고하면서 몸에 대한 새로운 형상화를 시도한다. 그로스는 스피노자의 철학을 참고하는 모이라 게이튼즈(Moira Gatens)를 인용하면서 몸을 수동적인 것이 아니라 "생산적이며 창조적인" 것[30]으로 보고자 했으며, 생물학적, 역사적,

---

28 Coole, Dianna and Frost, Samantha(eds.), *New Materialisms: Ontology, Agency, and Politics*, Duke University Press: London, 2010.
29 Stacy Alaimo and Susan Hekman(ed.), *Material Feminisms*, Indiana University Press, 2008, p. 24.

사회적 문화적인 관계들이 복잡하게 교직되어 있는 변화의 지점으로 보고자 했다. 그는 몸에서 출발하기에 "양성 사이의 다른('불평등한'으로 읽히는) 사회적인 위치와 인식능력"[31]이 있음을 인정하면서도 복잡한 관계를 통해 이러한 성차의 양상이 달라질 수 있음을 설명한다. 그로스는 이 책 전반에서 스피노자의 생기론, 베르그송의 현상학, 니체의 비결정적 유물론의 영향 하에 몸을 특수한 방식으로 살아있는 것으로 파악하고 있으며, 뤼스 이리가레나 모이라 게이턴스 등과 함께 성차 이론을 전개한다.

그로스는 다른 신유물론 페미니스트들과 달리 몸을 안과 밖이 드나드는 "문지방"으로 비유하는 데 집중하는 가운데 몸에 대한 재형상화를 시도한다. 살아있는 물질성으로서의 몸, 서로 다른 권력의 위치를 갖는 성차, 다층적 관계가 교직하면서 되기의 형성과정이 펼쳐질 수 있는 것은 몸이 안과 밖의 드나듦이 가능한 구조로 이루어져 있기 때문이라고 보는 것이다. 문지방으로서의 몸은 이렇듯 "의미하고 의미되는 몸"이기에 사회적 기술적 관계와 생물학적 물리적 규칙 양자의 복잡한 상호작용과 맞물림이 배태되어 있는 이질적 집합체이며, 이들의 상호작용 속에서 끊임없이 변이한다. 이런 점에서 그로스는 몸을 "이분법적인 쌍의 중추적인 지점에서 비결정적으로, 위태롭게 배회하는 문지방이자 경계적 개념으로"[32] 이해할 필요가 있다고 주장한다. 이렇게 되면 몸은 사적인 것도 공적인 것도 아니

---

30 Moira Gatens, "Toward a Feminist Philosophy of the Body" in Barbara Caine, E. A. Grosz, and Marie de Lepervanche(eds.), *Crossing Boundaries: Feminism and the Critique of Knowledges*, 59-70, Sydny: Allen and Unwin, p.68-69. 그로스(2019), 49쪽에서 재인용.

31 Grosz(1994), p.14 (그로스(2019), 54쪽).

32 *ibid.*, p.23, (같은 책, 75쪽).

며, 자아도 타자도 아니며, 자연도 문화도 아니며, 유전적으로 결정된 것도 환경에 의해 결정되는 것도 아니다. "문지방"으로서의 몸은 문화적인 생물로서의 몸이며 자연이자 문화인 몸이다. 문지방으로서의 몸은 경계를 배회하면서 다층적 관계 속에서 되어가는 이질적 집합체이다.

그로스는 '문지방'으로서의 몸이 연루되어 있는 다층적 관계성과 상호작용을 설명하기 위해서 1부에서 먼저 안으로부터 바깥으로 육체적 경계가 형성되는 부분을 설명하는데 여기서 주로 참고하는 이론은 정신분석과 신경생리학 그리고 현상학이다. 그 다음 2부에서 바깥을 통해 몸 표면에 새겨진 사회적 각인이 어떻게 정신적 각인을 형성하는지를 설명하기 위해 니체와 푸코 그리고 들뢰즈의 이론을 도입한다. 그로스는 '문지방' 대신 '뫼비우스의 띠'라는 비유도 사용하는데, 이에 따르면 전자는 뫼비우스의 띠의 안쪽에 새겨진 표기를 통해 정신적 체현이 외적으로 나아가는 것을, 후자는 뫼비우스의 띠의 바깥에 표시된 코드를 통해 체현된 정신으로 내면화되는 것에 더 많은 관심을 갖는다.

먼저 내부적 감각이 육체적 경계를 형성하는 데 영향을 미치고 있음을 보여주기 위해 도입하는 이론부터 살펴보자. 그로스에 따르면 프로이트나 퐁티는 내부의 신체적 지각을 통해 에고 또는 세계가 형성됨을 잘 보여주는 이론가들이다. 「에고와 이드」(1923)에서 프로이트는 전체적 몸 이미지로서의 에고가 리비도적 충동을 감지하는 살, 몸, 표면과의 관계 속에서 생성된다고 주장한다. 가령 생후 6개월 무렵 아이는 부분적으로 감지되었던 내부의 리비도적 충동들을 거울에 비친 나에게 투사함으로써 몸 에고를 형성한다. 내면적 지각의 투사로서의 이 몸 에고는 해부학적 몸이 아니라 "주체가 자기 몸에 투자했던 리비도 집중"[33]을 지도화한 것이다. 프로이트는 19세기 신경학계와 의학계에서 유행했던 '뇌 난쟁이(homunculus)'와 같은 정신적 지도를 언급하는데 그로스에 따르면 이는 몸의 성감대 강도와 같은 것들을 뇌 속에 지도화 한 것이 표출된 이미지[34]이다.

그로스는 프로이트를 "안에서 바깥으로"라는 제목을 단 1부에서 살펴보고 있지만 그럼에도 불구하고 프로이트에게도 몸이 "내부와 외부 사이를 교환하는 장소"임을 분명히 한다. 프로이트의 정신분석에서 몸은 육체적 충동을 감지하는 표면이기도 하지만 외부의 정신적 활동에 영향을 받는 장소이기도 하다는 것이다. 몸은 육체적이자 정신적인 지각이 교환되는 장소이기에 몸에서 마음과 몸의 경계는 종종 흐려진다. 가령 건강염려증은 사회환경이 미치는 정신적인 영향이 신체화되는 경우이다. 의학에서의 환상사지 현상 역시 정신적인 것과 육체적인 것의 경계가 종종 흐려짐을 보여주는 사례이다. 몸의 한 부분을 잘라냈음에도 불구하고 그곳이 아프다고 느끼는 것이야말로 몸이 정신적 육체성이자 육체적 정신성임을 보여준다는 것이다. 여기서 몸은 육체적이자 정신적인 지각이 교환되는 장소이기에 몸에서 내부와 외부의 경계는 흐려진다.

안에서 바깥으로의 운동을 설명하기 위해 도입하는 또 다른 이론은 현상학이다. 메를로 퐁티에 따르면 우리는 몸이 처한 상황을 통해 공간을 파악하고 대상을 경험한다. 여기서 몸은 세계와의 관계가 형성되는 조건이다. 메를로 퐁티에게 몸은 "그것이 자리하고 있

---

33 ibid, p.34 (같은 책, 94쪽).
34 ibid, p.33 (같은 책, 93쪽).

는 공간 안에서 위치를 재현"[35]한다. 메를로 퐁티에게서 위치 지어진 몸은 외부의 사회적 관계나 권력의 구조에 의해 규정되는 무기력한 존재가 아니라 "내가 그것을 매개로 하여 대상과 관계 맺는 조건이자 맥락"[36]이다. 몸의 지각은 단순히 외부 사물이 표현에 새겨진 것도, 순수한 의식을 사물에 중첩시켜 놓은 것도 아니다. 메를로 퐁티의 말을 직접 인용하자면 "지각하는 마음은 육화된 몸이다."[37] 이는 주체의 시점이 대상 전체를 포착하거나 소유할 수 없음을 의미하기도 하지만 어떤 외부 대상에 대한 의식도 나의 몸을 통한 내부 지각을 통해서 현상하게 됨을 의미한다.

그로스는 메를로 퐁티의 몸 이론을 안에서 바깥으로의 운동을 설명하는 부분에서 도입하지만 그럼에도 불구하고 메를로 퐁티의 몸이 조건이자 결과임을 분명히 한다. 가령 그로스는 메를로 퐁티의 "체험된 몸(lived body)" 개념을 분석하면서 몸이 체현하면서도 체현되는 역동적 드나듦의 장소임을 설명한다. 그로스에 따르면 한편으로 체험된 몸은 세계를 의미화하는 관점, 의식, 시각이다. 인간은 세계를 그 자체로서가 아니라 몸을 통해서 지각한다. 몸은 언제나 세계 내 존재로서 우리의 체험을 기술할 수 있도록 해 주는 차이의 지점이기에 경험의 조건이다. 그러나 다른 한편으로 몸은 "문화적으로 직조되는 자연의 산물"[38]로서 체험된 몸이기에 결과이기도 하다. 몸은 몸이 놓인 사회적, 문화적 상황과 맥락에 강력한 영향을 받는다. 여기서 몸은 "특별한 문화에서 특수한 방식으로 재현되고 이용

---

35 *ibid*, p.90 (같은 책, 223쪽).
36 *ibid*, p.86 (같은 책, 213쪽).
37 Merleau-Ponty, *The Primacy of Perception*, Evanston: Northwestern Uni. Press, 1963, p. 3-4
38 같은 책, 64쪽.

되는 그런 몸"[39]이다. 이렇듯 그로스는 메를로 퐁티의 몸을 안과 밖이 상호작용하는 지점이자 주관과 객관의 이분법으로 설명할 수 없는 사이 공간(in-between)으로 본다. 그에게 체험된 몸은 "체현된 주체성이자 정신적인 육체성"[40]이다.

그로스에 따르면 내부로부터 몸을 이해하는 데 더 많은 관심을 가진 정신분석이나 현상학과 달리 니체, 링기스, 푸코의 이론은 몸의 표면에 새겨진 사회적 각인이 어떻게 내면의 감각을 구성하는지를 더 잘 설명해 준다. 전자가 뫼비우스의 띠 안쪽에 새겨진 몸, 감각, 경험의 정신적인 각인과 코드에 더 많은 관심을 보였다면 후자는 뫼비우스의 띠 바깥 표면에 새겨진 법, 권리, 욕구, 사회적 관습, 습관에 더 많은 관심을 갖는다.[41]

가령 그로스는 니체가 『도덕의 계보학에서』 "사회적 질서와 복종을 정립하기 위한 문화적 조건으로서 몸의 각인"[42]을 설명하는데, 야만인들이 몸의 성감대를 몸에 새겨 넣은 문신이나 문명인들이 규범을 몸에 각인하는 것은 크게 다른 것이 아니라고 보고 있다. 그로스에 따르면 문명화된 각인이나 야만적 각인은 모두 형식만 다를 뿐 폭력적으로 또는 자발적으로 사회가 원하는 규범을 몸에 새겨 넣는 것이다. 푸코가 말하는 학교에서의 교정과 훈련 역시 사회적 규범을 몸에 각인하는 것이다.

그로스는 "바깥에서 안"을 설명하는 이론들을 살펴보면서도 몸이 일방적으로 외부의 힘을 통해서만 각인되는 것이 아니라는 점을

---

39 엘리자베스 그로스, 『몸 페미니즘을 향해』, 임옥희 옮김, 꿈꾼문고, 2019, 63쪽.
40 같은 책, 71쪽.
41 Grosz(1994), p.117 (그로스(2019), 280쪽).
42 ibid, p.129 (같은 책, 306쪽).

분명히 한다. 사회적 제도는 유전적인 요소들, 성감대의 강도, 욕망 등과 상호교차하면서 주체의 몸을 구성하게 되기 때문이다. 이로써 그로스는 자연적인 몸이나 유전적 생물학적으로 결정된 몸이란 없음을 분명히 한다. 생식기나 가슴뿐 아니라 화장, 브래이지어는 여성의 몸을 표시하고 이로써 몸은 다층적인 힘들이 복합적으로 작용하는 집합체로 파악되어야 한다는 것이다.

안에서 바깥으로, 바깥에서 안으로 드나드는 문지방으로서의 몸은 다공성(porosity)을 전제로 할 수밖에 없다. 뫼비우스의 띠가 되었든 문지방이 되었든 드나듦이 가능하기 위해서 몸은 뚫려있어야 한다는 것이다. 그로스는 다공성이라는 용어보다 "삼투성(permeability)"[43]이라는 말을 사용하여 통제의 영역을 비집고 스며들고 나오는 몸의 예측불가능한 생산력을 표현한다. 들뢰즈와 가타리의 기관 없는 몸과 되기를 설명하는 과정에서 그로스는 "물질적인 것이든 정신적인 것이든 간에 사물은 더 이상 엄격한 범주와 분명한 경계와 관련하여 이해될 수 없다"[44]고 밝힌다. 다시 말해서 몸은 경계가 분명한 내재적으로 통합된 전체가 아니라 절단되어 있는 파편들 사이의 조립이라는 것이다. 파편들 사이에 빈틈이 있기에 파편들은 다양한 방식으로 절합될 수 있고 이러한 절합을 통해 새로운 고안물이 된다는 것이다.

구멍 뚫린 몸은 또한 '체액'으로 형상화된다. 몸은 딱딱한 물질이 아니라 흐르는 물질로 재형상화 되는 것이다. 가령 그로스는 생물학과 정신적인 각인 사이의 상호작용이 있다는 것은 자연이라는

---

43 *ibid*, p.xi (같은 책, 16쪽).
44 *ibid*, p.167 (같은 책, 389쪽).

개념의 "불완전성과 투과성을 증언"하는 것이라고 말하면서 이를 몸의 액체성과 연관시킨다.[45] 결정적으로 그로스는 고정될 수 없는 체액이라는 비유를 통해 "몸의 안과 바깥의 경계 짓기가 아슬아슬 하다는 점을 입증한다."[46] 우리는 체액 없이 살 수 없으며 체액은 뚫린 곳으로 스며들고 새어 나온다. 이런 방식으로 체액으로 형상화 된 몸은 고체의 특징인 "결정에 저항한다."[47] 이런 점에서 체액은 신유물론 페미니스트들이 옹호하는 살아있는 물질성의 재형상화이 다. 살아있는 몸은 구멍을 통해 들고 나는 과정을 통해 서로 다른 관계를 맺으며 이를 통해 스스로를 유연하게(volatile) 변화시킨다.

4. 비환원적 성차 이론 읽기

여기서 필자는 그로스의 문지방으로서의 몸이 고체가 아니라 액 체로 형상화되고 있고, 액체성을 다공성과 연관시키고 있음에 주목 할 필요가 있다고 본다. 몸은 구멍이 뚫려있으며 이 뚫린 구멍으로 는 체액이 드나들면서 몸의 경계를 교란한다. 체액은 몸을 고체로 이해하던 문화 안에서는 더럽고 위험한 비체(abject)로 간주되었던 것이다. 더글러스가 분석한 바에 따르면 질서와 구분을 중시하는 문 화에서 체액은 오염시키는 힘으로 죽음을 상기시키는 것으로 이해 되었으며, 체액으로 상징되는 여성의 몸은 남성들에게 위험을 의미 했다.[48] 그러나 다공성의 몸을 설명하는 신유물론에서 액체성은 물

---

45 ibid, p.187 (같은 책, 430쪽).
46 ibid, p.193 (같은 책, 444쪽).
47 ibid, p.194 (같은 책, 444쪽).
48 ibid, p.194~5 (같은 책, 442-3쪽).

질의 생명력과 행위자성을 보여주는 긍정적인 것이 된다. "체액은 고체의 특징인 결정에 저항한다."[49] 체액은 변화무쌍한 몸의 "환원 불가능한 물질성"[50]을 드러내는 비유가 된다. 체액은 우리의 몸이 살아있음을 보여주는 상징이다. 우리는 체액이라는 속성과 함께 끊임없이 변화하는 몸의 존재들이다. 마음과 몸, 안과 밖은 끊임없이 상호작용하면서 몸을 변화시킨다.

그로스는 몸이 이렇게 유연할 수 있음을 강조하지만, 그럼에도 불구하고 성차(sexual difference)가 "존재론적인 구조"라고 본다. 이는 성차(sex)가 생물학적으로 존재한다는 의미가 아니라, 우리가 자연-문화로서의 몸을 갖는 한 성차의 바깥에 설 수 있는 자리를 가지고 있지 않다는 것을 의미한다.[51] 성차의 밖에 존재하는 몸을 상정하는 것은 보편성을 표방했던 인간/남성중심적 휴머니즘의 환상일 뿐이다. 몸에서 시작하는 신유물론은 몸 바깥에 존재할 수 있는 위치를 상상할 수 없고, 따라서 물질적이고 문화적으로 존재하는 성차의 밖에 중립적으로 존재하는 위치를 상상할 수 없다. 신유물론의 렌즈로 보았을 때 존재론적 성차 내에 존재한다는 것은, 생물학적 섹스가 우리의 정체성을 결정한다거나 단 두 개의 성만이 존재한다는 의미가 아니라 비록 어떤 통합된 정체성으로 봉합되거나 고정되지 않는다고 할지라도, 언제나 존재의 조건으로 존재할 수밖에 없는 성적 차이가 있다는 것을 의미한다.

그로스는 한 발 더 나아가 이러한 존재론적 성차를 "전(前)존재론적"이라고 표현하기도 한다.[52] 엄밀하게 말하면 성차는 존재론적

---

49 *ibid*, p.194 (같은 책, 444쪽).
50 *ibid*, p.194 (같은 책, 445쪽).
51 *ibid*, p.191 (같은 책, 439쪽).

이기보다 "존재가 존재 가능하도록" 하는 조건이라는 점에서 "전존재론적"이자 "전인식론적"인 영역에 해당된다는 것이다. 성차를 "근원적이고 구성적인 차이", "환원불가능한" 차이라고 보는 것은 성들 사이에는 환원 불가능한 거리, 간격, 균열과 파열이 있음을 인정하고자 하는 것이다. 여기서 각각의 존재는 차이라는 형식으로 존재하게 된다. 이런 점에서 형식으로서의 성차는 내용으로서의 성적 정체성과 같은 말이 아니다. 성차는 소쉬르가 말하는 "순수한 차이"처럼 "가치의 존립을 위한 토대나 조건을 제공"하는 것이지 의미가 고정된 성적 정체성을 의미하는 것이 아니다.[53]

물론 성차라는 전존재론적 전인식론적 형식은 자연문화적 상호작용을 통해 정체성의 내용적 지평을 드러낸다. 성차가 자연문화적 차이라는 것은 생물학적인 성차가 "인종적, 문화적, 계급적 특이성과 상호교직"되어 자연문화적 성차로 형성됨을 의미한다.[54] 이런 점에서 성차는 "최초의 원형이면서도 구성"되는 것이다. 생물학적 정체성도 모두 당대에 드러난 문화적 자연으로서의 성차의 의미지평이다. 문화적 의미화 구조로서의 성차는 존재하지만 항상 변화의 가능성을 가지고 있다는 점에서 "열려있는 물질성", "육체적 스타일", "일련의 경향성과 잠재력"이다.[55] 그로스는 우리가 몸을 갖는 한, 문화자연적으로 성차화된 몸을 완전히 떠나 체험할 수 없다고 본다. 성차는 어떤 기술의 발전이 있어도, 어떤 이데올로기적 평등이 달성된다고 해도 없어지지 않을 차이다. "생물학적이건 문화적이건 간에

---

52 ibid, p.209 (같은 책, 479쪽).
53 ibid, p.208 (같은 책, 478쪽).
54 ibid, p.19 (같은 책, 67쪽).
55 ibid, p.191 (같은 책, 438쪽).

이런 차이는 근절할 수 없다."[56] 우리는 언제나 성차화된 몸으로 체험하고 세계의 여러 층위와 얽히게 된다.

그로스에 따르면 서구의 이분법적 문화 안에서 성차는 고체성과 액체성의 대조로 나타나기도 하였다. 가령 생물학적 차원에서조차 남성의 몸은 페니스와 관련하여 고체성으로 상징된 반면, 여성의 몸의 스타일은 젖이나 월경과 같은 "체액"으로 은유되어왔다. 남성의 몸은 정액과 관련될 때에도 체액이라기보다 "인과론적인 행위자"로 설명되었으며, 뼈를 갖지 않는 남근조차도 "견고한 것"으로 이해되어 왔다. 정액은 체액이 아니라 수태시키는 능력, 대상을 생산하는 능력이나 이를 통해 생산한 대상으로 이해된다.[57] 반면 여성은 "누출, 액체성으로서 재현되고 스스로를 체험"하게 된다.[58] 이로써 여성성은 전염병과 무질서를 연상시키는 액체, 결정 불가능성, 이성적 남성을 무질서로 유혹하는 비체가 되는 것이다. 이로써 시구의 이분법 안에서 남성은 동일성을 재현하는 고체로, 여성은 이완과 흐름을 상징하는 액체가 된다.

그로스는 이러한 자연문화적 성차를 "환원 불가능한 성적 특수성"[59]이라고 표현한다. 여기서 환원불가능하다는 것은 "각 성별의 다른 성별에 대한 경험과 체험된 현실의 일종의 외부성 혹은 이질성은 언제나 남아있다"는 것을 의미한다. 성차가 한계지평으로 남아 있음을 의미한다. 인간으로서 존재하기 위해서는 태어남과 동시에 부여되는 성차의 체계 안에 들어가야 하며, 이런 점에서 성차는

---

56 *ibid*, p.18 (같은 책, 64-65쪽).
57 *ibid*, p.199 (같은 책, 458쪽).
58 *ibid*, p.203 (같은 책, 467쪽).
59 *ibid*, p.19 (같은 책, 67쪽).

(전)존재론적이다. 만약 당대가 가진 자연-문화적 성차가 이처럼 이분법적이라면, 몸이 아무리 다공성을 통한 변화의 가능성을 갖는다고 해도 그 존재론적 성차의 한계를 완전히 벗어나 경험할 수 없다. 나아가 우리가 문화자연적 몸을 통해 에고와 세계를 경험하는 것이라면, 우리는 서로 다른 성을 가진 몸이 경험하는 바를 온전히 알 수 없다. 성차화된 몸들 간에는 환원불가능한 간극이 있다.

> 각 성에게는 다른 성에 관해 포착할 수 없는 어떤 것, 외부적이고 예측할 수 없고 수용할 수 없는 어떤 것이 남아 있다. 최선의 상황일 경우 이 환원불가능한 차이는 경외감과 놀라움을 불러일으킨다. 보다 덜 우호적인 상황일 경우 그것은 공포, 두려움, 투쟁, 저항을 표출한다.[60]

바로 이 대목에서, 문제가 되는 트랜스섹슈얼에 대한 그로스의 언급도 등장한다.[61] 그로스에 따르면 성차는 환원불가능한 차이이기에 "남성은 결코, 심지어 외과적인 수술을 받는다 하더라도, 여성으로서 존재하고, 여성으로서 산다는 것이 무엇인지 느끼거나 경험할 수 없다."[62] 우리의 몸은 복잡한 연결작용 속에서 변화할 수 있지만 그 변화는 어디까지나 성차의 한계를 벗어날 수 없다. 이 말은 남성을 고체로 여성을 액체로 재현하는 이분법적 성차의 조건에서 인간의 몸은 여성과 남성이라는 어떤 하나의 몸에 속하도록 분류되며

---

60 *ibid*, p.208 (같은 책, 477쪽).
61 2015년부터 리부트 되었던 우리사회의 디지털 페미니즘은 메갈리아와 같은 인터넷 카페를 중심으로 활동했는데 이 때 생물학적 남성이라면 게이나 트랜스젠더도 배제한다는 입장의 래디컬 페미니즘이 워마드로 분리되어 나갔다. 이후 트랜스젠더 배제적 래디컬 페미니즘(TERF)의 계열이 형성되었는데 이들 중 몇몇은 그로스의 트랜스섹슈얼에 대한 언급을 재빠르게 회전시키면서 성차의 이론가들이 자신들과 마찬가지의 입장을 갖고 있다는 오해를 확장시키기도 하였다.
62 Grosz(1994), p.207. 그로스(2019), 476쪽.

그 몸이 가진 위치에서 "성적으로 특수한 몸의 문화적 의미화 작용에 따라"[63] 삶을 경험하게 되기에 수술을 통해서 몸을 변형시킨다고 할지라도 자연문화적 의미화 작용을 넘어 경험할 수 없게 된다는 것을 의미한다.

이 말은 몸의 변화가능성에도 불구하고 비환원적으로 존재하는 성차가 있음을 강조하기 위해 삽입한 문장이지만, 그로스가 생물학적 성차를 토대로 남성과 트랜스젠더를 배제하고 있는 것이 아니냐는 오해를 불러일으키기도 했다. 이 문장은 비록 그로스가 "의도하지 않은 전략"이었지만 트랜스섹슈얼들에 대한 "배제라는 결과"를 가져왔다.[64] 그러나 필자는 이것이 생물학적 결정론과 사회구성주의 모두에 거리를 두면서 물질을 재형상화하는 신유물론에서의 성차와 생물학적 성별의 의미를 구분하지 못했기 때문에 벌어지는 해프닝이라고 본다. 그리고 신유물론의 렌즈를 통해 분석해 볼 때 환원불가능한 성차의 주장은 다음과 같은 두 가지 이유에서 트랜스섹슈얼에 대한 배제로 읽힐 수 없음을 분명히 하고자 한다.

우선 그로스에게 성차의 간극은 배제의 조건이 아니라 한계 인정에서 시작하는 협상적 윤리의 조건이다. 앞서 보았듯 그로스는 성차를 넘어서는 중립적이고 객관적인 인간의 관점은 존재할 수 없다고 본다. 따라서 인간이 몸을 가지기에 경험할 수밖에 없는 차이는 존재한다. 따라서 우리는 서로를 경이감으로 느낄 수 있게 하는 협상의 윤리학을 마련하는 과제를 수행해야 한다. 존재하는 차이를 강조하면서 배제의 폭력을 휘두를 것이 아니라 존재하는 차이를 분명

---

63 *ibid*, p.208 (같은 책, 476쪽).
64 전혜은, 『섹스화된 몸: 엘리자베스 그로츠와 주디스 버틀러의 육체적 페미니즘』, 새물결, 2010, 150쪽.

히 주시하면서 타인의 타자성과 만나고 그 간극을 존중해야 한다는 것이다.

> 이 과제는 성차 문제에 관한 중립적이고 객관적인 관점을 설정하는 것이 아니라 다른 성(들)의 (상호) 타자성에 스스로를 열고, 그런 타자성과 만나고, 그것에 경이감을 느낄 수 있을 정도로 성적으로 특수한 관점이 되기에 충분할 만큼 포괄적인 위치를 찾는 것이다.[65]

그로스의 논리에 따르면 남성이나 트랜스섹슈얼은 여성의 몸이 갖게 되는 경험을 완전하게 이해할 수 없다. 오히려 완전히 경험할 수 있다고 믿는 것은 우리들 사이의 존재하는 차이를 제대로 보지 못한 채 동일화의 폭력을 저지를 위험을 가진다. 따라서 우리는 성차의 간극을 인정하는 데서 시작할 필요가 있다. 여기서 인정과 존중은 우리가 동일하거나 같은 것을 경험하기 때문이 아니라 우리가 서로 다르기 때문에 요청하는 덕목이 된다. 이 협상의 윤리학에 따르면 페미니즘은 동일한 성을 가진 몸들이 그들의 동일한 경험을 확인하는 작업이 아니라 성차의 간극에 경이감을 갖고 상호작용을 모색하는 작업이다.

다음으로 필자는 그로스가 신유물론자로서 성차를 넘어 성차화(sexual differing)의 윤리를 논의하고 있다는 점을 고려한다면 그의 트랜스섹슈얼에 대한 언급이 트랜스섹슈얼의 배제로 귀결될 수 없다고 본다. 신유물론의 관점에서 여성의 몸은 여성임(being)을 의미하는 것이 아니라 여성되기(becoming)를 의미한다는 점을 주시할 필

---

65 Grosz(1994), p.192 (그로스(2019), 440쪽).

요가 있다. 다시 한 번 분명히 하자면 전존재론적인 성차를 가진다는 것은 누구라도 환원불가능한 성차화된 몸에서 시작한다는 것을 의미한다. 가령 여성은 월경을 하는 육체적 장소인 몸을 통해 자신과 세계를 체험한다. 그러나 그로스의 육체유물론에서 월경하는 몸은 있는 것이 아니라 되는 것이다. 월경하는 몸은 물리적이고 생물학적인 차이라는 조건과 문화적이고 기술적인 환경이 상호작용하는 과정 속에서 변이한다.

전혜은은 그로스가 여성이 "월경을 한다는 그 '사실'만은 모든 여성에게 보편적인, 따라서 변화에 열려있을 성질이 아닌 양 취급"[66]하고 있다고 보지만, 그로스가 신유물론자라는 사실을 주시한다면, 월경을 하는 여성의 몸에 대한 그의 언급은 자연문화적으로 "각인되고 체현된 기억"[67]으로서의 성차에 대한 분석으로 보아야 한다. 그로스가 다윈의 진화론을 자연문화적 상호작용을 통한 몸의 변이과정으로 재해석하고 있다는 점을 참고한다면 그가 여성의 몸을 지속성과 변이가 동시에 가능한 지점으로 이해하고 있음을 더 잘 이해할 수 있다. 그로스의 설명에 따르면 진화는 개체 변이, 변이의 집중화, 자연선택이라는 세 가지 원리를 통해 이루어진다. 먼저 우연한 개체변이를 통해 다양성이 만들어지고 개체변이 중 강한 것은 선택되어 살아남아 확산되는데, 이러한 자연선택의 과정에서 물질적, 지리적, 문화적 조건들이 복잡하게 작용한다.[68] 그는 진화론을 "역사와 생물학의 상호작용에 대한 역동적이고 지속적인 이해를 제

---

66 전혜은(2010), 149쪽.
67 Rosi Braidotti, *Transposition*, Cambridge: Polity, 2006, p.199.
68 Elizabeth Grosz, "Darwin and Feminism", Stacy Alaimo and Susan Hekman(eds.), *Material Feminisms*, Bloomington: Indiana University Press, 2008, pp.29-33.

공"[69]하는 것으로 해석하고 있는 것이다. 만약 이러한 논리를 성차에 적용하여 설명해 본다면, 여성은 XX염색체를 통해 완전히 결정되는 것처럼 보이지만, 개체변이를 통해 월경을 하지 않거나 자궁을 갖지 않는 다양한 성차의 몸이 만들어질 수 있으며, 이 중 물질적, 지리적, 문화적 조건에서 강한 것으로 살아남는 것이 몸속에 기억으로 지속되면서 다른 성이 선택될 수 있다. 여기서 체현된 기억으로서의 성차는 지속되기만 하는 것이 아니라 되어가기도 하는 것이 분명해 진다.

조안 스콧에 따르면 신유물론에서 "성차는 자연적인 사실로서뿐 아니라 사회적이고 정치적인 차이화에 대한 존재론적 기반으로 수립"[70]된다. 여기서 성차화는 자연적으로 결정되거나 사회구성적으로 환원되는 것이 아니라 상호작용과 부분적 연결 과정에서 벌어지는 사건이다. 신유물론적 페미니즘은 이를 적극적으로 부각시키는 가운데 윤리적으로 기존의 이원론적 축들을 횡단하기를 시도하기도 한다. 조안 스콧은 바로 이런 점에서 페미니즘은 "성차를 받아들이고 또한 거부해야할 필요성"을 역설적으로 드러낸 바 있다.[71] 같은 맥락에서 들뢰즈 역시 소녀되기와 여성되기를 "비결정적인 사이성"과 등치시킨다.[72]

남성이 여성되기를 해야할 뿐만 아니라 여성 또한 여성되기를 해야 한다. 남성뿐만 아니라 여성에게도 여성되기 과정은 몰적이거나 여성적인 정체성

---

70 Joan Scott, *Only Paradoxes to Offer*, Cambridge and London: Harvard Uni Press, 1996, p.3. 릭 돌 피언과 이리스 반 데어 튠(2021)의 195쪽에서 재인용.
71 *ibid*., p.194에서 재인용.
72 Grosz(1994), p.175 (그로스(2019), 410쪽).

을 탈안정화하는 것과 연루되어 있다. 어떤 사람이 여성이라면, 그 사람에게는 가부장제적 권력관계가 요청하는 응집, 경직화, 강제성 등에 문제를 제기하는 방식의 하나로 여성되기가 언제나 필요하다.[73]

성차의 수행은 항상 동일한 육체를 반복하는 것이 아니다. 윤리적 되기로서의 성차의 수행은 주어진 성차가 있음을 인정하는 데서 시작하지만 동시에 다른 맥락에서 다른 층위와 다른 연결을 만들어내는 정치적 윤리적 재구성의 작업을 포함한다. 이런 점에서 여성의 수행은 여성임을 말하는 것이자 동시에 여성 신체로 파악될 수 없는 방식을 포함한다. 윤리적 되기의 관점에서 보았을 때 트랜스섹슈얼은 오히려 남성이지만 남성이지 않게 되기를 수행하는 존재, 이를 통해 여성 정체성을 탈안정화하는 존재로 독해될 수도 있다. 이러한 독해 안에서 트랜스섹슈얼은 여성의 경험을 결코 동일하게 경험할 수 없지만 여성"되기"의 프로젝트에 함께 참여할 수 있다.

5. 나아가며

이 글에서 필자는 그로스가 신유물론적 전회를 통해 몸을 무기력하고 수동적인 상태에서 자체 내의 활력을 갖는 자기-조직적 물질로 재규정하고 있음을 보여주었다. 신유물론의 흐름 속에서 그로스는 몸과 자연을 수동성 대상이 아니라 몸과 정신, 자연과 문화가 쌍방향적으로 드나드는 문지방으로, 이 과정에서 변이하는 살아있는 물질로 재형상화[74] 하고 있으며 이로써 생물학적 결정론과 사회구

---

73 *ibid*, p.176 (같은 책, 411쪽).
74 국내에서 이리가레로 첫 박사논문을 제출한 황주영은 에코페미니즘과 이리가레의 성차이론을

성주의적 환원의 난제를 벗어나고 있다.

그로스에 따르면 '문지방'으로서의 몸은 심리적, 물리적, 생물학적, 사회적 층위들이 다양하게 들고나는 상호작용의 장이기에 끊임없는 연결과정 속에서 변이한다. 그럼에도 불구하고 몸은 환원불가능한 성차의 차원을 갖는다. 우리는 몸을 가진 존재인 한 성차로부터 자유로운 중립적이고 객관적인 위치를 점할 수 없다. 우리는 몸을 갖는 한 성차에 따라 다른 문화적 의미화의 망에서 삶을 살게 되기에 서로 다른 성이 무엇을 경험하는지를 완전히 알 수 없다. 그러나 비환원적 성차에 대한 주장이 남성과 트랜스젠더의 배제를 의미하는 것은 아니다. 신유물론 안에서 성차 역시 문화자연적인 상호작용에 열려있는 물질성 즉 성차 되기이기에 우리는 생물학적 결정론으로부터 벗어나는 성차의 수행성을 논할 수 있기 때문이다. 그로스의 육체유물론은 비환원적 성차의 인정과 되기로서의 성차화를 윤리적 관계의 시작점으로 놓는다.

필자는 이러한 그로스의 육체유물론이야말로 생물학주의나 사회구성주의에 빠지지 않으면서도 여전히 유의미한 방식으로 불평등한 성차의 조건을 분석할 수 있게 해 준다고 본다. 태어날 때부터 우리가 마주하는 성차는 생물학적 섹스나 사회적으로 구성된 젠더가 아닌 "각인되고 체현된 기억"으로서의 자연문화적 성차이다. 이러한 성차는 비환원적이지만 변화불가능한 것은 아니다.

연결시키면서 이리가레가 '자연'을 재개념화함으로써 이원론적 사고를 넘어서고 있음을 분명하게 통찰하였다. 황주영, 「페미니즘과 자연: 성차이론과 에코페미니즘의 절합」, 서울시립대학교 철학박사학위논문, 2022. 그러나 이 글에서 필자는 한 발 더 나아가 이러한 흐름이 신유물론적 포스트휴먼 페미니즘이라는 더 큰 맥락 속에서 진행되는 새로운 육체유물론의 시도라는 점을 분명히 하고자 한다.

참고문헌

김소희, 「메를로 퐁티의 '체험된 몸'과 '살'에 대한 그로츠(E. Grosz)의 페미니스트적 독해」, 『한국여성철학』 제 11권, 2009.

도나 해러웨이, 『트러블과 함께하기』, 최유미 옮김, 마농지, 2022.

릭 돌피언과 이리스 반 데어 튠, 『신유물론: 인터뷰와 지도제작』, 박준영 옮김, 교유서가, 2021.

샌드라 하딩, 『누구의 과학이며 누구의 지식인가?』, 조주현 옮김, 나남, 2009.

엘리자베스 그로스, 『몸 페미니즘을 향해』, 임옥희 옮김, 꿈꾼문고, 2019.

전혜은, 『섹스화된 몸: 엘리자베스 그로츠와 주디스 버틀러의 육체적 페미니즘』, 새물결, 2010.

제인 베넷, 『생동하는 물질』, 문성재 옮김, 현실문화, 2020.

황주영, 『페미니즘과 자연: 성차이론과 에코페미니즘의 절합』, 서울시립대학교 철학박사학위논문, 2022.

다음카페 <내가 아는 카페>, https://cafe.daum.net/cs11sz/LG19/329874?q=불편한+용기+스탠스를+알립니다.&re=1(검색일: 2023.02.21)

Braidotti, Rosi, *Transposition*, Cambridge: Polity, 2006.

_____, Posthuman Feminism, Cambridge: Polity, 2022.

Coole, Dianna and Frost, Samantha(eds.), *New Materialisms: Ontology, Agency, and Politics*, Duke University Press: London, 2010

Gatens, Moira, "Toward a Feminist Philosophy of the Body" in Barbara Caine, E. A. Grosz, and Marie de Lepervanche(eds.), *Crossing Boundaries: Feminism and the Critique of Knowledges*, 59~70, Sydny: Allen and Unwin,

Grosz, Elizabeth, *Volatile Bodies*, Indiana Uni. Press: Bloomington, 1994.

_____, "Darwin and Feminism", Stacy Alaimo and Susan Hekman(eds.), *Material Feminisms*, Bloomington: Indiana University Press, 2008.

Haraway, Dana, *Staying with the Trouble*, London: Duke University Press, 2016.

Kirby, Vicky, T*elling Flesh: The Substance of the Corporeal*, Londong: Routledge, 1997.

Merleau-Ponty, Maurice, *The Primacy of Perception*, Evanston: North western Uni. Press, 1963.

Scott, Joan, *Only Paradixes to Offer*, Cambridge and London: Harvard Uni. Press, 1996.

2부

———

새로운 질문들:
물질과 과학기술

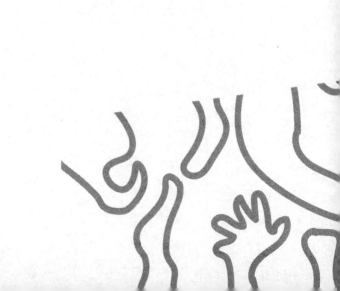

몸과 함께 작동하는 연구:

신유물론 페미니즘과 과학기술학의 접점에서[1]

임소연

1. 과학기술학과 만난 페미니즘 그리고 신유물론

최근 서구 인문사회학계의 최대 관심사는 물질이다. 물질에 대한 전면적인 재검토는 의미와 재현, 언어 등이 가진 힘에 몰두해 온 구성주의적 전환에 대한 탈구성주의적 전환이자 인간중심주의가 초래한 인류세(anthropocene)라는 지구적 위기를 극복하려는 노력의 일환이다.[2] 이러한 물질에 대한 관심은 인간을 세계의 유일한 주체로 보는 서구철학적 전통을 거부하는 포스트휴머니즘(post-humanism)[3]의 일종으로 분류되기도 하지만, 맑스주의 유물론의 뒤를 잇는 계보 속에서 신유물론(new materialism)으로 불리는 경우가 많다. 물질에 대한 전례 없는 관심은 페미니즘에서도 예외는 아니다. 십여 년 전부터 서구 페미니즘 학자들은 페미니즘의 물질적 전환(material turn)

---

1 이 글은 다음의 논문을 일부 수정한 글이다. 임소연, [과학기술과 여성 연구하기: 신유물론 페미니즘과 과학기술학의 안-사이에서 '몸과 함께'], 『과학기술학연구』, 제19호 3권, 2019, 169-202쪽.
2 Lykke, Nina, "The Timeliness of Post-constructivism", *Nordic Journal of Feminist and Gender Research*, Vol.18, 2010, pp.131-136.
3 이 때 포스트휴머니즘은 인간향상기술로 인간의 한계를 초월하는 트랜스휴먼(transhuman)이 되기를 지향하는 트랜스휴머니즘을 포함하지 않는 비판적 포스트휴머니즘을 뜻한다.

에 뉴 페미니스트 유물론(new feminist materialism) 혹은 신유물론 페미니즘(new material feminism) 등과 같은 이름 아래 이론적, 경험적 작업을 지속해 오고 있다. 페미니즘이 물질에 관심을 갖게 된 것은 놀라운 변화이다. 그것은 과학기술학 연구자에게는 매우 반가운 변화이기도 하다. 왜냐하면 물질을 이해하고 조작하고자 하는 인간의 행위가 과학기술이고 그 과학기술을 이해하고 그것에 개입하고자 하는 학문이 과학기술학인 반면 페미니즘은 대체로 과학기술에 비판적인 논의를 펼쳐 왔기 때문이다.

사실 과학기술학은 그 자체로 인문사회학의 물질적 전환이다. 과학기술이 다루는 물질과 과학기술의 물질적 실천 등 그야말로 인간이 아닌 존재에 주목해 왔기 때문이다. 이언 해킹(Ian Hacking)의 과학적 실재론에서부터 앤드류 피커링(Andrew Pickering)의 실험실 연구와 브루노 라투르(Bruno Latour)의 실험실 연구 및 행위자-연결망-이론(Actor-Network-Theory), 그리고 도나 해러웨이의 사이보그 선언과 캐런 버라드의 행위적 실재론(agential realism)에 이르기까지 과학기술학은 이미 80년대부터 신유물론적 성과를 축적해왔다. 물론 과학기술학에 속하는 모든 연구가 신유물론적이라고 말할 수는 없겠지만, 과학기술과 사회의 경계가 주어지거나 고정된 것이 아니라거나, 과학이 지식이나 명제로 환원되지 않는 이질적이고 물질적인 실천이라는 것, 그리고 물질이 수동적인 도구나 매개체가 아니라 이 사회의 주요 행위자라는 것 등에 익숙해져 있다는 점에서 과학기술학은 전반적으로 그 어떤 분과보다 신유물론에 친화적이라고 할 수 있다.

페미니스트 과학기술학자에게 신유물론의 등장은 특별히 더 반

갑다. 신유물론을 통해서 비로소 페미니즘이 과학기술과 다른 방식으로 만나기 시작했고 그럼으로써 페미니즘과 과학기술학의 접점이 확장될 수 있을 것이기 때문이다. 나는 2011년에 출판한 논문에서 페미니즘과 과학기술학의 접점에서 연구하기에 대한 초기적인 문제의식을 드러낸 바 있다.4 여성의 과학기술 실천은 과학기술학 밖의 페미니즘이나 페미니즘 밖의 과학기술학 어느 한 쪽으로는 제대로 탐구되기 어렵다. 우선 여성이 과학기술을 실천하는 과정에는 여성 외에도 다양하고 이질적인 인간 및 비인간 존재들이 개입하기 때문에 여성 주체에 집중하는 페미니즘 이론으로는 과학기술 실천을 충분히 기술할 수 없다. 페미니즘 연구자로 훈련받지 않은 과학기술학 연구자의 경우 페미니즘이 제공하는 도구들 각각이 갖는 미묘한 뉘앙스와 깊은 맥락을 온전히 파악하여 사용하는 데에는 한계가 있기도 하다.5 그렇다고 해서 여성의 과학기술 실천을 분석하는 과학기술학 연구자가 페미니즘의 맥락에 아예 무지하거나 이를 무시하는 것 또한 장려될 일은 아니다. 2011년의 논문은 페미니즘 밖에서 여성의 과학기술 실천을 분석하지만 그럼에도 불구하고 페미니스트 정치학에 기여하기를 원했던 나의 고민에서 출발하였다. 물론 그것은 개인적인 고민만은 아니다. 논문에서 상술했듯이 나의 고민은 구성주의 과학기술학 이론과 페미니즘의 정치적 지향이 긴장 관계에 있음을 뜻하는 것이었다. 이 긴장을 생산적으로 해소하기 위하여 당시 찾아낸 방법이 도나 해러웨이가 제안한 "기술-과학적 방식의 생

---

4 임소연, 「여성의 기술과학 실행에 대한 기술-과학적 방식의 생각하기: 바라드의 행위적 실재론적 관점에서」, 『과학기술학연구』, 제11호 2권, 2011a, 97-119쪽.
5 Campbell, Nancy D., "Reconstructing Science and Technology Studies Views from Feminist Standpoint Theory", *Frontiers: A Journal of Women Studies,* Vol.30, No.1, 2009, pp.1-29.

각하기(techno-scientific way of thinking)"⁶이다. 해러웨이가 여기서
강조하는 '생각하기 기술(thinking technologies)'은 보통 이론이나 방
법론 등을 일컫는 '인지적 기술(cognitive technologies)'과는 다르다.
지금 돌이켜 보면 해러웨이가 말한 '생각하기 기술'과 '기술-과학적
방식의 생각하기'란 결국 신유물론적인 생각하기가 아니었나 싶다.

　　과학기술학 연구자로서 2011년과 이 글을 쓰는 시점의 가장 큰
차이점은 나와 페미니즘과의 관계이다. 과거의 글이 페미니즘의
'밖'에서 여성의 과학기술 실천 연구 방법을 모색하는 과학기술학
연구자의 고민을 담았다면 이 글은 신유물론 페미니즘의 '안'에서
어떻게 과학기술 실천을 연구할 수 있을지에 대한 페미니스트 과학
기술학 연구자의 제안을 담고자 했다. 신유물론 페미니즘은 물질과
의 관계를 전면적으로 재정립하는 페미니즘으로 물질을 들여다보는
데에 익숙한 과학기술학 연구자에게 매우 친화적인 페미니즘이다.
신유물론 페미니즘의 영향을 받아 나의 지향은 '기술-과학적 방식
으로' 생각하기에서 '몸과 함께 작동하는' 연구하기로 변화했다. 이
글의 목적은 신유물론이나 신유물론 페미니즘에 대한 포괄적인 이
해를 제공하는 것이 아니라 신유물론 페미니즘의 성과를 선택적으
로 활용하여 여성의 과학기술 실천 연구하기의 가능성을 드러내는
데에 있다. 이론적 논의가 아니라 실전 적용 사례다. 이것은 신유물
론의 논의를 과학기술학 이론과 비교하려는 것이 아니라 과학기술
학의 성과를 도구 삼아 신유물론 페미니즘에 입각한 경험 연구를
시도해 보려는 것이다. 이전 논문에서 버라드의 행위적 실재론을 과
학기술학 이론과 페미니스트 정치학 사이의 충돌을 완화하는 장치

6　Haraway, Donna, *The Haraway Reader,* New York & London: Routledge, 2004, p.336.

로 제안하는 데 그쳤다면, 이 글에서는 버라드의 개념을 포함한 과학기술학의 세 이론을 손에 들고 성형외과 현장연구 사례를 분석함으로써 신유물론 페미니즘과 과학기술학의 접점에서 어떤 경험 연구가 가능할지 가늠하고자 한다.

이어지는 글의 구성은 다음과 같다. 우선 신유물론 페미니즘의 요지를 간략하게 정리한 후, 신유물론 페미니즘의 문제의식 하에 기존 성형수술 선행연구의 한계를 보일 것이다. 이어서 과학기술학 분야에서 신유물론과의 친연성이 높은 이론을 소개하고 그것을 통해서 성형수술 실천을 분석할 것이다. 마지막으로 신유물론 페미니즘과 과학기술학의 접점에 있는 연구가 갖는 함의를 짚어보며 글을 맺고자 한다.

2. 신유물론 페미니즘, 페미니즘과 과학기술의 관계 맺기

신유물론 페미니즘은 인간과 비인간의 관계성에 주목하여 생물과 무생물적 존재, 즉 자연, 사물, 몸 등을 모두 포함하는 비인간적 존재를 분석의 대상으로 삼을 뿐만 아니라 인간과 비인간이라는 이분법적 범주 자체에 도전한다.[7] 신유물론 페미니즘을 이해하기 위해서 두 가지 오해를 짚고 넘어갈 필요가 있다. 우선 물질을 페미니즘의 안으로 적극적으로 들여오자는 것은, 여성, 권력, 섹슈얼리티 등과 같은 전통적으로 페미니스트 정치학에서 중요한 문제들을 물질로 대체하자는 것이 아니다. 오히려 그러한 문제들이 어떻게 만들

---

7 Hird, Myra. J., (2009) "Feminist Engagements with Matter", *Feminist Studies,* Vol.35, No.2, 2009, pp.329-346. Hird, Myra. J. & Roberts, Celia, "Feminism Theories the Nonhuman", *Feminist Theory,* Vol.12, No.2, 2011, pp.109-117.

어지고 작동하는지를 이해하기 위해서 그리고 더 나아가 그러한 문제를 해결하고 바꾸기 위해서 인간의 행위만 보는 것으로는 충분하지 않다는 깨달음을 전제로 한다.[8] 두 번째 오해는 첫 번째보다 더 심각하며 더 긴 해명이 필요하다. 언뜻 신유물론 페미니즘은 지난 페미니즘이 쌓아온 성과와 그 안에 다층적이고 복합적인 몸과 물질에 대한 논의가 존재했음을 부인하는 것처럼 보인다.[9] 그러나 신유물론 페미니즘은 기존 페미니즘이 물질을 전혀 다루지 않았음을 비판하는 것이 아니다. 예를 들어, 맑시스트 페미니즘의 경우 남녀 간의 사회경제적 관계를 젠더 문제의 물질적 토대로 보았고 페미니즘 연구는 그 어떤 연구보다 일상적이고 반복적인 행위가 권력의 형성 및 작동에 중요함을 강조해 왔다. 페미니스트 몸 연구에서도 물질로서의 몸은 이미지로서의 몸과 함께 중요하게 다루어져 왔다.[10] 수잔 보르도(Susan Bordo), 사라 프랭클린(Sarah Franklin), 주디스 버틀러(Judith Butler), 엘리자베스 그로스(Elizabeth Grotz) 등을 비롯하여 많은 페미니스트 학자들이 몸의 물질성을 논한 바 있다.[11] 문제는 지금까지의 페미니즘이 몸의 물질성을 분석해 왔는가 아닌가의 여부에 있는 것이 아니라, 주로 어떤 방식으로 분석해 왔는가에 있다. 그 방식이란 대체로 고정된 자연 대 유동적인 문화의 이분법을 넘어 몸과 물질, 자연 등이 언어와 담론, 문화 등의 원인이 아니라 효

---

8 Hird and Roberts(2011), op. cit.

9 Ahmed, Sarah, "Open Forum Imaginary Prohibitions: Some Preliminary Remarks on the Founding Gestures of the New Materialism", *European Journal of Women's Studies*, Vol.15, No.1, 2008, pp.23-39.

10 Coleman, Rebecca (2014), "Inventive Feminist Theory: Representation, Materiality and Intensive Time", *Women: A Cultural Review*, Vol.25, No.1, 2014, pp.27-45.

11 Ahmed(2008); Coleman(2014), op. cit.

과임을 보이는 것이었다.[12]

신유물론 페미니즘은 사실상 생물학적 결정론에 대한 비판으로 묶일 수 있는 기존 페미니즘에서 한 발 더 나아가 페미니즘이 생물학을 포함한 과학기술과 새로운 관계를 맺을 것을 촉구해 왔다는 점에서 차별화된다.[13] 그 중에서도 마이라 허드(Myra Hird)는 지금까지 페미니즘이 과학에 접근한 유형을 세 가지로 구분함으로써 신유물론 페미니즘을 페미니즘 연구사 안에 위치시킨다.[14] 첫째는 과학의 합리성을 비판하는 입장이다. 잘 알려진 이블린 팍스 켈러(Evelyn Fox Keller)나 샌드라 하딩(Sandra Harding) 등의 페미니스트 과학인식론이 이런 방식으로 과학에 접근한 페미니즘의 대표적인 예이다. 둘째, 페미니즘이 과학으로부터 개념을 빌려오는 경우이다. 예를 들어, 도나 해러웨이는 물리학에서 빌려온 회절(diffraction)의 개념으로 그만의 독특한 방법론을 설명한 바 있다.[15] 허드가 제안하는 신유물론 페미니즘은 페미니즘과 과학의 관계 맺기(engagement)라는 용어로 설명된다. 관계 맺기란, 페미니즘과 과학이 대화와 협업을 통해서 서로의 지식을 생산하는 과정에 깊이 개입함을 의미한다. 일례로, 페미니스트 심리학자 엘리자베스 윌슨(Elizabeth Wilson)은 페미니즘이 진화론이나 신경과학을 비판하기 보다는 그것들과 관계를 맺음으로써 오히려 새로운 정치적 자원으로 삼을 수 있다고

---

12 Barad Karen, *Meeting The Universe Halfway: Quantum Physics and the Entanglement of Matter and Meaning*, Durham and London: Duke University Press, 2007; Davis, Noela, "New Materialism and Feminism's Anti-biologism: A Response to Sara Ahmed", *European Journal of Women's Studies*, Vol.16, No.1, 2009, pp.67-80.

13 Davis(2009), op. cit.

14 Hird(2009), op. cit.

15 Haraway, Donna, *Modest_Witness @ Second_ Millennium. FemaleMan_ Meets_OncoMouse*, New York: Routledge, 1997.

몸과 함께 작동하는 연구: 신유물론 페미니즘과 과학기술학의 접점에서

말한다.[16] 페미니즘이 특히 생물학과 직접적으로 교류함으로써 물질로서의 몸을 분석의 대상으로 삼을 수 있다는 것이 이러한 신유물론 페미니스트들의 주장이다. 이것은 슐라미츠 파이어스톤과 같은 70년대의 급진적 페미니스트의 친과학기술주의나 오를랑(Orlan)과 같은 페미니스트 예술가가 보여준 과학기술의 페미니스트 도구화와는 다른 방식의 관계 맺기이다.

또 다른 예로 매건 와린(Megan Warin)의 여성과 비만에 대한 연구[17]를 통해서 신유물론 페미니즘이 과학을 다루는 방식을 살펴보자. 비만에 대한 기존 페미니즘 연구는 앞서 언급된 첫 번째 유형인 '비평'에 해당하는 경우가 대부분이다. 대개 여성의 몸에 대해서 과학으로 정당화되는 낙인찍기를 중단하고 몸의 다양성을 인정하자는 요지의 연구로서 이러한 연구가 비만이 과학적 사실이 아니라 사회적인 구성물임을 보여준다는 점에서 의미가 있음은 분명하다. 그러나 결국 이러한 식의 접근은 페미니즘으로 하여금 과학과 생산적인 방식으로 관계를 맺는 것을 어렵게 만든다. '비평'에 대한 신유물론 페미니즘의 이러한 입장은 과학기술학자 브뤼노 라투르의 "비평은 왜 그 기력을 다했는가?(Why has critique run out of steam?)"[18]라는 문제제기와 일맥상통한다. 즉 비만을 설명하기 보다는 비만을 설명하는 과학 및 과학자의 시도를 해체하는 일을 반복하게 되면,

---

16 Wilson, Elizabeth, "Organic Empathy: Feminism, Psychopharmaceuticals, and the Embodiment of Depression," Alaimo, S. and Hekman, S., (ed.), *Material Feminisms*, Bloomington, IN: Indiana University Press, 2008, pp.373 - 399,
17 Warin, Megan, "Material Feminism, Obesity Science and the Limits of Discursive Critique", *Body and Society*, Vol.21, No 4, 2015, pp.48-76.
18 Latour, Bruno, "Why has Critique Run out of Steam? From Matters of Fact to Matters of Concern", *Critical Inquiry*, Vol.30, No.2, 2004, pp.225-248.

비만에 대해서 더 잘 이해하기 보다는 신자유주의의 통치성과 같이 거대한 구조적 힘의 존재를 확인하는 것에 그치게 될 것이고 그렇게 되면 오히려 페미니즘의 설명력을 약화시키는 결과를 낳게 된다.[19] 이러한 비판 담론에 따르면, 살을 빼려는 여성은 구조적 힘에 순종적인 주체가 되고 뚱뚱한 채로 사는 것만이 주류 비만 담론에 저항하는 정치적인 의미를 가질 수 있다. 주목할 것은 페미니스트 의식을 가지고 자신의 몸을 있는 그대로 사랑하는 선택에서 몸은 비활성화된 상태로 남아 있다는 점이다. 와린의 비만 연구는 과학이 끊임없이 변화한다는 점에 주목하여 오래된 비만 과학을 비판하는 대신 최신 비만 과학연구를 분석하고 그로부터 여성의 사회경제적 지위를 개선하는 것이 비만 문제를 해결하는 열쇠임을 읽어낸다. 이것은 살을 빼는 것이 주류 비만 담론에 순응하는 행위로서의 의미를 갖는 것만은 아니며 여성의 지위를 향상시키는 정치적 프로젝트에서 이러한 과학 연구가 오히려 효과적인 자원이 될 수 있음을 의미한다. 이렇게 신유물론 페미니즘이 물질과 함께 작동하는 방식은 주로 과학과의 대화와 협업을 포함한 새로운 관계 맺기를 통해서이다.

3. 기존 성형수술 연구에서의 몸

여성의 과학기술 실천을 분석하는 페미니즘 연구 속에서 몸과 물질은 어떤 방식으로 다루어지는가? 성형수술 연구의 사례는 여성의 과학기술 실천이 '여성'을 중심으로 연구될 경우 어떠한 방식으로 수행되는지 잘 보여준다.[20] 지금까지 나온 성형수술에 대한 페미

---

19 *ibid.*
20 성형수술 연구가 여성의 몸을 대상으로 하는 기술에 대한 모든 페미니즘 연구를 대표하지는 않

니스트 분석은 크게 세 가지 유형으로 나눌 수 있다. 첫 번째 유형의 분석에서 성형수술은 거시적이고 구조주의적인 관점에서 여성의 몸을 식민화하는 기술로 비판되었다. 많은 페미니스트 연구자들이 성형수술을 가부장적 시선과 인종주의 이데올로기의 도구로 규정하였고 이 때 여성의 몸은 백인남성의 시선에 의해서 소비되는 수동적인 존재였다.[21] 두 번째 유형의 분석에서는 첫 번째 유형의 분석이 여성 주체를 수동적인 피해자나 희생양으로만 그린다는 점을 문제 삼았다. 대표적으로 케시 데이비스(Kathy Davis)와 같은 연구자는 성형수술 환자들과의 인터뷰를 통해서 그녀들이 아름다워지려는 욕망이나 허영심이 아니라 심리적인 고통에서 해방되거나 편견 어린 시선에서 자유로워지려는 필요에 의해서 성형수술을 선택하는 합리적인 주체임을 보여준 바 있다.[22] 물론 이 경우에도 몸의 물질성은 분석의 대상에서 제외되었다. 세 번째로, 구성주의의 영향을 받은 페미니스트 성형수술 연구의 경우 앞선 두 유형의 분석이 구조 대 행위성 혹은 여성억압 대 여성해방 등의 이분법에 갇혀있다고 비판

으나 여성의 다른 과학기술 실천에 대한 페미니즘 연구사에서도 유사한 양상이 엿보인다. 페미니스트 과학기술학자 캐리스 탐슨(Charis Thompson)에 따르면, 페미니즘 영역에서 재생산 기술의 연구사는 1984년에서 1991년까지 제 1기, 그리고 이후 2000년 초까지 제 2기로 나뉜다(Thompson, 2005). 제 1기의 페미니스트들이 재생산 기술을 거시적이고 구조주의적으로 분석한 결과를 바탕으로 그에 대한 정치적인 반대와 비판의 입장을 분명히 했다면, 제 2기는 기술적 실행과 젠더 수행성의 일상성(mundanity)과 상호의존성(interdependence)에 주목하며 재생산기술을 "재생산을 육화하는 새로운 방식"(Thompson, 2005: 70)으로 접근한다.

21 Morgan, Kathryn. P., "Women and the Knife: Cosmetic Surgery and the Colonialization of Women's Bodies", *Hypatia*, Vol.6, No.3, 1991, pp.25-53; Frost, Liz, "Theorizing the Young Woman in the Body", *Body & Society*, Vol.11, No.1, 2005, pp.63-85; Covino, Deborah C., "Outside-In: Body, Mind, and Self in the Advertisement of Aesthetic Surgery", *Journal of Popular Culture*, Vol.35, No.3, 2001, pp.91-102; Blum, Virginia, "Becoming the Other Woman: The Psychic Drama of Cosmetic Surgery", *Frontiers: A Journal of Women Studies*, Vol.26, No.2, 2005, pp.104-131.

22 Davis, Kathy (1995), *Reshaping the Female Body: The Dilemma of Cosmetic Surgery*, New York & London: Routledge, 1995; Davis, Kathy, "My Body is My Art: Cosmetic Surgery as Feminist Utopia?", *The European Journal of Women's Studies*, Vol.4, No.1, 1997, pp.23-37.

하며 여성의 주체성과 성형수술의 의미는 유동적으로 변화하는 것이라고 주장한다.[23] 구성주의적 맥락에서 가부장제와 인종주의는 더 이상 성형수술의 보편적인 설명항이 될 수 없다. 특히 최근 들어 비서구 사회의 여성들이 성형수술을 선택하는 이유를 서구 백인의 몸을 갖고자 하는 열망이나 이데올로기 탓으로 단순화할 수 없으며 근대화, 소비자본주의, 지구화 및 민족주의 등 다양한 요인이 작동한다는 점을 지적하는 연구가 많아졌다.[24]

그러나 이와 같이 다양한 유형의 성형수술 연구가 진행되어 왔음에도 불구하고 몸 그 자체를 본격적으로 다룬 연구는 찾아보기 힘들다. 몸 그 자체를 본격적으로 다룬다는 것은, 성형수술이라는 이질적이고 물질적인 기술적 실천 속에서 몸이 어떻게 실행(enact)되는지와 같이 몸의 존재론에 관심을 갖는다는 것이다. 성형수술의 실행이 상담과 수술, 수술 후 회복 등 여러 과정의 절차들로 구성됨에도 불구하고 대부분의 연구는 여성 환자 혹은 잠재적인 환자로서의 여성이 성형수술을 고민하게 되는 동기에 집중되어 있다. 사실상 대부분의 성형수술 연구에서 초점은 여성이라는 사회적 주체의 정체성과 행위성이지 여성의 몸이나 여성의 몸이 개입되는 기술적 실천은 아니다. 수술 부작용이나 위험 등을 경고하는 것을 제외하고

23 Pitts-Taylor, Victoria. *Surgery Junkies: Wellness and Pathology in Cosmetic Culture*, New Brunswick, NJ: Rutgers University Press, 2007.
24 Edmonds, Alexander. (2010), *Pretty Modern: Beauty, Sex, and Plastic Surgery in Brazil*. Durham, NC: Duke University Press, 2010; Edmonds, Alexander, "The Biological Subject of Aesthetic Medicine", *Feminist Theory*, Vol.14, No.1, 2013, pp.65-82. Holliday, Ruth. & Elfving-Hwang, Joanna, "Gender, Globalization, and Aesthetic Surgery in South Korea", *Body and Society*, Vol.18, No.2, 2012, pp.58-81. Brownell, Susan, China Reconstructs: Cosmetic Surgery and Nationalism in the Reform Era, Joseph S. A., (ed.), *Asian Medicine and Globalization*, Philadelphia, PA: University of Pennsylvania Press, 2005, pp.132-50; Leem, So Y., "The Anxious Production of Beauty: Unruly Bodies, Surgical Anxiety, and Invisible Care", *Social Studies of Science*, Vol.46, No.1, 2016, pp.34-55.

는 물질로서의 몸, 성형수술이 개입하는 몸 그 자체에 대한 연구는 거의 없다고 해도 과언이 아니다. 구체적으로 환자가 성형수술이라는 기술적 절차를 어떻게 경험하고 수술의 전 과정에 걸쳐 환자의 몸이 어떻게 변화하는가에 대해서 말해주는 연구는 전무하다시피 하다. 세 가지 유형 중 어떠한 유형에 해당하는 분석이든 성형수술은 일단 선택하기만 하면 여성에게 새로운 몸과 정체성을 선사하는 기술로 전제된다. 이 때 여성의 몸이 갖는 물질성은 분석의 시야에서 사라진다. 페미니즘이 성형수술과 몸에 대해서 의학에 경합하는 지식을 생산하지 못한다는 것은 중대한 정치적 손실이 아닐 수 없다.

때때로 물질로서의 몸이 소환된다고 하더라도 그것은 여성에게 가해지는 몸의 고통 및 위험 등으로 한정되는 경우가 대부분이다. 과학기술과 관련한 여성의 신체적 고통 및 위험은 과소재현되거나 과대재현된다. 예를 들어, 의료기술의 개입에 따른 몸의 고통 및 위험은 임신중지를 지지하는 페미니스트 담론 속에서는 과소재현되는 반면, 성형수술을 비판하는 페미니스트 담론 속에서는 상대적으로 과대재현된다.[25] 물질로서의 몸이 과학기술과 관련된 페미니즘 정치에서 선택적으로만 등장하고 여성이라는 주체 뒤에 가려져 정교한 분석의 대상이 되지 못하면 생물학적인 몸에 대한 책임은 과학자와 의사에게로 떠넘겨지고 페미니스트는 사회문화적으로 재현되는 몸에 대해서만 말할 수 있게 된다. 오를랑의 성형수술 퍼포먼스처럼 성형수술은 개별 여성들이 저항이라는 명백한 의도나 정치적인 의식(consciousness)을 가지고 선택할 때에만 페미니즘의 일부가 되고,

---

25 Holliday, Ruth. & Taylor, Jacqueline, S., (2006), "Aesthetic Surgery as False Beauty", *Feminist Theory*, Vol.7, No.2, 2006, pp.179-195.

그러한 의도나 의식 없이 행해지는 성형수술과 주체의 의도나 의식에 무관하게 변하거나 변하지 않는 몸은 페미니스트 이론이나 분석밖으로 빠져나간다. 이러한 문제의식 하에 이 글은 "몸과 함께 작동하는(working with the body)"[26] 페미니즘이자 과학기술학으로서 과학기술과 여성 연구하기에 대하여 논의하고자 한다.

4. '몸과 함께 작동하는' 과학기술 실천 연구하기

몸은 과학적 지식과 기술적 개입의 대상일 뿐만 아니라, 인간이 특정한 감각으로 경험하고 특정한 사건을 통해서 살아가는 존재이다.[27] 따라서 여성의 몸을 둘러싼 과학기술적 실천을 분석하는 것은 과학적 지식과 기술적 원리 등을 분석하는 것만으로는 충분하지 않으며 오히려 그 실천 속에서 여성이 겪게 되는 감각과 경험, 그리고 사건들이 분석의 중심이 되어야 할 것이다. 그러기 위해서는 여성의 몸에 대한 재현이 갖는 다양성과 경합 이전에 여성의 몸 자체가 하나의 단일한 존재가 아님을 인식하고 이것을 잘 기술할 수 있는 언어적 장치가 필요하다.

이 글은 기존 성형수술 연구에서 비가시화되어 온 물질로서의 몸과 과정으로서의 성형수술을 가시화하기 위하여 과학기술학의 개념적 도구를 빌리고자 한다. 이질적이고 물질적인 실천으로서의 과학기술을 보고 기술하는 일은 과학기술학이 가장 잘 해낼 수 있는 일 중 하나이다. 특히 과학기술학에서 존재론적 전환으로 일컬어지는 변화들, 이를테면 재현의 다중성에서 존재의 다중성으로, '다를

---

26 *ibid.*, p.189.
27 Davis(2007), op. cit.

몸과 함께 작동하는 연구: 신유물론 페미니즘과 과학기술학의 접점에서

수도 있음(It could be otherwise)'에서 '실제로 다름(It actually is otherwise)'으로, 그리고 논쟁적인 과학기술에서 당연시되는 존재에 대한 연구로의 전환 속에서 몸 그 자체를 잘 기술할 수 있는 장치들이 고안되어 왔다.[28] 특히 이 절에서는 성형수술과 같은 과학기술의 실천 속에서 실행되는 몸의 변화를 효과적으로 기술할 수 있는 개념적 도구를 제안하고자 한다. 이 글에서 주목하는 다음의 세 개념은 각각 정신과 몸, 행위성과 대상화, 그리고 인간과 비인간 등과 같은 이분법적 범주화에 도전함으로써 여성의 과학기술 실천을 새롭게 이해하게 해준다.

첫 번째 개념은 몸의 다중성(multiplicity)이다. 아네마리 몰(Annemarie Mol)은 동맥경화증 민족지 연구에서 정신과 몸의 이분법을 넘는 다중적인 몸의 개념을 제안한 바 있다.[29] 몰의 연구는 동맥경화증이라는 질병에 대한 여러 전문가 지식 사이의 경합 혹은 의학 지식 대 환자 경험의 대립을 다루고 있지 않다. 대신 이 연구가 민족지를 통해 보여주는 것은 동맥경화증이라는 질병이 실험실, 진료실, 의대 강의실 등에서 다르게 실행되는 대상이라는 점이다. 동시에 이 질병은 양식이나 서류, 이미지, 증례 보고, 의사-환자 대화 등을 통하여 중첩되고 상호연결된 실천들 속에서 일관성을 갖고 있기도 하다. 몸의 다중성도 마찬가지다. 예를 들어, 저혈당 환자의 몸은 대사하는 몸(metabolic body), 관찰하는 몸(observing body), 그리고 대응하는 몸(counteracting body) 등 최소한 세 가지의 몸으로 실행된다. 예를

---

28 Woolgar, Steve, & Lezaun, Javier. "Missing the (Question) Mark? What is a Turn to Ontology?", *Social Studies of Science*, Vol.45, No.3, 2015, pp.462-467.
29 Mol, Annemarie, *The Body Multiple: Ontology in Medical Practice*, Durham and London: Duke University Press, 2002.

들어, 혈당이 떨어지는 증상을 느끼는 몸이 대사하는 몸, 측정 기구를 통해서 혈당 수치가 떨어지는 것을 보는 몸이 관찰하는 몸, 그리고 휴식을 취하거나 당분을 섭취함으로써 몸의 일관성을 유지하고자 애쓰는 몸이 대응하는 몸에 해당한다.[30] 이러한 다중적 몸 개념은 정신과 몸에서부터 시작하여 주체와 타자, 문화와 자연, 사회와 과학 등 거울상처럼 펼쳐지는 이분법의 사슬에 묶이지 않고 몸의 존재를 설명할 수 있게 해 준다.

두 번째 개념은 존재론적 안무(ontological choreography)이다. 캐리스 탐슨(Charis Thompson)의 존재론적 안무 개념은 이질적이고 물질적인 과학기술 실천을 분석할 때 매우 유용하다. 탐슨의 연구에 따르면, 불임 클리닉의 여성 환자들은 불임 치료의 성공 여부에 따라 자신의 몸에 대한 대상화(objectification) 경험과 기술에 대한 태도를 다르게 이야기한다.[31] 치료 결과 임신에 성공한 환자는 자신의 행위성을 강조한 반면, 임신에 실패한 환자는 자신의 몸이 기술적 개입에 의해서 대상화되었다고 말한다는 것이다. 존재론적 안무는 여성들의 불임치료기술 실천이 질 안으로 들어오는 탐침, 초음파 이미지, 환자 진료 기록 차트 등과 같은 사물, 난소, 자궁, 난관 등과 같은 자신의 몸의 일부, 그리고 의료진, 배우자, 가족 등과 같은 다른 사람들 등 이렇게 많은 존재들이 개입되는 과정임을 보여줄 뿐만 아니라, 이 이질적이고 다양한 존재들이 임신이라는 하나의 목적

---

30 Mol, Annemarie & Law, John, "Embodied Action, Enacted Bodies: The Example of Hypoglycemia", *Body & Society*, Vol.10, No.2-3, 2004, pp.43-62.
31 Thompson, Charis. (1996), "Ontological Choreography: Agency through Objectification in Infertility Clinics", Social Studies of Science, Vol.26, No.3, 1996, pp.575-610; Thompson, Charis, *Making Parents: The Ontological Choreography of Reproductive Technologies*, Cambridge and London: The MIT Press, 2005.

몸과 함께 작동하는 연구: 신유물론 페미니즘과 과학기술학의 접점에서

을 달성하기 위해 마치 하나의 안무처럼 조화를 이루고자 함을 의미한다. 존재론적 안무의 개념은 여성 주체의 행위성과 몸의 대상화가 선험적으로 구분되지 않는 일련의 실행 속에서 양립가능함을 보여줌으로써 구조와 행위성 사이에서 오랫동안 딜레마를 겪어 온 페미니즘에 시사하는 바가 크다.[32]

세 번째 개념은 내부-작용(intra-action)이다. 캐런 버라드에 따르면, 기본적인 존재론적 단위는 인간도, 비인간도, 사이보그와 같은 존재가 아닌 현상이다. 이미 독립된 존재들을 전제하고 있는 상호작용(interaction)과는 달리, 내부-작용은 작용의 주체가 되는 성분들이 존재론적으로 분리될 수 없음을 강조하는 용어이다. 이 현상 속의 성분들이 반복적인 내부-작용을 통해서 물(物, matter)[33]이 되는 것이기 때문에 행위성은 "내부-작용의 문제이며, 그것은 어떤 존재에게 부여되거나 소유할 수 있는 무엇이 아니라 하나의 실행(enactment)"[34]이라고 정의된다. 즉, 행위성이란 인간, 비인간, 사이보그와 같은 주체적 존재에게 부여되는 속성이 아니라 내부 행위 안에서 존재이기도 하고 행위이기도 한 것이다.[35] 버라드에 따르면, 인간과 비인간, 그리고 사이보그와 같이 이전에 행위자로 불렸던 존재들 역시 특정한 성분들의 내부-작용을 통해서 구성되는 물들이다. 물은 행위성을 소유하는 존재로 선험적으로 존재하는 것이 아니라 반복적인 물질화 혹은 "행위성의 응결"[36]을 통해서 사후적으로 드러난다. 탐슨

---

32 Thompson(2005), op. cit., pp.179-204.
33 matter는 material이나 thing과 구분하기 위해 물질이나 사물대신 "물(物)"로 번역한다.
34 Barad(2007), op. cit., p.14.
35 ibid., p.178.
36 ibid., p.151.

의 존재론적 안무에서 여성 환자의 행위성을 선험적으로 규정하지 않기에 몸의 대상화와 여성 주체의 행위성이 얼마든지 양립할 수 있듯이, 버라드의 내부-작용은 미리 규정된 주체나 행위자를 필요로 하지 않기에 행위성과 관련한 정치적 논쟁에서 자유로울 수 있다. 몰의 다중적 몸 개념도 역시 주체와 대비되는 단일하고 고정된 몸을 전제하지 않으며 오히려 내부-작용이라고 볼 수 있는 다중적 몸의 실행의 효과로서 몸이 사후적으로 드러남을 말해준다.

5. 성형수술 실천 속의 몸, '몸과 함께 작동하는' 성형수술

여기에서는 나의 성형외과 현장연구에 기반한 성형수술 연구[37]를 사례로 들어 과학기술학의 존재론적 개념이 어떻게 여성들의 성형수술 실천과 몸의 변화를 기술할 수 있는지 보이고자 한다. 우선 의료 현장에서 성형수술 실천은 환자와 의사를 비롯해서 상담실장과 간호사 등 다양한 인간과 함께 상담실, 수술실, 거울, 디지털 카메라, 컴퓨터, 수술대, 수술에 필요한 물품과 도구들, 진통제, 마취제, 수술 후 주의사항 지침 등을 포함한 비인간적 존재가 개입하는 일련의 안무이다. 이 존재론적 안무는 가시적으로 의료 현장에서 환자의 다중적 몸을 예측하고 통제하려는 의료 행위로 드러나지만, 수술 후 회복 과정에서 특히 두드러지게 환자 자신의 다중적 몸들 사이에서 이루어지는 내부-작용에 의존하게 된다. 아래의 내용에서 보겠지만 성형수술은 여성에게 예전에 없던 새로운 몸(아름다운 외모)과 새로운 정체성(아름다운 여성)을 부여하는 기술이 아니다. 성

---

37 이 글의 사례는 2008년부터 2011년까지 수행한 나의 성형외과 현장연구에 근거한다. 이 연구에 대한 자세한 내용은 임소연(2022)을 참조하시오.

몸과 함께 작동하는 연구: 신유물론 페미니즘과 과학기술학의 접점에서

형수술에 대한 과학기술학적 접근, 즉 페미니즘과 성형수술의 새로운 관계 맺기는 여성이 성형수술을 소비함으로써 예쁜 얼굴을 갖게 된다는 전제에서 벗어나 성형수술을 "환자가 원래 가지고 있는 몸과 함께 작동하는"[38]기술적 실천으로 보는 것으로부터 시작된다.

성형수술은 크게 수술 전 상담, 수술, 수술 후 회복이라는 일련의 절차에 따라 수행된다. 그리고 여성의 몸은 각각의 과정에서 다른 존재로 실행된다. 우선 성형수술 전 의사와의 상담 과정은 환자의 관찰하는 몸이 의사와 협상하는 과정이면서 동시에 환자의 몸이 사진이라는 물질로 변환되는 과정이다.[39] 상담실에는 사진을 찍는 데에 필요한 흰색 스크린, 조명 장비, 디지털 카메라와 삼각대 등이 구비되어 있다. 환자는 데스크 위 대형 컴퓨터 모니터를 통해서 상담 중 지속적으로 자신의 정면과 측면 얼굴 사진뿐만 아니라 의사가 이전에 수술했던 환자들의 시술 전후 사진 및 국내외 남녀 유명인 사진을 보게 된다. 상담 내내 의사와 환자가 집중하는 것은 환자의 몸이 아니라 의사의 책상 위에 놓인 컴퓨터 화면이다. 수술 전 의사-환자 상담은 환자의 몸을 평면적인 이미지로 환원하여 '알 수 있는' 혹은 '관찰 가능한' 대상으로 만드는 과정이다. 삼차원의 복잡한 몸이 알 수 있고 관찰 가능한 이차원 이미지로 실행된다는 것은 성형수술에 대한 올바른 결정을 내리고 좋은 수술결과를 내기 위해서 의사와 환자 모두에게 바람직한 행위이다. 디지털 카메라와 컴퓨터라는 새로운 이미지 기술의 도입은 환자의 몸이라는 삼차원의 다중적 존재를 바로 눈앞에서 사진이라는 이차원적이고 시각적

---

38 Holiday & Taylor(2006), op. cit., p.189.
39 이 과정에 대한 더욱 상세한 논의는 임소연(2011a)을 참조하시오.

인 대상으로 바꾸어냄으로 의사-환자 협상의 대상물로 기능한다. 상담 중에 동원되는 국내외 연예인들의 사진은 관찰을 규범화하기 위해서 필요한 도식적 공간으로 활용된다.40 이 과정에서 작은 턱은 "여성스러운 얼굴"의 필수적인 요소가 되기도 하고 남녀 공히 "호감을 주는 부드러운 인상"의 특징이 되기도 한다. 성형외과의 상담실에서 환자의 몸을 시각화하는 기술적 실천은 앤 발사모(Anne Balsamo)가 주장한 것처럼 "실제 수술 결과, 가능한 수술 결과, 예상되는 수술 결과 간의 차이를 구분하는 [환자의] 능력을 약화"41시킴으로써가 아니라 환자로 하여금 특정한 방식으로 자신의 외모를 관찰하도록 함으로써 성형수술을 선택하도록 유도한다.

두 번째로 수술실에서는 상담실에서와는 전혀 다른 몸이 등장한다. 생리적인 대사 작용을 하고 일정한 해부학 구조를 가지고 있는 생물학적인 몸이다. 앞서 상담실에 등장한 관찰하는 몸과 이차원의 관찰 대상인 몸은 여기에서 거의 등장하지 않는다. 게다가 대개 수면 마취나 전신마취 중에 이루어지는 수술의 특성 상 사회적인 주체로서의 환자가 의식적으로 목소리를 내는 경우는 거의 없다. 어떤 행위를 하려는 의도나 할 수 있는 능력 등으로 행위성을 정의한다면 수술실의 여성 환자가 행위성을 가질 확률은 매우 낮다.42 기존 성형수술 연구에서 수술 장면이 부정적으로 묘사되었던 이유일 것이다. 선행 연구에서 성형수술 실천의 물질성은 보통 "크고 작은 칼

---

40 Lynch, Michael, "Discipline and the Material Form of Images: An Analysis of Scientific Visibility", *Social Studies of Science*, Vol.15, No.1, 1985, pp.37-66.
41 Balsamo, Anne, *Technologies of the Gendered Body: Reading Cyborg Women*, Durham & London: Duke University Press, 1996, p.78.
42 국소 마취나 마취 없는 가벼운 시술의 경우 환자는 시술 중에도 의사와 대화를 나누고 자신의 요구 사항을 표현하는 등 가시적인 행위성을 갖는다.

몸과 함께 작동하는 연구: 신유물론 페미니즘과 과학기술학의 접점에서

과 바늘...살갗을 자르고 꿰매는 장면"43 등으로 묘사된다. 수술실에서 환자는 수동적인 몸으로 전락하여 얼굴과 피부가 "칼과 바늘"에 의해서 잘리고 꿰매지며, 그 "칼과 바늘"을 쥐고 있는 의사는 유일한 행위자이자 위험과 고통의 가해자가 된다. 다른 수술과는 대조적으로, 여성의 행위성이 중요한 의제인 페미니즘 연구에서 성형수술은 이렇게 환자를 비인간화하고 대상화하는 행위이자 의사가 권력 및 행위성을 독점하는 행위로 기술되어 거부감이나 두려움을 불러일으킨다. 그러나 성형수술이란 환자의 무력한 몸과 강력한 의사, 그리고 의사의 손에 들린 도구인 '칼과 바늘'만으로 이루어지는 행위가 아니다. 수술실이 주는 가장 압도적인 시각적 특성은 살과 **뼈**가 잘려 나가는 비인간적이고 폭력적인 광경이 아니라, 수술실을 가득 채운 크고 작은 사물들의 존재이다. 이 사물들은 석션(suction) 기기처럼 한 사람의 자리를 차지힐 정도로 크기가 큰 기계부터 무엇이 들어있는지 알 수 없는 여러 개의 원통형 혹은 사각형 모양의 스테인리스 용기, 그리고 수술포 위에 깔린 다양한 형태와 기능의 수술 도구까지 그 크기와 모양, 위치, 종류 등이 각양각색이다. 수술실에서 일하는 간호(조무)사는 이렇게 각양각색의 사물들을 일상적으로 관리, 유지하고 다루는 노동을 수행하는 존재이다. 이러한 사물과 노동의 존재는 수술 중 의사의 몸과 환자의 몸을 매개함으로써 의사와 환자 사이의 행위성의 위계를 완화한다. 하나의 수술은 마치 하나의 안무처럼 반복과 훈련, 교육 등을 통해 미리 짜인 각본과 임기응변적 조치를 통해서 진행되고 이 과정은 강력한 수술

---

43 임인숙, 「한국사회의 몸 프로젝트: 미용성형 산업의 팽창을 중심으로」, 『한국사회학』 제36권 제3호, 2002, 201쪽.

주체인 의사와 수동적인 수술 대상인 환자 사이의 일 대 일 대결이 아니라 다양한 비인간과 간호사, 마취 담당의 등과 같은 다양한 인간까지 포함하는 이질적인 존재들의 군무와도 같다.[44] 수술실의 자질구레하고 사소한 사물과 노동의 실행이 갖는 행위성은 그것이 실패했을 때 비로소 가시화된다. 언론 보도에 종종 등장하는 주사액 변질로 인한 감염 사고가 대표적이다[45].

　　마지막으로 수술이 끝나면 환자는 자신의 몸을 돌보고 몸의 변화에 대응하며 노동하는 몸으로 실행된다. 물론 관찰하는 몸, 관찰 대상인 몸, 대사하는 몸 등 역시 실행되며 돌보는 몸은 이렇게 다중적으로 존재하는 몸에 대응하고 조율하는 노동을 수행한다. 성형외과에서는 퇴원하는 환자에게 수술의 종류에 따라 미리 작성된 "수술 후 주의사항"을 종이에 출력해 준다. 예를 들어, 절개식 쌍꺼풀 수술을 받은 환자의 경우 "얼음찜질을 필수적으로 해주"어야 하고 "수술 후 5일간은 베개 2~3개를 베고" 누워야 하며 "눈 화장은 실밥 제거 다음 날부터 약간씩 시작"할 수 있고 "세수는...문지르지 말고 조심스럽게" 해야 한다. 수술 후 주의사항은 한마디로 수술을 받은 환자가 특정 기간 동안 회복을 위해 하지 말아야 할 것과 해야 할 것 그리고 실밥을 뽑거나 붕대를 푸는 등 수술 후 남은 절차에 대한 안내를 모두 기록한 것이다. 수술 후 환자는 자신의 삶의 공간에서 이 주의사항에 의거하여 처방약, 찜질도구, 베개, 화장품,

---

44　Hirschauer, Stefan, "The Manufacture of Bodies in Surgery", *Social Studies of Science*, Vol.21, No.2, 1991, pp.279-319

45　예를 들어, MBC TV의 『PD 수첩』(2009년 9월 29일 방영)은 부산 모 성형외과에서 수술 부작용으로 2명이 죽고 1명이 중태에 빠진 사건을 보도한 바 있다. 이 경우 사망의 원인은 세균 감염으로 밝혀졌고 그 원인으로 비위생적인 수술실과 주사액 변질 등이 의심되었다.

아스피린, 술, 담배 등을 이용하며 다중적인 몸 사이에서 미인이라는 새로운 일관성을 얻고자 애쓴다.[46] 성형미인 되기가 다중적 몸의 내부-작용임이 가장 잘 드러나는 시기가 바로 이 시기이다.

성형수술로 얼굴이 예뻐지면 자신감이 높아진다는 믿음은 몸과 마음의 허구적 이분법 혹은 사후적으로 만들어진 이분법에 근거한다. 몸은 어떠한 상황, 사건, 맥락에 놓이는가에 따라 다르게 실행되는 다중적인 존재이기에 미인의 몸은 하나가 아니다. 물론 몸이 다수가 아니라 다중적이라는 것은 실행되는 몸들이 모두 존재론적으로 분리 가능한 개별의 존재들이 아님을 뜻한다. 턱의 찌릿찌릿한 감각, 손으로 만져지는 두툼한 붓기, 거울 속의 부은 얼굴, 그럴 듯해 보이는 사진 속 왼쪽 얼굴, 웃을 때 비대칭인 양쪽 입꼬리, 찜질팩을 들고 있는 손, 우울하게 거울 속 얼굴을 바라보는 나, 수술 후 처음 만나는 지인이 보는 내 얼굴, 편안해 보이는 옆얼굴 라인 등 이 중에 어떤 것도 내가 아닌 몸은 없지만 모두 다른 상황과 사건, 맥락 속에서 나타났다가 사라지는 혹은 지속되는 다른 몸들이다. 성형미인 되기는 몸과 마음 사이의 상호작용이 아니라 다중적 몸의 내부-작용이다. 수술 후 과정에서 몸의 다중성은 특히 수술 후 사진 속 몸에 대한 평가와 실제 몸에 대한 평가가 다를 때 가시화된다. 사진 속의 몸은 예쁜데 실제 몸은 그렇지 않다는 평가를 들을 때 환자들은 혼란스러워하고 수술 후 자신의 몸에 자신이 없을 때 사진 속의 몸이 예뻐졌다는 말을 들으면 맘이 놓이기도 한다. 수술 전 상담실에서 환자의 실제 몸보다 사진 속 몸의 외모가 더 부정적인 평가를 쉽게 듣는 것과는 반대의 상황이지만 이 모든 상황에서

---

46 Mol & Law(2004), op. cit.

사진 속 몸은 실제 몸보다 알기 쉽고 관찰하기 쉽다는 공통점을 갖는다.

성형미인이라는 '물'을 다중적인 몸의 내부-작용의 효과로 본다면 성형미인 되기가 감응적인(affective) 과정임을 짐작할 수 있다.[47] 성형수술로 미인이 된다는 것은 성형수술을 선택하면 자동으로 얻어지는 결과도 아니고 훌륭한 실력을 가진 의사에게 수술을 받고 수술 후 주의사항을 잘 지키는 것만으로 얻어지는 결과도 아니다. 그것은 의사를 포함한 주변 사람들 및 소속 집단뿐만 아니라 장소나 환경, 진통제나 항생제, 찜질도구, 카메라, 인터넷 등과 같이 사물과의 관계에도 영향을 받는다. 그리고 이 모든 존재들은 환자나 의사의 의지와 의도대로 작동하지 않는다. 인간의 의지나 의도가 완벽하게 실현되지 않는 불확실한 세계는 인간을 불안하게 만든다. 그런 의미에서 성형미인의 존재론을 쓴다는 것은 이질적인 존재들의 기록이자 불안의 기록이다.[48]

6. '몸과 함께 작동하는' 여성의 과학기술 실천 연구

이 글은 과학기술 실천 속 (여성의) 몸이라는 존재에 집중함으로써 지금까지와는 다른 방식으로 여성의 성형수술의 실천을 기술하고자 했다. 앞 절에서 시도한 성형수술 분석에 따르면, 성형미인은 의료현장에서 벌어지는 존재론적 안무와 다중적 몸 간의 내부-작용을 통해서 성형미인이 되어 간다. 이러한 분석은 의학 지식의 권위

---

47 신유물론적 연구에서 생성(becoming)과 감응(affect), 그리고 관계 등은 매우 중요한 개념이자 연구 대상이다(Fox & Alldred, 2016).
48 불안에 대한 상세한 논의는 Leem(2016)을 참조하시오.

에 기대거나 환자의 자기서사에 의존하지 않는 방식으로 여성의 성형수술 경험을 기술하는 것이기도 하다. 의사나 환자가 아닌 몸이 중심이 되는 성형수술 실천에 대한 기술은 공식적인 의학 지식에서 삭제되거나 주어진 질문에 따라 특정하게 맥락화되는 환자 인터뷰에서는 잘 드러나지 않는 것들을 드러나게 한다. 성형수술 과정의 이질성(heterogeneity)과 불확실성(uncertainty), 성형수술 결과의 불확정성(indeterminacy), (여성) 환자의 행위성과 몸의 대상화 사이의 양립가능성, 트릭스터(trickster)로서의 몸 등이 이에 해당한다. 사기꾼이나 협잡꾼이라는 트릭스터의 사전적 해석에서 알 수 있듯이 트릭스터는 우리가 온전히 길들일 수 있는 대상이 아니다. 해러웨이는 세계(자연)의 행위성을 트릭스터 혹은 코요테(coyote)로 상상할 것을 제안한 바 있다.[49] 트릭스터는 미국의 남서부에 살던 원주민의 이야기 속에 등장하는 신화적인 존재로, "우리가 속임을 당할 것임을 알면서도 지배를 포기하고 신의 있는 관계를 맺기 위해 노력"[50]해야 하는 대상이다. 이 글에서 소개한 성형수술 연구 사례를 통해서 나는 정치적 행위자 혹은 기술 소비자로서의 여성 주체를 중심으로 하지 않으면서 여성의 과학기술 실천을 기록할 수 있는 가능성 혹은 여성의 몸과 과학기술 실천의 다양한 존재들이 서로 얽히면서 실행되는 과정을 기술할 수 있는 가능성을 제시하고자 한다.

그렇다면 이 글에서 제안하는 신유물론 페미니즘과 과학기술학의 접점에서 수행되는 과학기술과 여성 연구, 즉 '몸과 함께 작동하는' 여성의 과학기술 실천 연구는 어떤 정치적 함의를 갖는가? 여

---

49 Haraway, Donna (1991), *Simians, Cyborgs, and Women: the Reinvention of Nature*, London: Free Association Books, 1991.
50 *ibid.*, p.199.

성이 아니라 몸에 주목하여 과학기술 실천 과정을 기술하는 것을 과연 페미니즘 연구로 부를 수 있는가? 만약 "페미니스트 비평의 목표[를] 문화의 힘과 복잡성, 그 체계적 성격, 그리고 상호 연결된 그물망 같은 문화의 작용을 일깨우고 이해시키고 더 잘 의식하게 하는 것"[51]이라고 규정한다면, '한국 사회의 성형 문화'에 대해서 설명하지 않는 나의 성형수술 연구는 페미니즘 연구가 될 수 없다. 여성이 특정 과학기술을 선택해야 하는지 여부에 대한 답을 줄 수 없는 것은 그러한 답 역시 그 과학기술 네트워크에 영향을 줄 수 있으며 여성을 억압하는 담론에 공모할 수 있다고 보는 구성주의 과학기술학에서는 피할 수 없는 숙명 같은 것이기도 하다.[52] 그러나 페미니즘 연구의 정치적 임무를 과학기술의 선택 여부에 대한 여성들의 결정뿐만 아니라 그들이 과학기술을 선택한 후에 경험하게 되는 문제들에 대한 판단과 행동의 근거를 제공하는 것이라고 한다면, 이질성과 불확실성, 불확정성, 다중성, 다루기 힘듦(unruliness) 등으로 가득한 성형수술의 세계를 보여주는 '몸과 함께 작동하는' 연구는 성형수술을 고민하는 여성들 나아가 성형수술을 이미 선택한 여성들에게 자원이 될 수 있는 가능성을 갖는다. 나아가 폭로나 비판이 아닌 성형수술 실천에 대한 구체적인 기술을 통해서 앞서 개선이 요구되는 지점들을 드러냄으로써 허드가 제안한 페미니즘과 과학기술의 생산적인 관계 맺기를 가능하게 하고 궁극적으로 성형수

---

51 수전 보르도, 『참을 수 없는 몸의 무거움: 페미니즘, 서구문화, 몸』, 박오복 옮김, 또 하나의 문화, 2003, 47쪽; Whelan, Emma, "Politics by Other Means: Feminism and Mainstream Science Studies", *Canadian Journal of Sociology*, Vol.26, No.4, 2001, pp.535-558.
52 Singleton, Vicky, "Feminism, Sociology of Scientific Knowledge and Postmodernism: Politics, Theory and Me", *Social Studies of Science*, Vol.26, No.2, 1996, pp.445-468.

몸과 함께 작동하는 연구: 신유물론 페미니즘과 과학기술학의 접점에서

술 및 여성과 관련된 의학지식이나 의료 기술의 실질적인 개선으로 이어질 수 있다.

나는 이 글에서 신유물론 페미니즘이 제안하는 과학기술과 새로운 관계를 맺는 페미니즘 연구를 하기 위한 도구로서 과학기술학의 세 가지 개념 및 이론을 제시하고 이를 활용하여 성형수술 실천을 분석해 보았다. 이 글에서 예시한 '몸과 함께 작동하는' 성형수술 연구는 특정 과학기술 실천을 여성의 문제로 고착화하지 않음으로써 여성의 문제를 해결하는 데에 기여한다. 여성보다 몸이 중요하기 때문이 아니라 여성의 문제를 해결하기 위해 몸의 문제를 들여다 볼 필요가 있기 때문이다. 어떤 대상이 여성의 문제임을 끊임없이 환기시키는 연구는 때로는 실질적인 문제 해결에 도움이 되지 않는 방향으로 작동할 수도 있다. 백영경은 보조생식기술이 첨단 생명공학기술과 의료민영화 등의 문제가 아닌 '여성의 문제'로서만 틀 지워지면서 그에 대한 시민의 참여와 논의가 제한되어 왔다고 본다.[53] 조주현 역시 "여성들이 자신의 재생산권을 여러 경쟁적인 요구와 가치들의 경합 안에서 협상을 통해 체득"하는 과정으로 그려냄으로써 모성체험을 '여성'이라는 범주로 환원하여 설명하지 않으면서 "모성의 구체적 경험들을 사회적 실체로 만드는 작업"에 기여할 수 있다고 본다.[54] 성형수술 역시 여성, 특히 한국 여성의 문제로만 다루어지기 보다는 치료에서 향상(enhancement)으로 전환된 의료산업 혹은 트랜스휴머니즘(transhumanism)이나 인간향상(human enhancement)

---

53 백영경, 「보조생식기술의 민주적 정치와 '겸허의 기술': 시민참여 논의의 확대를 위하여」, 『경제와 사회』, 제85호, 2010, 40-66쪽.
54 조주현, 「과학적 실천이론과 페미니스트 과학기술학의 접점: 캐런 버러드의 경우」, 『한국여성철학』, 제25호, 2016, 32쪽.

기술의 등장과 같은 몸에 대한 과학기술적 개입의 문제로 논의될 필요가 있다.[55]

　과학기술 실천 속 몸을 연구한다는 것은 몸을 생물학적 존재로서 연구한다는 뜻이기도 하지만 몸을 재현하거나 측정하고 몸에 개입하는 도구나 기술, 그 결과로 생산되는 지식과 이미지 등을 연구하는 것이기도 하다. '몸과 함께 작동하는' 연구에서 몸은 정신의 지배 아래 통합됨으로써가 아니라 오히려 여러 다른 존재들과 함께 다중적으로 실행됨으로써 몸과 정신의 이분법에서 해방된다. 신유물론은 인간(여성)에 집중하지 않음으로써 인간(여성)의 문제를 해결할 수 있는 길을, 신유물론 페미니즘은 페미니즘이 과학기술을 비판하지 않는 방식으로 과학기술과 관계를 맺을 수 있는 길을 열어 주었다. 신유물론은 완성된 이론이 아니며 신유물론 페미니즘은 더더욱 그러하다. 신유물론 페미니즘이 더욱 정교하고 강력한 '생각하기 기술'로 발전하기 위해서는 다양한 경험 연구가 필요하다. 이 글에서 성형수술 연구 사례로 보인 바와 같이 인간이 아닌 존재와 물질을 다루어 온 과학기술을 연구해 온 과학기술학의 개념과 이론은 신유물론 페미니즘 경험 연구를 수행하는 데에 매우 유용하게 쓰일 수 있다. 과학기술과 과학기술학의 발전에 페미니즘의 개입이 더욱더 요구되는 만큼 '몸과 함께 작동하는' 신유물론 페미니즘의 발전에도 과학기술학이 중요한 역할을 하게 될 것이라 확신한다.

55　임소연, 『나는 어떻게 성형미인이 되었나』, 돌베개, 2022.

몸과 함께 작동하는 연구: 신유물론 페미니즘과 과학기술학의 접점에서

참고문헌

백영경, 「보조생식기술의 민주적 정치와 '겸허의 기술': 시민참여 논의의 확대를 위하여」, 『경제와 사회』, 제85호, 2010, 40-66쪽.

수전 보르도, 『참을 수 없는 몸의 무거움: 페미니즘, 서구문화, 몸』, 박오복 옮김, 또 하나의 문화, 2003. [Bordo, Susan, *Unbearable Weight: Feminism, Western Culture, and the Body*, Berkeley & London: University of California Press 1993].

임소연, 「성형외과의 몸-이미지와 시각화 기술: 과학적 대상 만들기, 과학적 분과 만들기」, 『과학기술학연구』, 제11호 1권, 2011a, 89-121쪽.

_____, 「여성의 기술과학 실행에 대한 기술-과학적 방식의 생각하기: 바라드의 행위적 실재론적 관점에서」, 『과학기술학연구』, 제11호 2권, 2011b, 97-119쪽.

_____, 『나는 어떻게 성형미인이 되었나』, 돌베개, 2022.

임인숙, 「한국사회의 몸 프로젝트: 미용성형 산업의 팽창을 중심으로」, 『한국사회학』 제36권 제3호, 2002, 183-204쪽.

조주현, 「과학적 실천이론과 페미니스트 과학기술학의 접점: 캐런 버러드의 경우」, 『한국여성철학』, 제 25호, 2016, 65-104쪽.

Ahmed, Sarah, "Open Forum Imaginary Prohibitions: Some Preliminary Remarks on the Founding Gestures of the New Materialism", *European Journal of Women's Studies*, Vol.15, No.1, 2008, pp.23-39.

Balsamo, Anne, *Technologies of the Gendered Body: Reading Cyborg Women*, Durham & London: Duke University Press, 1996.

Barad, Karen, *Meeting The Universe Halfway: Quantum Physics and the Entanglement of Matter and Meaning*, Durham and London: Duke University Press, 2007.

Blum, Virginia, "Becoming the Other Woman: The Psychic Drama of Cosmetic Surgery", *Frontiers: A Journal of Women Studies*, Vol.26, No.2, 2005, pp.104-131.

Brownell, Susan, China Reconstructs: Cosmetic Surgery and Nationalism in the Reform Era, Joseph S. A., (ed.), *Asian Medicine and Globalization*, Philadelphia, PA: University of Pennsylvania Press, 2005, pp.132-50.

Campbell, Nancy, D., "Reconstructing Science and Technology Studies Views from Feminist Standpoint Theory", *Frontiers: A Journal of Women Studies*, Vol.30, No.1, 2009, pp.1-29.

Coleman, Rebecca, "Inventive Feminist Theory: Representation, Materiality and Intensive Time", *Women: A Cultural Review*, Vol.25, No.1, 2014, pp.27-45.

Covino, Deborah. C., "Outside-In: Body, Mind, and Self in the Advertisement of Aesthetic Surgery", *Journal of Popular Culture*, Vol.35, Vol.3, 2001, pp.91-102.

Davis, Kathy, *Reshaping the Female Body: The Dilemma of Cosmetic Surgery*, New York & London: Routledge, 1995.

_____, "My Body is My Art: Cosmetic Surgery as Feminist Utopia?", *The European Journal of Women's Studies*, Vol.4, No.1, 1997, pp.23-37.

_____, "Reclaiming women's bodies: Colonialist trope or critical epistemology?", *The Sociological Review*, Vol.55, No.1, 2007, pp.50-64.

Davis, Noela, "New Materialism and Feminism's Anti-biologism: A Response to Sara Ahmed", *European Journal of Women's Studies*, Vol.16, No.1, 2009, pp.67-80.

Edmonds, Alexander, *Pretty Modern: Beauty, Sex, and Plastic Surgery in Brazil*. Durham, NC: Duke University Press, 2010.

_____, "The Biological Subject of Aesthetic Medicine", *Feminist Theory*, Vol.14, No.1, 2013, pp.65-82.

Fox, Nick. J., and Alldred. Pam, *Sociology and the New Materialism: Theory, Research, Action*, Los Angeles: Sage, 2016.

Frost, List, "Theorizing the Young Woman in the Body", *Body & Society*, Vol.11, No.1, 2005, pp.63-85.

Haraway, Donna, *Simians, Cyborgs, and Women: the Reinvention of Nature*, London: Free Association Books, 1991.

_____, *Modest_Witness @ Second_ Millennium. FemaleMan_ Meets_OncoMouse*, New York: Routledge, 1997.

_____, *The Haraway Reader*, New York & London: Routledge, 2004.

Hird, M. J. (2009) "Feminist Engagements with Matter", *Feminist Studies*, Vol.35, No.2, pp.329-346.

Hird, Myra, J. & Roberts, Celia, "Feminism Theories the Nonhuman",

Feminist Theory, Vol.12, No.2, 2011, pp.109-117.

Hirschauer, Stefan. (1991), "The Manufacture of Bodies in Surgery", *Social Studies of Science*, Vol.21, No.2, 1991, pp.279-319.

Holliday, Ruth. & Taylor, Jacqueline. S., "Aesthetic Surgery as False Beauty", *Feminist Theory*, Vol.7, No.2, 2006, pp.179-195.

Holliday, Ruth. & Elfving-Hwang, Joanna, "Gender, Globalization, and Aesthetic Surgery in South Korea", *Body and Society*, Vol.18, No.2, 2012, pp.58-81.

Latour, Bruno, "Why has Critique Run out of Steam? From Matters of Fact to Matters of Concern", *Critical Inquiry*, Vol.30, No.2, 2004, pp.225-248.

Leem, So. Y., "The Anxious Production of Beauty: Unruly Bodies, Surgical Anxiety, and Invisible Care", *Social Studies of Science*, Vol.46, No.1, 2016, pp.34-55.

Lykke, Nina, "The Timeliness of Post-constructivism", *Nordic Journal of Feminist and Gender Research*, Vol.18, 2010, pp.131-136.

Lynch, Michael, "Discipline and the Material Form of Images: An Analysis of Scientific Visibility", *Social Studies of Science*, Vol.15, No.1, 1985, pp.37-66.

Morgan, Kathryn. P., "Women and the Knife: Cosmetic Surgery and the Colonialization of Women's Bodies", *Hypatia*, Vol.6, No.3, 1991, pp.25-53

Mol, Annemarie. & Law, John, "Embodied Action, Enacted Bodies: The Example of Hypoglycemia", *Body & Society*, Vol.10, No.2-3, 2004, pp.43-62.

Mol, Annemarie, *The Body Multiple: Ontology in Medical Practice*, Durham and London: Duke University Press, 2002.

Pitts-Taylor, Victoria, *Surgery Junkies: Wellness and Pathology in Cosmetic Culture*, New Brunswick, NJ: Rutgers University Press, 2007.

Singleton, Vicky, "Feminism, Sociology of Scientific Knowledge and Postmodernism: Politics, Theory and Me", *Social Studies of Science*, Vol.26, No.2, 1996, pp.445-468.

Thompson, Charis, "Ontological Choreography: Agency through Objectification in Infertility Clinics", *Social Studies of Science*, Vol. 26, No.3, 1996, pp.575-610.

Thompson, Charis, *Making Parents: The Ontological Choreography of Reproductive Technologies*, Cambridge and London: The MIT Press,

2005.

Warin, Megan, "Material Feminism, Obesity Science and the Limits of Discursive Critique", *Body and Society*, Vol.21, No.4, 2015, pp.48-76.

Whelan, Emma, "Politics by Other Means: Feminism and Mainstream Science Studies", *Canadian Journal of Sociology*, Vol.26, No.4, 2001, pp.535-558.

Wilson, Elizabeth, "Organic Empathy: Feminism, Psychopharmaceuticals, and the Embodiment of Depression," Alaimo, S. and Hekman, S., (eds.), *Material Feminisms*, Bloomington, IN: Indiana University Press, 2008, pp.373-399.

Woolgar, Steve, & Lezaun, Javier, "Missing the (Question) Mark? What is a Turn to Ontology?", *Social Studies of Science*, Vol.45, No.3, 2015, pp.462-467.

MBC TV (2009. 9. 29), 「죽음을 부른 성형수술」, 『PD 수첩』

세계의 파괴자 오펜하이머가 바비와 얽힌 끝에 바벤하이머가 되기까지

버라드의 물질 이론과 영화 〈오펜하이머〉로 본 물리학과 여성주의[1]

이지선

> "이제 나는 죽음이요 세계의 파괴자가 되었다"
>
> - 바가바드 기타 중 로버트 J. 오펜하이머(Robert J. Oppenheimer)로부터 재인용

제2차 세계대전 당시 미국 국방부는 물리학자들을 소집하여 비밀리에 원자폭탄을 연구 개발한 이른바 맨해튼 계획을 진행했다. 오펜하이머는 바로 이 프로젝트의 책임을 맡은 물리학자였다. 그는 이 계획을 성공적으로 이끌어 "원자폭탄의 아버지"로 불렸지만 수십만의 인명 살상이라는 결과 앞에서 과학자로서의 사회적 책임을 통감하고 이후부터는 반핵활동에 앞장섰다. 2023년 여름 개봉한 크리스토퍼 놀란 감독의 전기영화 〈오펜하이머*Oppenheimer*〉로 다시금 조명

---

1 이 글은 다음의 졸고를 대폭 수정 및 보완한 것이다: 「여성주의와 물리학, 상호배제와 상호작용을 넘어 내부-작용으로: 캐런 버라드의 행위적 실재주의로부터」,(『여/성이론』 47호, 2022). 특히 2023년 10월 전남대학교 인문대학 주최로 열린 "함께하는 인문학" 강연 내용이 추가되었다.

을 받았다. 영화는 정보기관의 청문회 기록과 그를 다룬 전기 〈아메리칸 프로메테우스*American Prometheus*〉를 바탕으로 어떻게 오펜하이머가 현대물리학의 순수 이론적인 영역에 천착한 천재 과학자에서, 거대 과학자 집단을 이끌며 국가 프로젝트를 수행하는 연구 책임자로, 나아가 평화를 위해 국가 정책에 영향력을 행사하는 정치가로 변모해 갔는지 보여준다.

　많은 사람들이 영화가 제기하는 가장 중요한 문제로 물리학자의 윤리적 역할과 책임을 꼽을 것이다. 무엇이 물리학 중에서도 가장 관념적이고 추상적이며 사변적인 문제에 천착했던 과학자를 "죽음이요, 세계의 파괴자"로 만들었는가? 이를 "오펜하이머 문제"라 부르자. 그런데 이와는 또 다른, 그러나 무관하지는 않은, 또 다른 문제가 있다. 물리학의 어떤 것이 오펜하이머를 "죽음이요, 세계의 파괴자"로 만들었는가? 달리 말해, 어떻게 물리학 중에서도 가장 관념적이고 추상적이며 사변적인 분야였던 양자물리학이 원자폭탄의 개발에 이론적 기반을 제공하고 나아가 세계를 근본적으로 변화시키는 결과를 낳았는가? '오펜하이머 문제'가 윤리학의 문제라면, 이는 물리학의 기초와 관련된 인식론적이고 존재론적인 문제라 할 수 있다. 이를 양자역학의 아버지로 <오펜하이머>에도 등장한 바 있는 닐스 보어(Niels Bohr)의 이름을 따서 "보어의 문제"라 부르자 (그 이유는 뒤에서 밝혀질 것이다). '오펜하이머 문제'가 기존의 다큐멘터리나 전기 등에서 이미 다루어진 바 있다면, 놀란의 <오펜하이머>는 이 문제만이 아니라 '보어의 문제'까지 통찰할 계기/무기를 제공한다는 점에서 흥미롭다.

　이러한 독해의 계기/무기를 물리학자이자 철학자 캐런 버라드

(Karen Barad)로부터 얻을 수 있다.[2] 버라드의 대표작 『우주와 중간에서 만나기: 양자물리학, 그리고 물질과 의미의 얽힘*Meeting the Universe Halfway: Quantum Physics and the Entanglement of Matter and Meaning*』(2007)[3]은 양자역학을 바탕으로 물질과 실재에 대한 새로운 시각을 제시했다는 점에서 인문·사회과학 전반에서 주목을 받았고,[4] 또 이것이 계기가 되어 다시 물리학 및 물리철학 진영에서 본격적으로 논의됨으로써 결과적으로 양자역학의 철학에 기여하기도 했다. 이 글에서 나는 이 저작과 영화 <오펜하이머>와 교차 독해/편집을 통해 버라드의 양자역학 철학과 물질 이론의 일단을 살피고, 이로부터 '보어의 문제'를 고찰하고자 한다. 물리학의 본성에 관한 물리철학의 질문이 어떻게 물리학을 위시한 과학과 여성의 관계에 관한 여성철학 또는 여성주의의 질문과 얽혀 있는지, 그리고 바로 이 얽힘으로부터 어떻게 물질과 세계에 대한 새로운 관점이 생성되는지 보이는 것이 이 글의 목표다.[5]

---

2 버라드는 뉴욕주립대학 스토니브룩에서 입자물리학 연구로 박사학위를 취득한 뒤 캘리포니아 산타크루즈 대학 "여성학, 철학, 의식사(Feminist Studies, Philosophy, History of Consciousness)" 학과 교수로 재직했으며 현재는 같은 대학 명예교수로 있다. "여성주의 과학학, 물질주의(유물론), 탈구축(해체), 후기구조주의, 비판적 포스트휴머니즘, 탈식민이론, 다종 연구, 과학과 법학, 물리학, 대륙철학, 인식론, 존재론, 윤리학, 정치학, 물리철학, 여성주의, 퀴어 및 트랜스젠더 이론"까지 다양한 분야를 가로지르는 학문적 편력은 같은 학과에서 재직한 동료 도나 해러웨이(Donna Haraway) 못지않다. 다음의 웹사이트에서 버라드의 연구 분야 및 저술 목록을 확인할 수 있다: https://campusdirectory .ucsc.edu/cd_detail?uid=kbarad (검색일: 2023. 11. 9).
3 Barad, Karen, *Meeting the Universe Halfway: Quantum Physics and the Entanglement of Matter and Meaning*, Duke University Press, 2007, p. 3. 이후 이 저서를 인용할 때에는 괄호 안에 쪽수만 표기하도록 한다.
4 2023년 11월 기준으로 구글 스칼라(Google Scholar)에서 20,000회가 넘는 인용 회수를 기록하고 있다.
5 아래의 절은 영화의 형식을 차용해서 세 가지 시퀀스로 구성했다. 이러한 구성은 버라드의 다음 논문을 참조했다: "Quantum Entanglements and Hauntological Relations of Inheritance: Dis/continuities, SpaceTime Enfoldings, and Justice-to-Come," in *Derrida Today* (Nov 2010), vol. 3, no. 2 : pp. 240-268, edited by Nicole Anderson and Peter Steves, 2010. 이 논문에서 버라드는 보어와 하이젠베르크를 다룬 마이클 프레인(Michael Frayn)의 희곡 <코펜하겐(Copenhagen)>을 참조해서 일반적인 논

세계의 파괴자 오펜하이머가 바비와 얽힌 끝에 바벤하이머가 되기까지

#시퀀스 1. 여성과 과학이라는 오랜 문제

호니그: 오펜하이머 박사님! 인사과에 지원했더니... 타자를 칠 줄 아냐고 묻네요.

오펜하이머: 칠 줄 알아요?

호니그: 하버드 대학원에서 화학 공부할 때 그건 미처 안 가르쳐 주더라고요.

오펜하이머: [비서에게] 호니그 부인을 플루토늄 팀에 넣어.

영화는 오펜하이머가 만난 수많은 인물들을 조명한다. 아인슈타인, 보어, 하이젠베르크 등 현대물리학의 혁명을 이끈 주역이자 현대사에도 이름을 남긴 위인 외에도, 오펜하이머의 여성들도 등장하는데, 영화는 실제 역사에서는 잊혀진 이들에게 상당한 비중을 부여한다. 첫 애인이자 정신의학을 전공한 의사로 훗날 공산주의 활동 이력으로 오펜하이머를 위험에 빠뜨린 진, 그리고 생물학을 공부했고 공산주의 및 결혼 이력이 있으나 중요한 결정의 순간에 남편 오펜하이머를 도운 아내 키티가 그들이다. 특히 진은 놀란 감독의 작품에서 처음으로 연출된 성애 장면으로 더욱 화제가 되기도 했다.

한편으로 영화는 키티와 같은 여성들이 맨해튼 계획에서 수행한 역할에 짧게나마 주목한다. 오펜하이머는 전국의 과학자들을 로스-앨러모스로 집합시키면서 이들의 가족 동반과 이를 위한 학교와 병원 등 기반 시설 마련을 국방부에 요구했다. 가족이 있어야 일에 집중할 수 있다는 이유였다. 그렇게 해서 키티와 같은 여성들이 로스-앨러모스로 모여들었고 이들에게는 행정이나 연구 보조 업무가 맡겨졌다. 그 중에는 인용문에 등장한 호니그처럼 전문성을 인정받

문의 "장(chapter)"과 "절(section)" 대신 "막(act)"과 "장(scene)"으로 구성하고 있다.

아 연구팀에 합류한 경우도 있었다. 이는 1·2차 대전 당시 참전한 남성들의 사회적 역할을 여성이 담당하고 또한 과학에도 참여하게 된 과정을 압축적으로 보여주는 대목이라 할 수 있을 것이다.

*

오늘날 예전보다는 나아졌다고는 하지만 과학 내 여성은 여전히 소수다. 한국과학기술기획평가원의 보고서에 따르면 2021년 이공계 학과에 입학한 여학생의 비율은 30.3퍼센트로, 69.7퍼센트인 남학생의 절반에 못 미친다.[6] 같은 해 과학기술인력 중 여성 비율은 전체의 21.8퍼센트이나 직급이 올라갈수록 유리천장 및 병목 현상이 심해져 신규 채용 시점에는 30.7퍼센트이지만, 재직자는 21.8퍼센트, 과제책임자는 11.9퍼센트로 떨어진다.[7] 이러한 현실에서 여성이 여전히 사회 내 많은 분야와 마찬가지로 과학 내에서 스스로를 소수 집단으로 규정하고 그에 대한 억압에 저항하며 권익을 수호하는 "정체성 정치"를 추구할 명분은 충분하다. 문제는 다른 종류의 사회적 실천과 구분되는 과학의 특수성이다. 과학자들은 성별이나 기타 집단의 이해를 떠나 있는 "이상적이고 합리적인 행위자"로 간주되고, 과학의 객관성과 중립성은 여전히 유효하며 계속해서 추구할 만하고 추구해야 하는 가치이며, 따라서 과학 내 젠더 불평등은 과학 그 자체와는 무관하며 과학에 외재적인 문제로 인식되는 것이 보통이다.

---

6 한국여성과학기술인지원센터, 『2021 남녀 과학기술인력 현황』, 2022. 다음에서 접근 가능하다: https://www.wiset.or.kr/prog/pblcte/kor/sub02_03_01_02/06/view.do:jsessionid=6914516572B22554DC996F D7C1801F9E?pblcteNo=825 (검색일: 2023. 11. 7)
7 물론 지난 10년 간 성별 격차는 미세하게 감소했으며 여성 신규채용은 2012년 24.6%였던 것이 2021년에는 30.7%, 재직은 2012년 19.0%에서 2021년 21.8%로 규모 및 비율이 증가하는 추세를 보이고 있다. 위의 자료 참조.

여성주의는 이러한 과학의 중립성 신화에 문제를 제기하고, 나아가 과학 내에서 이러한 중립성을 가능하고 또 정당한 목표로 내세우지만 사실은 불평등을 은폐하고 고착해 온 기제를 폭로함으로써 과학철학을 비롯한 과학학에 크게 기여한 바 있다. 특히 생물학이나 의학과 같은 소위 "연성 과학(soft science)"에 대해서는 상당한 호소력을 발휘했으며 또 실제로 유의미한 변화를 이끌어냈다. 그렇지만 물리학과 같은 소위 "경성 과학(hard science)"은 이러한 비판에서 자유로운 편이었다. 유전자 결정론이나 진화론이 사회의 성차별적 구조를 일정 부분 반영하고 또 그 구조에도 일정한 영향을 미친다 하자. 그런데 소립자나 행성에 대한 연구, 혹은 인공위성 개발도 마찬가지라 할 수 있는가? 여성이 보다 높은 비율로 그리고 적극적으로 참여했더라면 물리학이나 천문학이나 항공우주공학이 지금과 달랐을 것인가? 여성화된(feminized) 혹은 여성적인(feminine) 혹은 여성주의(feminist) 물리학, 천문학, 기계공학은 가능한가? 혹은 가능하다 해도 바람직한가?

최근 타계한 이블린 폭스 켈러(Evelyn Fox Keller)는 입자물리학자 출신의 과학철학자로, 말하자면 1세대 여성주의 과학학자에 속한다. 과학이 재현한 자연과 실제의 자연 그리고 과학철학이 재현하는 과학 이데올로기와 실제의 과학적 실천 사이의 간극을 부각시키는 것이 켈러의 과학철학 기획이었다.[8] 근대 이후 과학은 자연을 물리학을 모델로 해서 주로 법칙을 통해 기술해 왔다. 그러나 법칙은 자연이 가진 여러 가지 종류의 질서 중 하나의 양태에 불과하다. 자

---

8 이블린 폭스 켈러, 『과학과 젠더: 성별과 과학에 대한 제 반성』, 민경숙·이현주 옮김, 동문선, 1996, 155쪽.

연에 대한 특정한 인식과 관계만이 과학 공동체 안에서 규범적인 과학적 실천의 방식으로 인정되어 왔다. 켈러는 이것이 어떤 점에서 "잘못된 생산적 결합"인지 유전학자 바바라 매클린톡(Barbara McClintock)의 사례를 통해 밝힌다.

매클린톡은 옥수수 연구에서 대상에 대한 예측, 통제, 지배를 목적으로 대상을 단순화하고 환원하는 통상적인 과학적 접근과 달리 각 옥수수들이 갖는 차이에 주목했다. 그럼으로써 개체의 유전적 행동이 단지 유전자에 의해서 일방적으로 결정되는 것이 아니라 여러 유전적 요소들이 서로 협력함으로써 유전자 전위(傳位)를 일으킨다는 사실을 밝혔다. 이 과정에서 연구 주체인 자신과 대상과의 관계를 전일적이고 관계적인 것으로 설정했으며, 나아가 정서("유전자의 느낌")를 배제하지 않고 오히려 적극적인 개입을 시도했다. 주체-객체의 이분법적 구도에서 탈피함으로써 자연을 여성이자 인간 정신에 의해 탈은폐되어야 할 대상으로 간주하는 은유가 과학에서 은밀히 작동해 왔음을 밝히고 완전히 새로운 언어를 제시함으로써, 기존의 은유를 극복하고 연구 대상과 주체 나아가 자연과 인간의 관계를 재정립하기에 이르렀다는 것이 매클린톡에 대한 켈러의 평가다.

다른 한편으로 켈러는 매클린톡이 "여성주의 과학"의 가능성 나아가 성공을 보여주는 사례라 보기는 어렵다는 점을 인정하며 이렇게 말한다. "그녀 스스로가 느낀 주체와 객체의 관계 그리고 이들 어휘 자체에 대해 규정해야 할 필요성은, 페미니스트 의식의 발로가 아니며 또한 여성 의식의 발로도 아니다. 이 필요성은 과학자가 되려는 자신의 권리 주장의 발로이며, 남성적인 노력이라기보다는 인간적인 노력이라고 과학을 주장하려는 그녀의 결심의 발로이다."[9]

맥클린톡은 "인간"과 "과학"이라는 이름을 내세우면서 자신의 성별에 대한 언급을 삼가는데 이러한 맥클린톡의 태도는 그가 학계에서 인정을 받고 나아가 노벨상을 수상하기에 이르기까지 겪은 고충을 고려할 때 다소 소박하거나 비현실적으로 보이기도 한다. 매클린톡에게 과학은 엄연히 진리를 추구하고 실재를 기술하는 실천으로서 그 과정에서부터 결과까지 너무도 생생하고 구체적인 것이었다. 그녀로서는 자신이 "주의 깊게 들은" 대상이 구성된 것이라고 볼 이유도 여지도 전혀 없었다. 켈러는 맥클린톡 사례에 대해 이렇게 총평을 내린다.

> "여성이 진실로 그 분야를 대변 할 때" 과학에서 일어날 수 있는 일은 단순히 "남성의 창조적 비전에 여성의 비전을 첨가"하는 것이 아니라, (…) 창조적 비전의 바로 그 가능성들을 모든 사람들을 위해 철저히 변형시키는 것을 의미한다. 이것은 우리가 희망하는 종류의 변화가 직접적이거나 매우 분명한 것이 아니라 간접적이고 비밀스러운 것임을 함축한다. 이런 변형의 첫 단계는 과학자들이 그들 직업의 남성성에 전념하는 것을 침식시키는 일이며, 이는 많은 숫자의 여성들이 참가하게 되면 필연으로 일어나게 될 부산물이다. (…) 그러나 자연 그 자체가 실제 변화에 충동을 제공할 수 있는 믿을 만한 동반자이다. 자연의 반응은 과학에 대한 우리의 이해를 형성시킨 어휘들이 재검토를 반복해서 촉구한다. 이런 반응들에 주의를 기울이는 것, 즉 "대상을 주의 깊게 드는 것"은 우리의 문화가 남성성이라고 분류하여 왔던 편협한 스펙트럼에서 탄생하기보다는 인간 경험의 다양한 스펙트럼에서 탄생한 어휘들로, 과학에 대한 우리의 이해를 다시 성립시키는 데 도움이 될 수 있다.[10]

---

9   위의 책, 199쪽.
10 위의 책, 199-200쪽.

그렇다면 다시, 가장 남성중심적 그리고/또는 성별중립적 분야로 여겨져 온 물리학은 어떠한가? 옥수수가 아닌 소립자에 대해서도 과연 "대상을 주의 깊게 듣는 것"에 대해 말할 수 있는가? 물리학에서도 대상 혹은 자연 자체가 개념, 적어도 '어휘'에서의 변화를 촉구하고 실제로 변화를 이룩한 사례가 있었으니, 그것이 바로 양자역학이었다.

#시퀀스 2. 새로운 물리학에는 새로운 과학철학을

오펜하이머: 생물학자시라고요?

키티: 그랬다가 이젠 주부가 됐죠. 양자역학에 대해 설명해 주실래요? 꽤 난해하던데.

오펜하이머: 난해하죠. 이 유리잔과… 이 술… 우리 몸… 그 모두가 거의 빈 공간이에요. 묶여있는 에너지 파동의 덩어리죠.

키티: 뭘로 묶여 있는데요?

오펜하이머: 끌어당기는 힘이요. 그 힘이 워낙 세서 물체가 단단해 보이고… 내 몸이 당신 몸을 못 뚫고 지나가죠.

*

2022년 노벨 물리학상은 "광자 얽힘(entanglement) 실험을 통해 벨 부등식의 위배를 증명하고 양자 정보 과학을 개척한" 공로를 인정받은 알랭 아스페(Alain Aspect), 존 클라우저(John F. Clauser), 그리고 안톤 차일링거(Anton Zeilinger)가 수상했다.[11] 이들의 성과는 일정한 거리로 떨어져 있는 입자들이 거리와 무관하게 하나의 단위

---

11 2022년 노벨 물리학상 공고 페이지 참조: https://www.nobelprize.org/prizes/physics/2022/press-release/ (검색일: 2022. 12. 26).

세계의 파괴자 오펜하이머가 바비와 얽힌 끝에 바벤하이머가 되기까지

-일자처럼 행동하는 비국소적 얽힘의 상태를 실험적으로 입증함으로써 양자역학의 완전성을 증명한 것으로 평가된다. 여기에 양자컴퓨팅 등 기술의 발전까지 더해져 양자역학은 새삼 세간의 이목을 끌게 되었다. 양자역학이 엄밀성과 범용성이 매우 높고 타 학문이나 대중의 관심도 지대한 것은 사실이나, 기술적 난이도가 높은 데다 비상식적이고 반직관적인 내용을 많이 포함하는 까닭에 여전히 난해한 이론의 대명사로 불린다. 이는 양자역학의 난이도나 완성도와 별개로 해석이 난무하는 사실과도 무관치 않다.

켈러는 물리학자들이 양자역학의 이론적 지위에 대해서는 확고한 믿음을 갖는 반면에 이 이론에 대한 해석의 문제에 있어서는 대체로 무관심한 경향이 있다고 지적하고, 그 원인을 이론에 적합한 인식적 패러다임의 부재에서 찾은 바 있다.[12] 양자역학에 대한 올바른 이해를 위해서는 "자연의 객관성 혹은 인식 가능성이라는 고전물리학의 두 가지 근본신조"에서 벗어나 "한편으로는 인식자와 인식대상 사이의 필수 불가결한 상호관계를 인지하며, 또 다른 한편으로는 이론과 현상 사이의 동등하게 필수 불가결한 간극을 존중하는 패러다임"으로 전환할 필요가 있다는 것이다.[13]

양자역학의 여러 해석 중 코펜하겐 해석은 1925-27년 보어와 하이젠베르크가 정립한 이래 현재까지 가장 정통이자 주류인 해석으로 받아들여져 왔다. 이 해석의 중심에는 대개 하이젠베르크의 불확정성원리(principle of uncertainty)가 있다. 이 원리에 따르면 빛이나 전자 같은 양자역학적 대상에 대해 위치와 운동량을 동시에 정

---

12 위의 책, 9장 "현대물리학에서 인식의 억압" 참조.
13 위의 책, 159쪽.

확하게 측정하기란 불가능하다. 켈러에 따르면 이러한 코펜하겐 해석은 인간이 자연을 객관화할 수 있고 또 이해할 수 있다는 기존의 믿음, 즉 "객관주의"를 유지한다. 또한 인식의 주체로서의 인간과 대상으로서의 실재 사이의 이분법을 전제로 한다. 이는 켈러가 보기에 양자역학이 기존과는 다른 새로운 인식 구조 혹은 태도를 필요로 한다는 사실을 간과하거나 외면하는 것이다. 또 다른 오류는 반대로 주관주의, 즉 양자역학이 객관적 실재를 완전히 기술하는 이론이라는 믿음에서 온다.[14] 여기에서는 이론과 실재의 대응에 대한 믿음이 유지되는데, 그렇게 되면 실재는 이론이 기술하는 대로 기이한 속성을 띠는 것으로 간주된다. 이 역시 완전한 기술일 수 없다. 결국 양자의 오류에서 벗어나기 위해서는 객관화 가능성과 인식 가능성이라는 두 원리를 폐기해야 한다는 것이 켈러의 주장이다. 주체와 대상의 경계를 완화함으로써 객관성의 개념 자체를 무력하게 만들고, 세계에 대한 완전한 지식이라는 불가능한 이상 대신에 "세계와의 보다 현실적이고, 보다 성숙한, 보다 겸손한 관계"를 추구할 때, 양자역학이 모순이기를 멈추게 되리라는 것이다.[15]

버라드는 객관화 가능성과 인식 가능성을 섣불리 폐기하기보다 바로 그 가능성의 조건을 묻고 주체-객체와 인식-존재의 구도를 재고할 것을 제안한다. 버라드의 관심은 양자역학의 "모순"을 "해결"하는 데 있지 않다. 오히려 "모순"을 양자역학의 근본적이요 필요불가결한 조건으로서 받아들이고 나아가 단지 양자 현상만이 아니라 우리의 존재와 인식의 가장 근본 조건임을 밝히는 것이 버라드의

---

14 위의 책, 167쪽.
15 위의 책, 169쪽.

철학적 기획이라 할 수 있다.

　나의 기획은 단순히 과학에 대한 반성(reflection)이 아니라, 과학적 실천과 자연에 관한 통찰(이것이 보어의 해석에서 두 가지 핵심 요소를 이룬다)을 받아들인 뒤, 이를 회절(diffraction)을 통해 다시 과학으로 되돌리며, 그럼으로써 현재 연구되고 있는 과학 분야(예를 들면 양자물리학 기초론)에 기여하는 것이다. 회절적 방법론에 입각한 개념적 전환은 과학과 또 다른 물질적-담론적 실천의 본성에 대한 우리의 이해를 재구성하고 나아가 양자물리학의 새로운 해석을 위한 기초를 구성하기에 충분하다(3).

　과학철학은 일반적으로 과학 이론에 대한 이해와 응용에 주력하는 "정당화의 맥락"과 이론에 개입하는 "발견의 맥락"으로 나뉜다. 20세기 초 과학과 철학이 분리되면서 논리실증주의나 중후반 쿤 이후의 역사적 과학철학은 모두 과학의 목표와 방법 등에 대한 체계적이고 포괄적인 기술을 통해 기술의 대상인 과학의 '정당화'를 추구했다. 철학이 과학의 실제 이론이나 실험에 개입해서 '발견' 또는 '발명'에 이르는 것은 부당하며 실질적으로도 불가능한 것으로 간주되었다. 그런데 과학의 기초 개념과 원리 그리고 이론에 대한 해석에 대해서라면 이야기가 다르다. 이에 대한 철학적 개입은 허용될 뿐 아니라 때로 요청되기도 한다. 특히 양자역학의 경우 해석의 비중이 여느 물리학 이론보다 크다는 점에서 발견의 맥락에 가장 열려 있는 분야라 할 수 있다. 버라드는 양자역학에 대한 철학적 전유와 반성이라는 측면에서는 정당화의 맥락을 추구하면서 동시에 독자적인 해석을 제시함으로써 발견의 맥락에도 접근한 오늘날 과학철학에서 보기 드문 예를 보여준다.

이를 위해 버라드는 해러웨이의 "회절"을 방법론으로 차용한다. 회절이란 한 파동이 다른 파동과 만나 겹쳐지거나 장애물을 만나 휘어지거나 퍼져나가는 파동 고유의 현상을 의미한다. 회절은 빛이 파동으로서 갖는 특징으로, 입자적 성질인 반사 혹은 반영(reflection)과 대조된다. 반영에서는 주체와 대상의 선재(先在) 및 이분법적 분리가 전제되는 반면, 회절에서는 회절이라는 사건 이전에 주어지는 주체와 대상이란 없고 오직 겹겹이 전파되는 파동들만이 있을 뿐이다(30; 89-90). 주체가 반영에서 대상과 일정한 거리에 있는 위치에서 대상을 말 그대로 반사하는 거울 이미지를 생산한다면, 회절에서는 각기 다른 파장을 가진 파동들이 서로 공명하거나 상쇄되면서 원본과 전혀 다른 여러 가지 패턴이 생겨난다. 반영에서는 대상과 이미지-표상 사이의 동일성과 모방이 중요한 데 반해, 회절에서는 각 파동 사이의 차이와 관계가 관건이 된다. 개별적이고 실체적인 주체와 그와 분리된 대상, 물질적인 것과 담론적인 것, 자연적인 것과 문화적인 것 등 가장 근본적인 범주들이 무력해지며 따라서 새로운 개념적 틀이 요구될 때 회절의 사유는 더더욱 적절하고 절실해질 수 있다. 양자역학이 바로 그런 예다.

*

이러한 관점에 따라 코펜하겐 해석을 다시 보자. 버라드에 따르면 보어는 하이젠베르크와는 달리 얽힘에 따른 비결정성(indeterminacy)을 양자역학의 가장 근본적인 원리로 정립하고자 했다(261). 하이젠베르크의 불확정성원리가 측정 행위와 대상의 독립성을 전제한 인간 인식의 한계에 관한 인식론적 원리라면, 비결정성은 대상이 측정에 사용되는 기구에서부터 측정을 담당하는 행위자 등에 의해 결정된다고 보는 존재론적 원리다. 하이젠베르크에게 측정이 측정 대상, 정확히는 그 대상의 특정한 속성에 대한 인식을 방해하는 요인이기는 하지만 대상 자체가 측정이라는 행위로 인해 달라지는 것은 아닌 반면, 보어는 대상이 측정 행위 전까지는 비결정 상태에 있으며 대상의 속성 또한 대상에 내재적으로 고유하게 선재하는 것이 아니라 비결정되어 있다가 측정에 의해 결정된다고 본다.

버라드는 이 비결정성을 적극적으로 해석해서 보어가 말하는 전체성(wholeness)을 "행위적으로 내부-작용하는 요소들의 존재론적 비분리성"(33) 혹은 "'관찰된 대상'과 '관찰 행위성'의 비분리성"(196)으로 번역한다. 이때의 현상은 관찰 주체, 장치, 대상이 서로 얽혀 있는 전체(whole)로서 존재의 분리불가능한 기본 단위를 이룬다. 고전 물리학에서 대상이 주체 혹은 장치와 맺는 관계는 이론과 결과에서 제거되거나 간과되어야 할 사안이었다. 그러나 양자물리학에서는 "분리될 수 없는 현상의 일부"를 이룬다. 그 중에서도 특히 '장치'는 '인간' 주체나 주체의 관찰 대상과 별개로 존재하기보다 바로 그러한 주체와 대상의 구분이 생성되는 지점으로 기능함으로써 물리적일 뿐 개념적인 차원까지도 포함한다.

물리적 장치는 주체-대상의 개념적 구분을 표시한다. 물리적이고 개념적인 장치는 하나의 비이분법적인 전체를 형성한다. 다시 말해 기술적(descriptive) 개념은 하나의 특정한 물리적 장치를 지시를 통해 의미를 획득하고, 다시 이 장치는 관찰의 대상과 행위성 사이에 구성된 절단(cut)의 위치를 표시한다. 예를 들어 어떤 부분이 고정되어 있어야 비로소 "위치"의 개념이 무엇을 의미하는지 이해할 수 있다. 그러나 그러한 장치는 필연적으로 [위치가 아닌]

다른 개념, 예를 들면 "운동량"과 같은 개념이 의미를 갖지 않도록 측정에서 배제한다. 왜냐하면 이 다른 변수들의 정의를 위해서는 고정되지 않은 부분을 가진 또 다른 장치가 요구되기 때문이다. 물리적이고 개념적인 구속과 배제는 공(共)-구성적(co-constitutive)이다(196).

이렇듯 측정은 물리적인 동시에 개념적인 과정이요 장치는 특정한 실험 도구에 머물지 않고 물리적인 것과 개념적인 것을 포함하는 물질적-담론적 실천이다. 장치의 목적 또는 기능은 대상의 본질적인 속성을 드러내는 데에 있지 않다. "위치"와 "운동량", 그리고 양자역학적 단위 고유의 속성인 "스핀" 등은 고전적 의미에서의 속성, 즉 개별 "입자"에 선험적으로 주어져 있는 특성이 아니다. 행위적 절단(agential cut)에 의해서 후험적으로 즉 새롭게 주어지는 결과다. 장치는 대상과 측정이라는 행위 주체 사이에 분리(행위적 절단)를 실행하고 그럼으로써 속성의 규정을 가능케 하는 조건을 부여한다.16 이 구도에서 행위 주체 또는 주체성은 행위성(agency)으로, 주체와 대상 사이의 상호작용(interaction)은 행위성 간의 내부-작용(intra-action)으로 각각 대체된다.

'행위성은 내부-작용하기(intra-acting)의 문제다. 그것은 실행(enactment)이다. 어떤 사람 혹은 어떤 사물이 가진 어떤 것이 아니다.' 그것은 주체나 대상의 속성으로 지시될 수 없다(왜냐하면 그러한 것은 선재하지 않기 때문이다). 그것은 그 어떤 속성도 아니다. '행위성은 "내부-작용성(intra-activity)"

---

16 개념 또한 그러한 절단의 결과로서 물리적 도구와 마찬가지로 장치의 일부를 이루는 물질적-담론적 실천이다(334~335). 그 점에서 개념의 작용은 단순한 언어 현상이나 발화 행위와는 다르다. 그것은 관찰 대상과 장치 사이에 행위적 절단을 수행하는 특정한 물질적 배치다. 이러한 장치로서의 개념의 특성과 작동 원리를 잘 보여주는 사례를 버라드의 '슬래쉬(/)' 사용에서 찾을 수 있다. 개념은 그 자체로 하나의 전체인 실재에 대한 행위적 절단의 결과물이다.

안에서의 "~하기(doing)"이거나 "~있기/이기(being)"이다. (178)

*

행위자(agent)인 주체가 대상을 반영하기 위해서는 대상에 대해 선재하고 또 대상과 분리되어 있어야 한다. 이러한 조건이 회절의 구도에서는 불필요해진다. 우선 파동들이 행위(act)와 행위자가 구분되지 않는 행위성들로 주어지고 주체와 대상의 분리는 사후적으로 일어난다. 행위성이란 행위를 할 수 있는 능력을 뜻하는 말로, 이 뜻에 충실하게 '행위능력'이라 번역되기도 한다. 여기에서는 어떤 행위에 대해서 행위 이전에 주체와 그 의도가 주어지거나 행위를 통해 구성되는 것으로 간주되는 대신에 행위와 행위자 사이의 관계와 연결이 강조된다. 상호작용이 행위 뒤에 존재하는 독립적인 행위자 사이의 것이라면, 내부-작용은 행위 또는 행위성 사이의 관계로서 행위자는 이에 대해 사후적으로 구성된다.

행위성의 내부-작용을 잘 보여주는 사례를 니콜라스 빈딩 레픈 감독의 영화 <드라이브*Drive*>(2011)에서 찾을 수 있다. 이 영화에서 딱히 이름도 없이 '운전사'라 불리는 주인공은 낮에는 자동차 정비나 스턴트 일을 하고 밤에는 은행 강도 등 범죄자들의 도주를 돕는 역할을 한다. 그는 자신의 일을 이렇게 설명한다.

운전사: 내가 운전을 하면 넌 돈을 갖게 될 거야. 너는 나한테 우리가 어디에서 시작할지, 어디로 가는지, 나중에는 어디로 갈지 말해주면 돼. 도착하면 너한테 5분을 줄 거야. 그 5분 동안 무슨 일이 일어나든 난 네 편이야. 뭐든 상관없어. 대신에 1분이라도 넘기면 그땐 너 혼자 알아서 해. 네가 일을 그르치는 경우 나도 앉아서 기다리고 있지는 않을 거야. 나는 총은 들지 않아.

나는 운전해.

여기에서 운전사의 대사는 인간 운전자가 아니라 AI 자율주행차가 했다고 보아도 무리가 없어 보인다. 운전사에게는 자유의지나 합리적 의사결정 등과는 무관하게 오직 특정한 알고리즘을 따르는 운전이라는 행위성만이 있다. 그런 점에서 그는 '행위자'라기보다는 차라리 운전 행위의 '대행자'에 가깝다. 마침 '대행자'는 'agent'의 또 다른 뜻으로, 'agency'의 또 다른 뜻인 '대행사'와 대구를 이루는 것이기도 하다. 운전은 원칙적으로는 누가 해도 상관이 없고 심지어 그 '누군가'가 인간일 필요나 당위도 없다. 다만 운전의 행위성은 행위자/대행자가 자동차라는 장치, 의뢰인, 교통 상황 등등의 다른 행위성들과 맺는 내부-작용을 통해 완전히 다른 결과를 낳는다. 이를테면 극중에서 운전사는 우연히 알게 된 이웃집 소년과 소년의 젊은 엄마와 친해지는데, 이 "내부-작용"으로 인해 그는 단순한 운전 행위성에서 비로소 의지와 욕망을 가진 인간적 주체로 거듭나는 모습을 보여준다.

이렇듯 세계가 인간 주체가 아니라 인간과 비인간을 아우르는 행위성으로 이루어져 있다면, 아니 실재가 행위성 자체요 실재가 곧 행위성이라면, 이는 실체나 주체 등의 개체가 '실체'나 '주체'라는 이름으로 주어져 있고 이로부터 행위와 작용이 도출되는 고전적인 도식이 더 이상 유효하지 않음을 뜻한다. 그것은 개체 이전에 행위들이, 행위성들이 주어져 있고, 개체는 오직 개별화 과정을 통해 오직 사후적으로만 비로소 주어짐을 뜻한다. 이것이 바로 행위적 실재주의의 핵심 논제로, 『우주와 중간에서 만나기』 서두에 압축적으로 드러나 있다.

얽힌다는 것은 두 분리된 존재물들의 결합에서처럼 단순히 다른 것과 엉키는 것이 아니다. 그것은 독립적이고 자족적인 존재를 결여한다는 것이다. 존재는 개별적인 사안이 아니다. 개별자들은 그들 사이의 상호작용에 선재하지 않는다. 그보다 그들의 얽힌 내부-관계 맺기(entangled intra-relating)를 통해, 그러한 작용의 일부로서, 창발한다. 그렇다고 창발이 외부적으로 측정된 공간과 시간에 따라서 일어나는 사건이나 과정처럼 한꺼번에 일어나는 것은 아니다. 그보다 시간과 공간이, 물질과 의미와 마찬가지로, 각각의 내부-작용을 통해 반복적으로 재배열되는 것이다. 이에 따라 창조와 회복, 시작과 회귀, 연속과 불연속, 여기와 저기, 과거와 현재 등을 절대적 의미에서 차이화하기란 불가능하다(ix).

이렇듯 행위적 실재주의는 인간적 주체를 인간 또는 비인간의 행위성으로 대체함으로써 인간주의와 인류중심주의를 넘어서서 포스트휴머니즘과 조우한다. 버라드에게 포스트휴머니즘은 자연과 문화, 물질과 담론처럼 고정되고 본질적이라 여겨졌던 범주들을 비판하고 "일상적인 사회적 실천, 과학적 실천, 인간을 포함하지 않는 실천 등을 포함하는 자연문화적 실천에서 비인간이 중요한 역할을 함을 근본적으로 인정"(32)하는 입장을 일컫는다. 이는 행위적 실재주의와 양립가능하며 나아가 양자가 서로를 뒷받침하는 관계에 있다.

행위적 실재주의는 인간적 개념, 인간적 지식 또는 실험 장치를 양자역학의 근본적 요소로 보지 않는다. 오히려 반대로 인간에게 이론에서의 특권화된 지위를 부여하는 대신에, 차별화된 현상으로서, 다시 말해 여러 물리계 중에서도 특별하게 배치된 차별적 생성/되기로서 '인간'이 내부-작용적으로 출현하게 된 경위를 설명할 것을 이론에 요청한다. 내부-작용은 인간이 개입한 결과물이 아니다. '인간' 자신이 특정한 내부-작용을 통해 출현한다(352).

버틀러는 젠더가 반복적 수행을 통해 구성되는 행위이고 과정임을 보인 바 있다. 이때 반복이란 기존의 의미를 재실행(reenactment)하고 재경험하는 과정이다. 비단 젠더뿐이랴. 버라드가 말하는 것처럼 시간과 공간, 물질과 의미들도 그러한 반복적 수행 또는 배열의 결과라 할 수 있다. 단 버라드는 버틀러가 물질(신체)을 담론(의미)에 종속시키고 물질의 역동성은 물론 물질과 담론 사이의 역동적 관계를 포착하지 못했다고 비판한다(64; 150-151). 물질은 본래적으로 주어져 있지도 고정되어 있지도 않으며, 내부-작용하는 행위성들이 계속해서 구체화되고 물질화되는 과정에 있다. 이 과정에는 담론적 실천도 개입하는데, 이 실천 역시 순수하고 순전하게 언어적인 과정이 아니라 그 자체로 물질적인 과정이다. 그도 그럴 것이, 물질과 의미 중 어느 하나도 선험적으로 주어진 항이 아니라 둘 다 전체로서의 실재로부터 사후적으로, 행위적으로 분리된 혹은 절단된 결과물이기 때문이다. 바로 이 지점에서 행위적 실재주의는 새로운 물질주의, 즉 신물질주의와 조우한다.[17]

신물질주의라는 용어를 처음 쓴 것은 1990년대 중반 브라이도티와 데란다였다.[18] 한편 브라이도티는 그로스와 더불어 몸의 문제

---

17 이 글에서 나는 "materialism"의 역어로 통용되어 온 "유물론"을 "물질주의"로, 'realism'은 실재론이 아닌 실재주의로 대체해서 쓰고 있다. 이는 이론적이고 체계적인 속성을 함축하는 접미사 "-로지(-logy: 주지하다시피 'logos'에서 왔다)"와 이데올로기적 속성을 갖는 "-이즘(-ism)"을 구분하자는 장하석의 주장에 따른 것이다(장하석, 『장하석의 과학, 철학을 만나다』, 지식플러스, 2014, 171-172쪽). 인식론(epistemology), 존재론(ontology), 양자론(quantum theory) 등은 기존의 용례를 따른다.
18 이지선, 캐런 버라드의 행위적 실재주의에서 물질과 실재, 『한국여성철학』, 38권, 2022, 140-144쪽.

를 본격적으로 다루면서 "물질적 여성주의"를 표방하기도 했다. 이 두 가지 경향을 결합한 것이 21세기의 신물질주의라 할 수 있다. 역사적 유물론이 역사 발전의 원동력을 물질적 조건, 정확하게는 생산 수단에서 찾았다면, 신물질주의는 만물이 물질로 구성되어 있다고 보는 가장 일반적이고 고전적인 의미의 물질주의를 따르면서 동시에 "수정된 비판적 물질주의"를 표방한다. 이 새로운 물질주의자들은 물질을 의미로, 물질적인 것을 담론적인 것으로 환원하거나 적어도 후자를 전자에 비해 우선적이고 우월한 것으로 보는 20세기 후반 포스트모더니즘 또는 구성주의 경향에 반발한다.[19] "어떤 자연적 가정에 대해서든지 구성주의적 함축을 찾아내는 즉 문화 ', ' 를 자명한 것을 보고 오직 '자연'에만 괄호를 치는 경향을 재고할 필요가 있다는 것이다. 그도 그럴 것이, 자연과 문화, 물질과 의미는 애당초 분리되어 주어지는 것이 아니고, 오직 사후적으로 그리고 인위적으로 분리되는 것이기 때문이다.

*

앞서 논한 것처럼 버라드는 물질 재개념화의 가장 중요한 영감의 원천을 양자역학과 이에 기반한 현대 입자물리학에서 찾는다. 물질의 재발견과 이에 입각한 물질주의 과학관의 정립은 17세기 과학혁명과 과학의 중요한 성과 중 하나였다. 데카르트는 물질을 크기와 운동만을 갖는 연장 실체로, 뉴턴은 질량이라는 양만을 본질적인 속성으로 갖는 실체로 파악했다. 라이프니츠는 데카르트와 뉴턴을 비판하면서 물질의 역동성을 말한다. 물질은 마냥 수동적이고 질량에 따라 운동만을 지속하는 대상이 아니다. 당장 운동으로 드러나지는

---

19 프란체스카 페란도, 『철학적 포스트휴머니즘』, 이지선 옮김, 아카넷, 2021, 314-315쪽.

않아도 언젠가는 운동을 낳을 수 있는 잠재력을 지닌다. 이를 라이프니츠는 "산 힘(vis viva)", 즉 활력이라 불렀다. 일정한 힘의 작용으로 운동하는 물체는 질량에 속도의 제곱을 곱한 만큼 앞으로도 계속해서 운동할 준비가 되어 있고, 즉 운동할 힘을 보유하고 있고, 일정한 높이에 서 있다가 낙하하는 물체는 지상에 닿은 뒤에는 다시 원래의 높이로 되돌아갈 힘을 보유하고 있다. 19세기 에너지 개념과 보존 법칙이 제시되면서 전자는 운동에너지로 후자는 위치에너지로 규정된다.

이 모든 경우에서 질량, 즉 물질의 양은 가장 기본적인 속성으로 각 물체에 고유하게 내재한 것으로서, 그 양이 일정하게 유지되는 것으로 간주되어 왔다. 그런데 19세기 말 모든 것이 바뀌었다. 퀴리 부부는 1896년 라듐이 자연적으로 붕괴되면서 알파 입자를 방출하고 보다 가벼운 원소인 납으로 변환되는 과정에서 강력한 에너지가 방출되는 것을 관찰했다. 우라늄과 플루토늄과 같은 방사성 동위원소들이 일정한 시간 즉 반감기(half-life)가 지나면 핵이 분열되고 질량이 감소하면서 에너지와 방사선을 분출시킨다는 것이다. 1905년 아인슈타인은 질량이 손실될 때 방출되는 에너지를 질량(의 손실분)에 빛의 속도의 제곱을 곱한 값으로 계산했다. 이것이 그 유명한 $E=mc^2$ 즉 물질-에너지 등가 법칙이다.

버라드는 이로부터 현대물리학이 물질로부터 행위성과 역동성은 물론이고 무엇보다 불변하지 않으며 한정된 수명, 말하자면 생명을 가지고 있다는 사실을 발견했다고 평가한다.[20] 이것은 물질의 시간

---

20 "Living in a Posthumanist Material World: Lessons from Schrodinger's Cat," in *Bits of Life: Feminism at the Intersections of Media, Bioscience, and Technology*, edited by Anneke M. Smelik and Nina Lykke (University of Washington Press, 2008), pp. 173-174.

세계의 파괴자 오펜하이머가 바비와 얽힌 끝에 바벤하이머가 되기까지

성의 발견이기도 했다. "20세기에 물질은 영광을 잃었다. 이전에 '불활성'이라는 꼬리표가 붙었던 것이 이제는 가사(可死)의 존재가 되었다. 얼마 지나지 않아 그것은 죽임을 당했고, 중심부에서 터졌으며, 갈갈이 찢겼고, 산산이 부서졌다."[21] 따라서 물질에 수동성, 부동성, 불활성 등의 속성을 부여하고 이를 이유로 물질을 정신, 의식, 생명과 구분해 온 근대 과학과 철학의 이분법적 도식은 더 이상 유효하지 않다. 이러한 물질론을 가장 잘 보여주는 개념이 바로 "물의빛기(mattering)"다.

> 물질은 사물의 고정된 본질이나 속성이 아니다. 그보다 물(의빛기)는 반복적인 내부-작용성의 역동적 과정이다. 즉 물질은 내부-작용적 되기(becoming) 안에서의 실체로서, 사물이 아니라 행위성의 하기(doing), 엉기기(congealing)다. "물질"이라는 용어는 독립적으로 존재하는 대상의 내재적이고 고정적인 속성이 아니라 현상의 물질성/물질화를 지칭한다.[22]

영어에서 'matter'라는 단어는 일차적으로는 '물질'이라는 뜻의 명사로 쓰이고 동사로서는 주로 비인칭의 부정문("It doesn't matter")이나 의문형("Does it matter?")으로 쓰인다.[23] 버라드는 'matter'의 중의성을 보다 적극적으로 전유하여 문법상 존재하기는 하나 거의 쓰임새가 없던 동명사적 표현 'mattering'을 하나의 실사(實辭) 나아가 핵심 개념으로 제시한다. 이는 우리말의 '물의(物議)'와도 일맥상통한

---

21 "No Small Matter: Mushroom Clouds, Ecologies of Nothingness, and Strange Topologies of SpaceTimeMattering," in *Arts of Living on a Damaged Planet*, edited by Anna Tsing, Heather Swanson, Elaine Gan, and Nils Bubandt (University of Minnesota Press, 2017), p. 103.
22 "Living in a Posthumanist Material World," op. cit., p. 173.
23 물의빛기의 개념에 대해서는 이지선, 「캐런 버라드의 행위적 실재주의에서 물질과 실재」, 140-144쪽.

다. 물의란 "어떤 사람 또는 단체의 처사에 대하여 많은 사람이 이러쿵저러쿵 논평하는 상태"라는 뜻의 명사로 주로 '일으키다'나 '빚다' 등의 동사와 더불어 부정적인 의미로 쓰이지만, 버라드의 'matter'와 'mattering'의 사례를 참조하여 새로운 의미와 가치를 부여할 수 있을 것이다.

> 물질과 의미는 분리된 요소가 아니다. 풀릴 수 없을 만치 뒤엉켜 있다. 그 어느 사건도, 아무리 에너지가 높은 물질이라 해도, 이 둘을 찢을 수는 없다. 어원('아토모스')에 따르면 원자는 "분할불가능" 또는 "절단불가능"을 의미하지만, 이 원자조차도 깨질 수 있다. 그렇지만 물질과 의미는 화학 처리로도 원심 분리로도 핵폭탄으로도 분리될 수 없다. 물의빚기는 물질의 문제인 동시에 의미의 문제가 된다. 물질의 본성에서는 물론, 물질을 구성하는 최소 부분이 깊숙이 뿌리박힌 생각과 거대한 도시들을 폭파할 수 있다는 사실에서도 마찬가지다(3).

한때 양자역학을 동양이나 신비주의 전통과 연결시키거나 여성친화성이나 자연친화성에 대응시키고 이를 서구-남성-인간 중심적인 뉴턴역학과 대조하는 이른바 신과학적 접근이 유행하기도 했다. 버라드는 이렇게 단순한 유비를 경계한다(67-68). 이런 유비는 양자역학의 본질에 대한 이해는 물론 과학 일반의 서구중심성이나 남성중심성을 비판하고 비-서구와 여성의 소외를 극복하는 데에도 그다지 도움이 되지 않는다. 버라드는 코펜하겐 해석을 위시해서 기존의 해석을 검토하고 행위적 실재주의를 통해 난점을 해결한다.[24] 그것

---

[24] *Meeting the Universe in Halfway*, Ch. 7, pp.331-352; "Agential realism: a relation ontology interpretation of quantum physics," Olival Freire Jr. et al., eds. *The Oxford Handbook of the History of Quantum Interpretations*. Oxford University Press, 2022, p.1048.

도 놀랍게도 간단하게. 버라드에 따르면 양자역학적 현상이 역설로 간주되는 것은 애당초 실체-주체 중심의 개별주의 전제 때문이다. 행위적 실재주의에 따르면 애초에 역설이 발생할 일이 없다. 현상은 그 자체로 얽혀서 주어져 있다. 얽힘은 역설이 아니라 그 자체로 현상 즉 실재의 행위성을 드러내는 양태인 것이다.

#시퀀스 3. "바벤하이머"라는 얽힘/만남 그리고 보어의 문제

놀란의 <오펜하이머>는 그레타 거윅 감독의 <바비 *Barbie*>와 미국에서 동시에 개봉했다. <바비>는 인형 바비를 주인공으로 하는 실사 판타지 영화다. 실화, 그것도 인류 역사에 꼽을 만한 역사적 사건을 배경으로 만든 <오펜하이머>와는 거의 모든 면에서 극적인 대조를 이룬다. <바비>가 여성 (비교적 신예) 감독이 만든 '여성적' 혹은 '여성 취향'의 영화로, <오펜하이머>는 남성 (거장) 감독이 만든, 남성적 혹은 남성 취향의 영화(거대 서사에 현학적이고 진지한 내용 그리고 대부분이 남성인 등장인물 등)로 각각 홍보되고 소비되었다. 마치 두 영화가 서로를 물구나무 세우기라도 한 것처럼.[25]

그런데 두 영화의 비교와 대조로부터 뜻밖의 현상이 나타났다.[26]

---

25 물론 이러한 비교는 지나치게 단순하다. <바비>가 남성-여성의 이원주의적 세계관을 의도적이고 도식적이면서 고전적인 방식으로 연출했다면, <오펜하이머>는 실제의 인물과 역사를 아마도 엄밀한 고증을 토대로 다루면서도 서사의 전개나 시간 순서나 장면 연출에 있어서는 현대 영화의 면모를 보인다. <오펜하이머>가 적어도 형식상으로는 젊은 여성들의 주관적인, 지극히 주관적인 브이로그를 연상시키는 반면, <바비>는 고전 극영화의 문법을 아주 모범적으로 따르고 있다는 평도 일리가 있다. Iva Dixit, "The Girlies Know: 'Oppenheimer' Was Actually About Us," *The New York Time Magazine*, Sept. 19, 2023, https://www.nytimes.com/2023/09/19/magazine/oppenheimer-movie-girls.html (2023년 11월 10일). 나아가 <바비>는 이원주의적이고 본질주의적인 성역할 분배를 의도적으로 왜곡하고 풍자하는 것은 물론, 이를 의식적으로 극복했으나 여전히 남성중심적인 사회에서 여성이 느끼는 한계와 모순까지도 풍자의 대상으로 삼고 있다는 점에서 여러 겹의 논의의 층위를 가진 복잡한 텍스트다.

26 위키피디아 "바벤하이머" 항목 참조: https://en.wikipedia.org/wiki/Barbenheimer

처음 연출진 및 제작진은 개봉관 확보 등으로 관객을 사이에 두고 경쟁하는 듯했으나 차츰 분위기가 반전되었다. SNS를 중심으로 두 영화의 연속 관람 캠페인이나 이미지를 합성한 인터넷 밈이 생겨나고 이 흐름이 다시 SNS를 통해 세계적인 유행으로 발전한 것이다. 이 이미지들은 남성-과학-전쟁-(대문자) 역사와 여성-가정-(진지하지 않은) 놀이-일상 또는 개인사의 이원적 구도를 와해시켰는가 하면 이는 급기야 말 그대로 "바벤하이머(Barbenheimer)"라는 제목의 혼종 영화 제작으로까지 이어졌다. 마치 두 영화가 양자역학적 얽힘을 표상하기라도 한 것처럼.

그런가 하면 동북아시아 3국에서는 이와는 다른 양상이 전개되었다. 일본 역사상 최대의 비극을 소재로 다루었다는 이유로 일본에서 상영되지 않았던 반면, 중국에서는 반미(反美) 정책이나 전반적인 반미 감정에도 불구하고 흥행에 성공했다. 그런가 하면 한국에서도 예상보다는 성적이 저조했으나 흥행에는 성공했는데 여기에는 정부의 대일본 정책 기조 변화와 일본 정부의 후쿠시마 오염수 방류를 둘러싼 정치 진영 간의 갈등과 이로 인한 반일(反日) 정서의 자극도 어느 정도 요인으로 작용했다. 8월 15일을 개봉일로 선정한 것도 이를 고려한 배급사의 마케팅 전략이었다. 그런데 그에 비하면 <바비>는 거의 주목되지 못했다. 한편 일본의 경우 <오펜하이머>와 달리 <바비>는 개봉했지만 "바벤하이머" 밈은 관객들의 반발을 불러일으켰다. 이 모든 현상은 물질과 의미가 얽힌, 그리고 이 얽힘이 전혀 예기치 못한 방식으로 "물의를 빚은" 결과라 볼 수 있을 것이다.

*

이 모든 것이 서두에서 논한 '보어의 문제'에 대해 시사하는 바

세계의 파괴자 오펜하이머가 바비와 얽힌 끝에 바벤하이머가 되기까지

는 무엇일까? 사실 버라드가 이 문제를 본격적으로 다루고 있는 것은 최근 논의에서다.[27]

이전에 보어의 양자역학 해석을 중심으로 기초론적 논의에 천착했다면, 이제는 그 응용이자 확장으로서의 국가 혹은 초국가적 규모의 연구 개발로 이루어지는 현대 원자핵물리학에 초점을 맞춘다. 그러면서 바로 이러한 현대 과학의 원형이 된 맨해튼 계획이라는 사건과 그 결과물로서 상흔이 오늘날까지 이어지고 있는 히로시마-나가사키 참사라는 사건의 '만남' 아니 '얽힘'을 추적한다. '바벤하이머' 또한 바로 이 만남-얽힘의 부수 현상 중 하나로, 이후 그 만남-얽힘과의 또 다른 만남-얽힘에 대한 기약일 것이다. 그리고 또 다른 만남-얽힘은 물질과 실재에 대한 또 다른 이해를 낳고 또 다른 방식의 "물의빚기"의 길을 열어줄 것이다. 그 길이 이전까지 전혀 예측치 못한 방향으로 전개될 것임 또한 분명하다.

바벤하이머 '현상'의 배후에 있는 '실재'는 무엇일까? 진정한 보어의 문제는 이 질문까지 포괄해야 할 것이다. 우리는 늘 현상 배후의 실재를 가정하고 탐문하기 때문이다. 그러나 버라드에 따르면 이 전제는 오류다. 실재와 현상의 분리와 차이를 전제한다는 점에서다. 물론 분리는 있다. 다만 그것은 분리 이전의, 보다 원초적인 사태로서 얽힘을 전제한다. 이 얽힘을 풀어야 비로소 분리가 가능해지고 다시 이로부터 만남의 가능성이 열리게 되는 것이다. 역설적으로 말하자면 얽힘이 분리 즉 헤어짐이 이어지고, 헤어짐에서 다시 만남이 이어지며, 다시 만남은 얽힘으로 이어진다고 할 수 있다. 실재는

---

27 "No Small Matter," op. cit.; "After the End of the World: Entangled Nuclear Colonialisms, Matters of Force, and the Material Force of Justice," *Theory & Event* 22(3), 2019.

이러한 얽힘과 만남의 결과이자 과정이다. 바벤하이머는 그러한 실
재의 현현이거나 적어도 면면 중 하나일 것이다. 그 모습은 "죽음이
요, 세계의 파괴자"와는 분명 다를 것이다.

참고문헌

、버라드의 저작

Barad, Karen, *Meeting the Universe Halfway: Quantum Physics and the Entanglement of Matter and Meaning* (Duke University Press, 2007)

_____, "Living in a Posthumanist Material World: Lessons from Schrodinger's Cat," in *Bits of Life: Feminism at the Intersections of Media, Bioscience, and Technology*, Anneke M. Smelik and Nina Lykke ed.s, (University of Washington Press, 2008)

_____, "Quantum Entanglements and Hauntological Relations of Inheritance: Dis/continuities, SpaceTime Enfoldings, and Justice-to-Come," *Derrida Today* 3(2), 2010

_____, "No Small Matter: Mushroom Clouds, Ecologies of Nothingness, and Strange Topologies of SpaceTimeMattering," in *Arts of Living on a Damaged Planet*, Anna Tsing, Heather Swanson, Elaine Gan, and Nils Bubandt ed.s, (University of Minnesota Press, 2017)

_____, "After the End of the World: Entangled Nuclear Colonialisms, Matters of Force, and the Material Force of Justice," *Theory & Event* 22 (3), 2019

_____, "Agential realism: a relation ontology interpretation of quantum physics," *The Oxford Handbook of the History of Quantum Interpretations*, Olival Freire Jr. ed. (Oxford University Press, 2022)

、기타 문헌

Dixit, Iva, "The Girlies Know: 'Oppenheimer' Was Actually About Us," *The New York Time Magazine*, Sept. 19, 2023.

박신현, 「캐런 버라드의 『우주와 중간에서 만나기』: 관계와 얽힘으로 만들어지는 몸」, 몸문화연구소 편, 『신유물론』, 필로소픽, 2022.

이블린 폭스 켈러, 『과학과 젠더: 성별과 과학에 대한 제 반성』, 민경숙·이현주 옮김, 동문선, 1996.

이지선, 「여성주의와 물리학, 상호배제와 상호작용을 넘어 내부-작용으로: 캐런 버라드의 행위적 실재주의로부터」, 『여/성이론』 47호, 2022년 12월.

임소연, 「신유물론과 페미니즘, 그리고 과학기술학」, 『문화과학』 107, 2021년 가을호.

장하석, 『장하석의 과학, 철학을 만나다』, 지식플러스, 2014

조주현, 『정체성 정치에서 아고니즘 정치로』, 계명대학교출판부, 2018

프란체스카 페란도, 『철학적 포스트휴머니즘』, 이지선 옮김, 아카넷, 2021.

3
부

몸:
재생산과 섹슈얼리티의 지대

여성의 자기향유와 빈 공간의 창조성:
신유물론으로 사유하는
여성의 재/생산

박신현

1. 빈 공간은 존재를 탄생시키는 자궁이다

신유물론 페미니스트(new materialism feminist) 스테이시 앨러이모(Stacy Alaimo)는 『말, 살, 흙Bodily Natures』(2010)에서 오늘날 재생산하는 여성의 몸을 논할 때에 감수해야하는 위험들을 지적하고 신중한 접근을 권고한다. 여성들의 광범위한 정체성이 "어머니"라는 강력한 범주에 휩쓸려버릴 위협이 있으며, 여성의 몸을 재생산적인 몸으로 환원하고 재생산에 관한 여성의 선택권을 감소시킬 이데올로기적 위험성이 존재한다는 것이다.[1] 앨러이모는 수세기에 걸쳐 여성/몸/자연이 수동적인 물질로서, 그리고 단지 능동적인 인간 정신과 문화를 위한 자원으로서 간주되어온 역사를 상기하며 임신한 여성의 몸은 이데올로기적으로 위험한 지대라고 묘사한다.[2] 물질을 수동적으로 여기는 사회적 구성주의와 달리 신유물론 페미니즘은 물질과 담론, 자연과 문화의 이분법을 극복하고 몸과 물질의 능동적

---

1 Stacy Alaimo, *Bodily Natures: Science, Environment, and the Material Self*, Bloomington, IN: Indiana UP, 2010, p.104.
2 *ibid*, p.104.

행위성을 강조하는 견해임을 생각하면 앨러이모의 우려는 쉽게 납득이 된다. 여기에 앨러이모는 여성의 재생산을 논의할 때 이성애 규범주의에 기울어져서는 안 된다고 덧붙인다. 성을 주로 재생산적이고 이성애적인 것으로 자연화시키는 데에 저항하는 다양한 퀴어 생태학도 고려해야한다는 의미이다.3

　　이런 면에서 신유물론 페미니스트 캐런 버라드(Karen Barad)가 『무엇이 무의 측정 방법인가? 무한성, 가상성, 정의What Is the Measure of Nothingness? Infinity, Virtuality, Justice』(2012)에서 존재적 '비결정성'과 물리적 '빈 공간'을 여성의 신체기관인 '자궁'에 비유한 사실이 매우 과감하고 흥미롭게 다가온다. "비결정성으로 인해 빈 공간은 무가 아니다. 사실 비결정성이야말로 현존하는 모든 것의 근원, 즉 존재를 탄생시키는 자궁일 수 있다."4 이전까지 양자역학을 중심으로 행위적 실재론을 전개해온 버라드는 양자장론(quantum field theory)을 면밀히 다루기 시작한 이 글에서 물질화의 중심에 자리한 존재론적 "비결정성(indeterminacy)"으로 인해 빈 공간(the void)은 결코 무(nothing)가 아니라 모든 존재를 탄생시키는 "자궁(womb)"일 수 있다고 설명한다. 그녀는 양자장론을 논거로 비결정성이 물질의 존재뿐만 아니라 비존재의 열쇠이며 빈 공간은 물질의 부재가 아니라 무한한 풍부함이라고 강조한다. 버라드에 따르면 진공(vacuum)은 전혀 비어있지 않으며 오히려 다가올 수 있는 일련의 가능성들로 충만하다.

　　그녀는 우리가 탄생과 삶, 그리고 죽음에 대해 물리학적인 이해

3　ibid, p.105.
4　Karen Barad, *What is the Measure of Nothingness? Infinity, Virtuality*, 100 Notes, 100 Thoughts: dOCUMENTA (13) Book No.099, 2012, p.9.

로 접근하려면 존재의 자궁인 '텅 빈 공간'이 들려주는 미묘하고 섬세한 이야기에 주의 깊게 귀를 기울여야 한다고 제안한다. 버라드는 '비어있음'과 '아무것도 없음'을 측량하기 위해 먼저 '진공'을 탐색하면서 어떤 사물도 부재하는 '진공'에 정말 아무 것도 없는지 질문한다. 고전물리학의 관점에서 진공은 단지 물질이 없는 것, 에너지가 없는 것이다. 하지만 양자물리학의 존재론적 비결정성 원리는 이에 대해 의문을 제기한다. 버라드는 물질화의 중심에는 존재적 비결정성, 급진적 개방성, 가능성들의 무한성이 자리하며, 그 무한한 개방성 안에서 비결정성은 불/안정성을 역동적으로 재형성하는 모든 구조적 가능성을 위한 조건이 된다고 주장한다.[5] 비결정성은 끝이 없는 역동성이며 비·존재의 작동에 대한 열쇠이다. 비결정성의 역동적인 작동으로 물질은 거듭해서 물질화된다.

양자장론에 따르면, 이러한 비결정성 원리가 양자 진공의 요동을 감안하기 때문에 진공은 확정적으로 무가 될 수는 없다. 버라드는 만약 진공의 에너지가 명확하게 제로가 아니라면, 진공은 명확하게 텅 비어있는 것이 아니라고 설명한다.[6] 그녀는 친근한 악기인 드럼을 예로 든다. 드러머가 드럼을 전혀 두드리지도 않고 다른 외부적인 동요도 없다면 드럼헤드(북 가죽)는 전혀 요동하지 않고 정지해 있어야만 한다. 하지만 드럼헤드가 완벽하게 정지하고 있는지 아닌지에 대한 명확한 사실은 존재하지 않는다. 버라드는 이러한 진공의 불명확한 진동을 "진공 요동(vacuum fluctuation)"이라고 설명한다.[7] 이러한 진공 요동을 고려한다면 진공은 그 안에 무엇인가가 있

5 ibid, p.17.
6 ibid, p.9.
7 ibid, p.11.

지도 않지만 비어 있지도 않다. 진공은 명확한 언어로 말하지는 않지만 침묵하지도 않는다. 따라서 버라드는 진공에는 표현을 향한 갈망이 가득하고 무엇이 될 수 있을지에 대한 무수한 상상들로 터질 듯하다고 묘사하며, 빈 공간을 활기찬 긴장, 그리고 존재/생성을 향해 욕망하는 성향이라고 정의한다.[8] 이와 같이 바라드에게 '빈 공간'은 부재가 아니라 생성의 충만한 가능성이고 무한히 풍부한 개방성이다.[9]

그런데 '빈 공간(the void)'에 대한 이러한 사유는 이미 기원전 1세기에 고대 로마의 시인이자 철학자인 루크레티우스(Lucretius)가 쓴 『사물의 본성에 관하여 *On the Nature of Things*』에서 엿보인다.

> 바위 동굴 안에서 유동적인 물의 습기가 모든 생물의 몸 속 이리저리로 퍼진다. 나무들은 자라나 적절한 시기에 열매를 맺는데, 음식이 가장 낮은 뿌리로부터 줄기와 가지를 통해 나무의 모든 부분에 퍼져 있기 때문이다. 소음이 집의 벽과 닫힌 문을 통해 침투하고 강추위가 뼈까지 스민다. 하지만 만약 입자들이 지나갈 수 있는 비어있는 공간들이 없다면 이러한 현상들은 불가능할 것이다.[10]

루크레티우스는 모든 자연은 두 가지, 즉 원자(atom)와 빈 공간(the void)으로 만들어진다는 에피쿠로스주의 물리학을 설명한다. 여기서 그는 "빈 공간"으로 불리는 "비어있는 공간들(empty spaces)"

---

8 *ibid.*, p.13.
9 캐런 바라드의 빈 공간과 비결정성에 대한 더 상세한 논의는 박신현, 『캐런 바라드』, 커뮤니케이션북스, 2023, 83~88쪽 참조.
10 Titus Lucretius Carus, *On the Nature of Things*, Cyril Bailey (trans.), London: Oxford Clarendon Press, 1921, p.38.

덕분에 입자들이 이리저리로 움직일 수 있으며, 만약 이런 빈 공간이 없다면 입자들은 여기저기 어느 방향으로나 돌아다닐 수 없을 것이라고 주장한다.11

물질의 운동이 일어나는 통로들로서 빈 공간에 대한 루크레티우스의 발상은 수세기가 지난 오늘날 몸과 몸 사이의 개방성, 몸과 세계 사이의 투과성을 조명하는 앨러이모의 '횡단-신체성(trans-corporeality)' 또는 낸시 투아나(Nancy Tuana)의 '끈적이는 다공성(viscous porosity)' 같은 신유물론 페미니스트들의 상호침투적인 신체 개념과도 공명한다. 세레넬라 이오비노(Serenella Iovino) 역시 신유물론 페미니즘의 통찰을 생태비평에 결합한 신유물론 생태비평(material ecocriticism)을 전개하며 "충만 상태와 빈 공간의 교체(the alternation of plenum and void)"야말로 모든 존재하는 물질의 조건이라고 설명한다.12 그녀는 물리적 관점에서 빈 공간은 물질의 입자들이 움직이고 결합하고 활동을 벌일 수 있는 현장이며, 좀 더 일반적 견지에서는 모든 가능한 몸들이 이러한 비어있음과 밀도의 상호작용으로부터 창발한다고 논술한다.13

본고는 여성의 재생산과 여성의 생산을 존재론적 비결정성, 그리고 존재의 창조성과 자기향유의 차원에서 새롭게 사유할 것을 제안한다. 여성의 재생산과 여성의 생산은 서로 불가분하게 얽혀있다. 본고는 '빈 공간'을 이 불가분한 두 측면과 관련해 탐색한다. 여성의 재/생산을 존재의 창조성과 자기향유의 관점에서 음미하면서 생

---

11 ibid., pp.40-41.
12 Iovino, Serenella, "Bodies of Naples: Stories, Matter, and the Landscapes of Porosity," Serenella Iovino and Serpil Oppermann (ed.), *Material Ecocriticism*. Bloomington, IN: Indiana UP, 2014, p.100.
13 ibid., p.100.

성의 자기향유와 빈 공간의 창조성: 신유물론으로 사유하는 여성의 재/생산

명을 탄생시키는 빈 공간으로서 '자궁'의 창조성을 조명함과 동시에 생산 활동에서 여성의 삶이 창조성을 만족스럽게 발현하기 위해 필요한 '시간적 공간적 빈 공간'에 주목한다. 재/생산 여부 자체뿐만 아니라 재/생산의 양식들도 엄연히 비결정성의 영역으로서 여성의 창조성과 자기향유의 측면에서 논의되어져야 한다고 주장함으로써 여성의 존재론적 잠재성을 통해 적극적 자유를 추구하는 신유물론 페미니즘의 기획에 부응하려 한다.

그동안 페미니즘은 생물학적 본질주의에 대한 경계와 언어적 전회, 그리고 다시 물질로의 전회를 거치며 여성의 재생능력과 자궁의 의미에 대해 다양한 견해를 낳았다. 그 중에는 여성의 재생산 기능을 여성 억압과 종속의 수단으로 보며 재생산 능력을 포기하는 것이 여성 해방에 유리하다고 주장하는 견해, 또는 이와 반대로 재생산 기능을 여성 해방을 위한 자원으로 인식해 가부장제 사회가 인지하는 방식과는 다른 방식으로 여성 재생산 능력을 온전히 소유하고 발휘하자고 주장하는 견해가 있다.[14] 그리고 이 두 대립적 입장과 달리 자궁을 생명의 상호작용이 발생하는 관계적 기관으로 설명하고 여성의 재생산 기관을 창조와 관계, 그리고 상호성장이 일어나는 실재이면서 사회적 관계에 적용 가능한 은유로서 생각하는 대안적 의견도 있다.[15] 본고에서 '빈 공간'으로서 여성의 '자궁'은 생명 창조에 대한 풍성한 비/결정성이 자리한 재생산 기관이면서 동시에 사회적 생산능력을 발현하는 여성의 창조성과 자기향유가 지닌 무한한 가능성과 비결정성을 상징한다는 점에서 대안적 의견의 연장

---

14 백소영, 「창조·관계·상호성장을 위한 생명-공간인 '자궁'의 재개념화 연구」, 『인문사회 21』, 인문사회 21, 13권 66호, 2022, 3962–3963쪽.
15 위의 글, 3963쪽.

선상에 있다고도 볼 수 있을 것이다. 이하에서는 존재의 창조성과 자기향유에 대한 학문적 논의를 상술하고, 이어서 여성의 재/생산을 여성의 창조성과 자기향유의 관점에서 논술한다.

2. 자기향유와 관심은 긴밀히 연결돼 있다

사변적 실재론(speculative realism)과 신유물론은 물질과 비인간을 탐색하며 인간예외주의를 극복하려는 최근 대륙철학의 두 흐름이라고 할 수 있다. 사변적 실재론자에는 퀑탱 메이야수, 그레이엄 하먼, 이에인 해밀턴 그랜트, 레비 브라이언트, 이언 보고스트, 티머시 모턴 등이 포함된다. 사변적 실재론자들의 이론은 서로 많이 다르지만 모두 공통적으로 주체와의 관계를 떠나 객체 자체를 파악할 수 없고 정신으로부터 독립된 실재는 존재할 수 없다는 '상관주의(correlationism)' 원칙을 거부한다. 스티븐 샤비로(Steven Shaviro)는 『사물들의 우주: 사변적 실재론과 화이트헤드 *The Universe of Things: On Speculative Realism*』(2014)에서 20세기 초 철학자인 알프레드 노스 화이트헤드(Alfred North Whitehead)의 관심이 오늘날 사변적 실재론자와 신유물론자의 관심과 수렴된다고 보면서 화이트헤드의 사상을 사변적 실재론과 신유물론에 비추어 다시 독해하고, 화이트헤드의 관점에서 최근 사변적 실재론의 경향을 수정해 대안을 제시한다.

본고는 샤비로가 화이트헤드의 관점에서 메이야수와 하먼의 사변적 실재론을 수정해 제안하는 자신만의 사변적 실재론인 '사변적 미학(speculative aesthetics)'에 동의하면서 특히 화이트헤드의 미학과 윤리학에 대한 입장을 프랑스 철학자 에마뉘엘 레비나스(Emmanuel Levinas)의 입장과 비교한 1장 「자기향유와 관심("Self-Enjoyment and

Concern")」을 원용하여 여성의 창조성과 자기향유에 대한 논의로 나아가고자 한다. 화이트헤드는 『과정과 실재*Process and Reality*』(1929)에서 세계는 사물이 아닌 "과정"으로 구성되며 현실적 존재가 "생성되는 방식"이 그 존재가 무엇인지를 구성한다고 설명한다.16 화이트헤드에게 최상의 가치는 "창조성(creativity)"이고 각 생성의 과정이 "새로움(novelty)"을 낳으며 이는 "새롭고 독특한 어떤 것, 이전에는 전혀 존재하지 않았던 어떤 것을 생산하는 것이다."17 화이트헤드는 창조성을 "보편자들의 보편자"(PR 21)라고 부르면서, 사물들이 스스로 바뀌고 변모하며 "어떤 독창성 (…) 자극에 대한 반응의 독창성"(PR 104)을 보여준다고 설명한다. 화이트헤드는 이러한 생성과 창조성이 특별히 인간에만 관련되지 않고 우주에서 일어나는 모든 것에 적용된다고 보기 때문에 포스트휴머니즘을 선취하는 면이 있다.

화이트헤드는 이러한 생명의 창조성에 대한 사유를 『사고의 양태 *Modes of Thought*』(1938)에서 '자기향유(self-enjoyment)'와 '관심(concern)'이라는 서로 상반되면서 긴밀히 연결된 정서적 움직임으로 잘 설명한다. 그는 "생명 개념은 자기향유의 어떤 절대성을 포함한다. (…) 경험의 계기는 그 즉각적인 자기향유에 있어서 절대적이다"라고 말하며 삶의 모든 순간이 자율적인 "자기창조(self-creation)"라고 정의한다.18 생명의 자기향유는 직접적이고 절대적이다. 자기향유는 어

---

16 Alfred North Whitehead, *Process and Reality*, New York: Free Press, 1929/1978, p.23. 이 글은 이 책을 반복적으로 인용하므로 이후의 글에는 약어 [PR]과 함께 인용 쪽수를 본문 안에 내주 형식으로 표기하겠다.

17 Steven Shaviro, *The Universe of Things: On Speculative Realism*, Minneapolis: University of Minnesota Press, 2014, p.4.

18 Alfred North Whitehead, *Modes of Thought*, New York: Free Press, 1938, pp.150-151. 이 글은 이

떤 관계로부터도 구속받지 않고 자유롭게 해방되어 내가 살아가는 경험 자체를 즐기는 것이다. 순전히 "나는 내 삶을 내가 살아가고 있는 대로 즐긴다."[19] 한편 화이트헤드는 곧 이어 "각 계기는 관심의 활동이다. (…) 계기는 느낌과 정향의 방식으로 본질적으로 자신을 넘어서는 사물들에 관심을 갖는다"고 말한다(MT 167). 무엇인가에 관심을 가지거나 관여한다는 것은 그것을 무시하거나 지나칠 수 없고 그것이 내게 응답하도록 압박해오는 것이다. 자기향유와 달리 관심은 관계적이고 타자와 연관되는 것이다. 그러므로 샤비로는 "관심은 타자들에 의해 영향을 받는 비자발적인 경험이다. 관심은 나도 모르게 나를 바깥으로 개방한다. 관심은 나의 자율성을 제한하여 나 자신을 넘어서는 무엇인가를 향하도록 이끈다"고 설명한다.[20]

여기서 중요한 점은 자기향유와 관심의 구분은 근본적이지만 동시에 두 상태는 서로 긴밀히 묶여 있어 우리는 한쪽 없이 다른 한쪽만을 가질 수는 없다는 사실이다.[21] 샤비로는 "관심은 그 자체가 일종의 향유이며 즉시적인 자기향유의 과정 자체로부터 생겨난다"고 지적한다.[22] 화이트헤드에 따르면 내가 나 자신을 넘어서는 우주에 가장 활발히 관여하는 것은 나 자신의 직접적인 자기실현에 몰두할 때이다. 생명의 자기향유는 시간을 경유하면서 관심으로 변모한다. 즉시적인 자기향유도 미래로 넘어가며 자신을 넘어선 것에 도달한다. 반대로 타자를 향한 관심은 자기향유에 필요한 전제조건이

책을 반복적으로 인용하므로 이후의 글에는 약어 [MT]과 함께 인용 쪽수를 본문 안에 내주 형식으로 표기하겠다.

19 Shaviro(2014), *op. cit.*, p.14

20 *ibid*, p.15.

21 *ibid*, p.15.

22 *ibid*, p.15.

성의 자기향유와 빈 공간의 창조성: 신유물론으로 사유하는 여성의 재/생산

다. 현재 순간은 과거와 미래로부터 분리될 수 없고, 생명의 즉시적인 자기향유는 과거에 대해 느끼는 관심과 자신을 맡길 미래를 향한 관심의 중간에 위치하기 때문이다.

　이러한 관계를 샤비로는 화이트헤드에게 모든 단일한 계기가 지니는 두 차원인 '자기향유의 사밀성(privacy)'과 '관심의 공개성(publicity)'의 대조로 설명하려 한다. 화이트헤드는 "현실태의 분석에서 공개성과 사밀성 사이의 안티테제는 모든 단계에 나타난다. 문제로 삼는 사실을 넘어선 것을 참조해야만 이해되는 요소들이 있다. 그리고 문제로 삼는 사실의 즉시적, 사적, 개인적 개체성을 표현하는 요소들이 있다. 전자의 요소는 세계의 공개성을 표현한다. 후자의 요소는 개체의 사밀성을 표현한다"고 논술한다(PR 289). 여기서도 중요한 점은 화이트헤드가 사밀성과 공개성의 대조, 또는 자기향유와 관심의 대조 속에서 서로 배제하는 듯이 보이는 두 항을 우리가 함께 생각하기를 요청한다는 사실이다.

　이를 위해 샤비로는 두 개념의 상충을 다양성의 아름다운 대비로 전환시키는 미학적인 해법을 제시한다. 이러한 해법은 화이트헤드가 후기 저작 『관념의 모험Adventures of Ideas』(1933)에서 묘사한 "무늬를 이룬 대비들(patterned contrasts)"이라는 미학적 디자인에 근거를 둔다.[23] 샤비로는 자기향유와 관심의 양극성이 바로 "무늬를 이룬 대비들"이기 때문에 화이트헤드의 "무늬를 이룬 대비들"의 미학으로 설명될 수 있다고 주장한다. 즉, 자기향유와 관심의 대비는 "아름다우며 아름다움을 생산한다"는 것이다.[24] 화이트헤드는 『관념

23　Alfred North Whitehead, *Adventures of Ideas*, New York: Free Press, 1933/1967, p.252. 이 글은 이 책을 반복적으로 인용하므로 이후의 글에는 약어 [AI]과 함께 인용 쪽수를 본문 안에 내주 형식으로 표기하겠다.

의 모험』에서 이전 저작에서는 암시만 되었던 미학적 질문에 중점을 두면서 진리와 아름다움의 복잡한 관계에 대해 새로운 논의를 펼치고 당당한 '심미주의'를 드러낸다. 그는 "아름다움은 진리보다 더 광범위하고 근본적인 관념이다. (…) 아름다운 사물들의 체계는 그 아름다운 만큼 그 존재로 정당화된다"라고 진술하며 아름다움은 "그 본성 자체가 자신을 정당화시키는 하나의 정향"이라고 단언한다(AI 265-266). 심지어 화이트헤드는 "의식 자체가 예술의 산물"이고 "인간 신체는 인간 영혼의 삶 속에 예술을 생산하기 위한 도구"이며 "우주의 목적론은 아름다움의 생산으로 향한다"고 주장한다(AI 265, 271).

샤비로는 이와 같이 자기향유와 관심의 관계를 윤리적이 아니라 미학적으로 읽는 방식의 의미를 선명히 드러내고자 화이트헤드를 '윤리적 전회'에 있어 중요한 사상가인 레비나스와 비교한다. 샤비로가 밝히듯이, 비록 레비나스는 사변적 실재론자는 아니지만 그의 내재와 초월, 절대적 타자에 대한 비전은 오늘날 사변적 실재론의 상관주의 비판을 위한 바탕이 되기 때문이다.

3. 윤리학은 미학을 대체할 수 없다.

화이트헤드에게 '자기향유'와 '관심'의 개념이 있듯이 레비나스에게는 '향유(enjoyment)'와 '초월(transcendence)'의 개념이 중요하다. 레비나스는 『전체성과 무한*Totality and Infinity*』에서 "우리는 좋은 수프, 공기, 빛, 구경거리, 일, 생각, 잠, 이런 것들로 살고 있다"면

---

24 Shaviro(2014), *op. cit.*, p.20.

서 "~로 사는 것"이란 "향유와 그 행복의 독립성"을 뜻한다고 설명한다.[25] 음식을 먹고 햇볕을 쐬고 산책을 하고 음악을 듣는 것은 삶의 도구나 표상이 아닌 그 자체가 삶의 과정이고 삶의 내용이다. 레비나스에게 향유는 이런 식으로 그 자신의 활동성으로 자신에게 자양분을 주는 행위를 뜻한다. 그는 공기, 일, 잠, 집 등 "이런 내용물이 살아지는 것이다. 이런 것들이 삶을 만족시킨다. 우리는 우리의 삶을 산다. 산다는 것은 일종의 타동사이고 삶의 내용물들은 그 직접 목적어이다. 이런 내용물들로 살아가는 행위 그 자체가 삶의 내용이다"라고 정의한다.[26] 이와 같이 레비나스는 『전체성과 무한』에서 타자 윤리학을 본격적으로 논의하기에 앞서 '내면성'의 확립으로서 '향유'의 행위를 설명한다. 먼저 내면성이 형성되어야 바깥을 향한 초월이 있고, 동일자와 타자가 분리돼야 타자를 향한 초월이 가능하기 때문이다. 레비나스의 향유는 원초적이고 육체적이며 물리적인 만족의 행위라는 점에서 화이트헤드의 자기향유와 다르지 않다.

그러나 레비나스는 주체가 절대적인 타자의 얼굴을 만나게 되면서 화이트헤드와는 크게 달라진다. 레비나스에게는 타자가 출현하면서 초월의 차원이 도입된다. 그는 "타자에 대한 책임," 즉 윤리는 단지 주체의 속성 가운데 하나가 아니라 "주체성의 본질적이고 근본적인 구조"를 이루는 바탕이라고 주장한다.[27] 레비나스의 타자윤

---

25 Emmanuel Levinas, *Totality and Infinity: an Essay on Exteriority*, Alphonso Lingis (trans.), Pittsburgh: Duquesne University Press, 2002, p.110.

26 *ibid.*, p.111.

27 Emmanuel Lévinas, and Philippe Nemo, *Ethics and Infinity: Conversations with Philippe Nemo*, Richard A. Cohen (trans.), Pittsburgh: Duquesne University Press, 1985, pp.95–96.

리학은 주체가 자신을 향해 호소해오는 타인의 벌거벗은 얼굴에 응답함으로써 윤리적 주체로 태어난다고 설명하며 타자에 대한 무한 책임을 확립하고자 한다. 샤비로는 이것이 레비나스에게 윤리가 존재론보다 앞서고 미학보다 절대적으로 중요하며 그의 배려(concern)는 무늬 있는 대비로 묘사될 수도 미학화될 수 없는 이유라고 지적한다. 샤비로는 레비나스의 사상에서 "나는 언제나 이미 타자에 대해 책임이 있고 타자 앞에서 유죄이다. 화이트헤드의 사상에는 이러한 압도적이고 일방적인 초월에 대한 개념이 없다"면서 레비나스에게 있어 "나는 배려를 떨쳐버릴 수가 없다. 배려가 명백하게 자기향유를 이긴다. 윤리적 초월에 대한 고압적인 요구가 심미적 내재의 단순한 쾌락을 방해하고 초과하고 취소시킨다. 향유에서 배려와 책임으로의 이행은 불가역적이다"라고 평한다.[28]

그러면서 화이트헤드주의자로서 샤비로는 레비나스의 초월에 대한 내재의 종속, 그리고 관심에 대한 자기향유의 종속이 한쪽으로 치우치고 환원적이라고 비판하며 "관심은 중요하다. 그러나 관심은 자기향유와 분리될 수 없고, 하물며 자기향유보다 더 높이 있지도 않다"고 주장한다.[29] 레비나스와 달리 화이트헤드에게 관심과 배려는 어떤 숭고한 깨달음의 결과라기보다는 자기향유에 내재된 일상적인 경험이라는 것이다. 화이트헤드는 "자기향유에서 관심으로, 또는 미학적인 것에서 윤리학적인 것으로 넘어가는 어떤 거창한 서사도 거부"하며 그에게 "각 현실적 계기는 자기향유와 관심을 둘 다 나타내므로" 자기향유와 관심은 환원할 수 없는 윤리적인 상충이

---

28 Shaviro(2014), *op. cit.*, p.22
29 *ibid*, p.25.

아니라 무늬를 띤 미학적 대비를 형성할 수 있게 된다.[30]

사실 레비나스의 초월은 여성의 재생산과 관련해 훨씬 더 복잡한 논쟁의 대상이 되어왔다. 레비나스에게 타자를 보살피고 책임지는 초월은 궁극적으로 주체가 자신의 유한성을 극복하는 것과 관련된다. 초월성은 주체가 타자와 윤리적 관계를 형성함으로써 죽음을 넘어서려는 탐색이다. 특히 레비나스는 주체가 타자를 통해 무한한 미래를 허락받을 수 있는 가능성으로서 출산성(fecundity)을 제시한다. 아이라는 타자를 낳아 기르는 것이 주체에게 무한한 잉여의 시간을 허락해준다는 사유이다. 레비나스는 인간이 출산을 통해 자신의 한계로부터 벗어나 새로운 가능성과 미래의 시간을 경험하게 된다고 설명한다.[31] 주체가 아이를 출산함으로써 내 존재의 가능성을 초월해 자식이라는 타자의 가능성과 연계되고 내 존재를 넘어서는 미래의 시간을 부여받게 된다는 것이다.[32] 요컨대, 레비나스에게 아이를 출산하는 것은 완전한 초월을 이루는 방식이다.[33]

이러한 레비나스의 견해는 에바 지아렉(Ewa Ziarek)과 뤼스 이리가레(Luce Irigaray) 같은 페미니스트 이론가들에 의해 비판받고 새롭게 전유되기도 한다. 이들은 레비나스가 에로스 개념을 단지 출산성과 연결해서 윤리적 의미로 협소하게 전용하고 에로스의 성적 쾌락을 무시한다고 비난한다. 이리가레에 의하면 레비나스는 "섹슈얼리티의 쾌락을 타자를 위한 고통스러운 대속으로 대치하려고" 하고

---

30 *ibid.,* p.23.
31 Levinas(2002), *op. cit.,* p. 278.
32 Lévinas and Nemo(1985), *op. cit.,* pp. 69-70.
33 레비나스의 출산성과 친자관계에 대한 더 상세한 논의는 박신현, 「레비나스의 타자윤리로 본 매그위치와 미스 해비셤의 부모 되기: 찰스 디킨즈의 『위대한 유산』」, 『19세기 영어권 문학』, 23권 1호, 19세기영어권문학회, 2019, 7-32쪽 참조.

"여성에게서 육체와 애무의 희열을 빼앗아 갔다."[34] 하지만 지아렉과 이리가레는 출산으로부터 자유로운 에로스 자체의 창조성과 여성의 창조성을 강조함으로써 레비나스의 한계를 넘어선다. 지아렉은 "이리가레에게 있어 에로스의 윤리는 성적인 쾌락, 에로스가 지닌 창조의 위상"으로 복귀하는 것이라며 출산의 창조성보다 선행하는 "에로틱한 쾌락의 창조성"을 회복시키고자 한다.[35] 이리가레는 어떤 생식이나 아이의 출산보다 앞서서 에로틱한 열정은 이미 그 자체로 "창조(creation)"이며 여성이 "창조하고 탄생시키는 것"은 아이를 임신하는 것보다 더 앞선다고 주장한다.[36] 지아렉은 연인들이 서로에게 생명을 부여해 함께 재탄생한다는 점에서 이를 "에로틱한 창조"라고 부르고, 이러한 창조의 행위 속에서 연인들은 서로에게 시간과 미래를 선사한다고 설명한다.[37]

이러한 지아렉과 이리가레의 견해는 생산과 재생산을 포함하는 광범위한 여성의 창조성을 책임과 윤리가 아닌 쾌락과 자기향유의 미학적 결정의 차원에서 사유할 것을 제안하는 본고의 논지와 상통한다. 화이트헤드는 자기향유와 관심 사이에서 선택하기를 거부하며 모든 현실적 선택이나 결정에는 양자가 모두 포함된다고 본다.[38] 샤비로는 화이트헤드가 윤리학이 아닌 미학의 편에, 초월이 아닌 내재의 편에 서있는 듯 보이는 이유는 화이트헤드가 윤리 또는 초월을 거부하기 때문이 아니라 각 계기는 이미 본성상 "초월과 내재의 연

---

34 이희원, 「레비나스, 타자 윤리학, 페미니즘」, 『영미문학페미니즘』, 17권 1호, 2009, 251쪽.
35 Ewa Plonowska Ziarek, *An Ethics of Dissensus: Postmodernity, Feminism, and the Politics of Radical Democracy*, Stanford, Calif.: Stanford University Press, 2001, p.60.
36 *ibid.*, p.61.
37 *ibid.*, p.61.
38 Shaviro(2014), *op. cit.*, p.23.

접"(MT 167)이므로 "초월을 위한 내재적 장소," 그리고 "윤리를 위한 미학적 장소"를 발견하기 때문이라고 강조한다.[39] 이와 같이 화이트헤드와 샤비로처럼 타자를 향한 배려와 윤리에 대해서도 미학화된 설명을 제시할 수 있다면, 재/생산에 대한 여성의 비/결정성은 타자와 전체를 위한 것이기에 앞서 철저히 자신을 위해서 가치가 있는가에 대한 판단의 문제가 된다.

화이트헤드에게 관심은 자기향유보다 우월하지 않다. 이는 레비나스와 다른 점이다. 화이트헤드에게 관심은 여전히 "자율적인 가치평가"(PR 248), 즉 각 현실적 계기가 "마주치게 되는 것의 중요성에 대한 미학적 판단"이다.[40] 가치판단이란 무엇이 중요한지에 대해 내가 자율적이고 자기-생성적으로 결정을 내리는 것이다. 각 존재는 무엇이 자신을 위해서 중요한지에 대한 감각을 지닌다. 따라서 화이트헤드의 관점에서는 타자들에 대한 주목도 그 자체가 일종의 향유이며 전체적인 자기향유에 반하기보다는 그 안에 포함될 수 있으므로 윤리는 단지 자발적인 미적 결정의 결과라고 할 수 있다.[41] 화이트헤드는 "우리 현존의 기저에는 '~할 가치 있음(worth)'에 대한 감각이 있다. (…) 그 자신을 위한 현존의 감각, 그 자신의 정당화인 현존의 감각"(MT 109)이 있다고 주장한다. 나는 '나 자신을 위해' 미적인 가치판단을 내리고 미적인 가치를 향해 운동한다. 아이를 낳는 일이든 타인을 돌보는 행위든 모두 나를 위한 나의 미적인 가치판단의 결과이며 내 존재의 자기향유일 뿐이다. 그러므로 "윤리학은 미학을 대체할 수 없다."[42]

---

39 ibid, p.23.
40 ibid, p.24.
41 ibid, pp.24-25.

4. 여성의 창조성과 자기향유를 위해 빈 공간이 필요하다

'비어있음'은 우리가 상상하는 것보다 훨씬 더 중요하다. '빈 공간'에서 신선한 공기가 순환하고 바람이 불며 운동이 시작되고 창조가 일어난다. 텅 비어 있는 공간에서 탄생과 성장, 부활과 변모가 가능하다. 존재는 창조를 열망한다. 창조성은 존재의 궁극적인 원리이다. 여성의 삶의 궁극적 원리는 창조성이며 여성은 창조를 열망한다. 따라서 임신과 출산과 양육은 여성의 존재론적인 비결정성과 창조성 발현의 자유의 관점에서 사유돼야만 한다. 여성의 재생산과 생산은 존재의 무한한 가능성, 그리고 자기향유의 측면에서 논의돼야만 한다. 여성은 무궁무진한 대안들 속에서 특정한 자기향유의 방식을 선택하고 결정할 수 있다. 여성의 출산과 양육, 그리고 생산 활동은 타자에 대한 배려나 윤리적 책임이 아니라 철저히 나 자신을 위한 자기향유로서 결정되고 실천되어야만 한다. 여성은 존재적 비결정성으로 인해 무한한 가능성들 가운데 자신의 창조성을 가장 만족스럽게 발현할 수 있는 향유의 방식을 판단하고 결단할 수 있다. 출산이든 돌봄이든 사회활동이든 여성은 자기 존재의 창조성을 극대화하기 위해 이것이 자신에게 가치 있는 행동인지 자유롭게 판단을 내린다.

빈 공간은 비결정성과 무한한 가능성들로 꿈틀거린다. 여성의 몸 안에 있는 빈 공간인 자궁이 생명을 탄생시키듯이, 여성의 몸 바깥에 있는 빈 공간이 그녀의 창조성에 생명력을 불어넣어 줄 수 있다. 여성이 창작이든 직장 생활이든 생산적인 창조성을 발휘하려

---

42 *ibid*, p.26.

성의 자기향유와 빈 공간의 창조성: 신유물론으로 사유하는 여성의 재/생산

면 '시간적 공간적 빈 공간'이 필요하다. 여성의 일상에 시간적으로 공간적으로 텅 빈 공간이 주어져야 역동적인 창조활동이 일어날 수 있다. 여성의 몸 안의 자궁이 아이의 재생산에 필수적이듯이 여성의 생산 활동을 위해서 여성의 몸 바깥의 자궁이 필요하다. 여기서 "여성이 소설을 쓰려면 돈과 자기만의 방을 가져야만 한다"는 버지니아 울프(Virginia Woolf)의 제안은 다시 상기할만하다.43 울프는 자기만의 방이라는 '공간적 비어있음,' 그리고 숙모가 물려준 유산 덕분에 저임금 노동에서 해방된 뒤에야 허락된 '시간적 비어있음'이 여성인 그녀의 창작활동을 가능하게 했다고 냉철하게 발언한다. 흥미롭게도, 샤비로 역시 우리의 삶이 기본적으로 너무나 관계들에 얽혀 있기 때문에 이로부터 부분적으로나마 벗어나려면 "숨 돌릴 수 있는 작은 방"을 마련해야하고, 과도한 관계성에서 빠져나와 자기창조와 독립을 성취하기 위해 "결정에 열려있는 공간"을 찾아야만 한다고 표현한다.44

빈 공간은 결정에 열려 있는 공간이다. 바람직한 사회라면 여성이 창조성을 향유하는 방식이 풍성한 가능성들에 개방돼 있어야만 한다. 만약 여성이 출산을 통해 창조성을 발현하려한다면 출산을 통한 자기향유의 양식은 충분히 다양화돼야만 하며, 다양한 향유의 방식들이 제도적으로 정서적으로 폭넓게 지지받을 수 있어야만 한다. 여성이 출산능력을 통해 존재의 창조성을 성취하려 할 때 인습적이거나 규범적인 제약들이 이를 가로막아서는 안 될 것이다. 또한 여성이 자기향유와 창조로서 아이의 양육을 원한다면 이로 인해 사회

---

43 Virginia Woolf, *A Room of One's Own/Three Guineas*, London: Penguin, 1993, p.3.
44 Shaviro(2014), *op. cit.*, p.34.

에서 그녀를 위한 빈 공간을 상실하지 않도록 제도와 문화적인 정동이 구축돼야만 한다.

　요즘 뉴스에는 역대 최저 출산율 시대를 맞아 정부와 각 지자체가 출산을 장려하고 양육의 부담을 경감시키고자 지원금을 비롯한 각종 제도를 도입하고 있다는 기사가 자주 등장한다. 하지만 이러한 노력이 진정한 효과를 보려면 혼외출산비율이 상당히 높은 다른 OECD 국가들에 비해 법률혼 위주인 한국의 제도와 의식이 함께 달라져야만 할 것이다. 예컨대, 프랑스는 결혼부부뿐만 아니라 시민연대계약(PACS)을 맺은 커플, 그리고 동거 커플도 보육 지원을 받게 하는 육아 정책의 성공으로 높은 출산율을 자랑한다. 우리나라도 가족의 형태와 출산의 형태에 다양한 대안들이 존재할 때에 여성이 출산을 결정할 여지도 많아질 것이다. 최근에는 OECD 대부분의 국가들이 그렇듯이 우리나라도 비혼 여성의 정자 공여에 의한 출산을 좀 더 현실화하자는 의견이 많다. 적어도 아이를 낳아 잘 키울 능력이 있는 비혼 여성이 불필요한 좌절감을 겪지 않도록 법제가 개선되고 보완돼야만 한다. 더불어 사회전반이 그녀가 선택한 출산의 방식을 더 이상 신기해하지 않고 자연스럽게 여길 수 있도록 인식이 변화되어야 할 것이다.

　일도 하고 싶고 동시에 아이도 키우고 싶은 여성에게 그녀가 원하는 자기향유의 권리를 확장해주기는커녕 위축시키는 사회가 되어서는 안 될 것이다. 혼인제도에 묶이지 않은 출산, 비혼 여성의 정자 기증에 의한 출산, 동거커플의 양육, 대안가족의 공동양육 등 출산과 양육의 형태는 더욱 다채로운 가능성들에 열려있어야 한다. 여성에게 재생산 여부 자체가 비결정성의 영역이듯이 재생산의 형태

또한 비결정성의 영역이다. 이는 생산에 있어서도 마찬가지이다. 여성의 삶에 있어서 자기향유와 타자에 대한 배려가 조화롭게 무늬를 이룬 모습이 가장 아름답다. 하지만 타자에 대한 돌봄과 책임은 여성이 짊어져야하는 희생이나 윤리적인 의무여서는 안 된다. 타자에 대한 관심과 배려조차 철저히 여성의 자기향유의 내용으로서 선택되어져야만 한다. 나에게 자양분이 될 만하고 나의 자기창조에 도움이 된다고 그 가치가 판단될 때 나는 재/생산을 향유하고 또 향유의 방식을 결단한다. 아이를 향한 관심과 돌봄은 여성이 자기향유의 일부로서 자발적으로 내린 결정이고 자기향유와 연접해 있을 뿐 자기향유를 압도할 수는 없다. 이것이 자기향유와 관심의 아름다운 대비가 여성에게 의미하는 바라고 할 수 있다.

지금까지 이 글은 존재론적 비결정성, 그리고 존재의 창조성과 자기향유의 관점에서 여성의 재/생산을 새롭게 사유해보고자 했다. 이러한 사유는 엘리자베스 그로스가 표현하듯이, "~로부터의 자유(freedom from)"가 아닌 "~를 향한 자유(freedom to)"의 측면에서 자유와 행위성, 그리고 자율성을 이해하려는 신유물론 페미니즘의 기획에 부합할 것이다.[45] "~로부터의 자유"는 자유를 구속의 제거로서 부정적으로 이해하는 것이고, 반면에 "~를 향한 자유"는 자유를 행동을 위한 능력으로서 긍정적으로 이해하는 것이다[46] 출산과 양육에 있어 여전히 여성이 제거해야할 구속들이 많다면 재생산은 아직도 "~로부터의 자유"의 대상인 셈이다. 하지만 출산과 양육이 여성의 창조성과 자기향유가 능동적이고 자율적으로 발휘되는 "~를 향

45 Grosz, Elizabeth, "Feminism, Materialism, and Freedom," Diana Coole and Samantha Frost (ed.), New Materialisms: Ontology, Agency, and Politics, Durham & London: Duke UP, 2010, p.140.
46 ibid., p.140.

한 자유"가 된다면 여성은 삶에 만족할 수 있을 것이다.

참고문헌

박신현, 「레비나스의 타자윤리로 본 매그위치와 미스 해비셤의 부모 되기: 찰스 디킨즈의 『위대한 유산』」, 『19세기 영어권 문학』, 23권 1호, 19세기영어권 문학회, 2019.

박신현, 『캐런 바라드』, 커뮤니케이션북스, 2023.

백소영, 「창조·관계·상호성장을 위한 생명-공간인 '자궁'의 재개념화 연구」, 『인 문사회 21』, 인문사회 21, 13권 66호, 2022.

이희원, 「레비나스, 타자 윤리학, 페미니즘」, 『영미문학페미니즘』, 17권 1호, 2009.

Alaimo, Stacy, *Bodily Natures: Science, Environment, and the Material Self*, Bloomington, IN: Indiana UP, 2010.

Barad, Karen, *What is the Measure of Nothingness? Infinity, Virtuality*, 100 Notes, 100 Thoughts: dOCUMENTA (13) Book No.099, 2012.

Grosz, Elizabeth, "Feminism, Materialism, and Freedom," Diana Coole and Samantha Frost (ed.), *New Materialisms: Ontology, Agency, and Politics*, Durham & London: Duke UP, 2010.

Iovino, Serenella, "Bodies of Naples: Stories, Matter, and the Landscapes of Porosity," Serenella Iovino and Serpil Oppermann (ed.), *Material Ecocriticism*. Bloomington, IN: Indiana UP, 2014.

Levinas, Emmanuel, *Totality and Infinity: an Essay on Exteriority*, Alphonso Lingis (trans.), Pittsburgh: Duquesne University Press, 2002.

Lévinas, Emmanuel, and Philippe Nemo, *Ethics and Infinity: Conversations with Philippe Nemo*, Richard A. Cohen (trans.), Pittsburgh: Duquesne University Press, 1985.

Lucretius Carus, Titus, *On the Nature of Things*, Cyril Bailey (trans.), London: Oxford Clarendon Press, 1921.

Shaviro, Steven, *The Universe of Things: On Speculative Realism*, Minneapolis: University of Minnesota Press, 2014.

Whitehead, Alfred North, *Adventures of Ideas*, New York: Free Press, 1933/1967.

_____, *Modes of Thought*, New York: Free Press, 1938.

_____, *Process and Reality*, New York: Free Press, 1929/1978.

Woolf, Virginia, *A Room of One's Own/Three Guineas*, London: Penguin, 1993.

Ziarek, Ewa Plonowska, *An Ethics of Dissensus: Postmodernity, Feminism, and the Politics of Radical Democracy*, Stanford, Calif.: Stanford University Press, 2001.

새로운 물질로서 몸과 페미니즘

심귀연

근대 계몽주의는 인간의 자유와 평등을 최고의 가치로 내세웠다. 모든 인간은 이성적이고 합리적인 존재라고 규정했지만, 거기서 여성은 배제되었다. 여성은 이성적이기보다 감성적 존재이며, 능동적이기보다는 수동적인 존재로 간주되었을 뿐만 아니라 자연과 동일시되었다. 근대적 관점에서 자연은 기계적 물리법칙에 종속된 물질의 총합이다. 물질은 사유주체인 인간-남성 행위자의 행위대상일 뿐인 수동적이고 죽은 물질적 객체다. 물질적 객체는 인간을 위한 지배와 착취의 대상으로 전락한다. 그리고 자연은 모성적이거나 기껏 보호해야 할 대상일 뿐이다.

근대의 이성적이고 보편적인 추상적인 대문자 인간(Human) 개념에 접근할 수 있는 존재는 유럽-백인-남성들뿐이었고, 비서구-비백인-여성일반은 제외되었다. 이와 같은 이분법적 구조는 비서구여성을 이중으로 배제시키고 소외시켰다. 여성은 인간이자 자연이지만 실상은 인간도 자연도 아닌 존재가 된다. 이는 여성의 완벽한 소외를 의미한다. 어디에나 속하지만, 사실상 어디에도 속하지 않는 존재. 여기에 모든 불평등의 근원이 있다. 신유물론적 페미니즘은 이러한 배제와 불평등의 근원이 근대의 이원론, 즉 인간과 자연, 인간과 비인간, 문화와 자연을 날카롭게 분리시키고 위계화시키는 이분법적 존재론과 근대의 기계론적이고 수동적인 물질관에 있음을 인식하고, 이를 넘어서고자 하는 사유운동이다. 신유물론은 인간을 중심으로 하는 이분법적 사고에 직접적으로 문제를 제기하며 새로운 이해와 패러다임을 구성함으로써, 존재와 세계의 지도를 다시 그리고 있다. 필자는 이 문제를 물질성에 대한 메를로 퐁티의 몸에 대한 분석을 경유하여 버틀러에 이르는 과정에서 살펴보려 한다.

1. 다시 생각하는 자연과 물질성의 문제

기후위기는 예기치 못한 충격을 인간에게 주었다. 기후위기는 인간 대 자연이라는 이분법적 대립관계에서 나타난 일일 뿐만 아니라, 이러한 인식구조가 인간 사회의 불평등한 삶을 만들어냈다는 것을 확인하는 사건이다. 자연은 더 이상 인간의 통제 아래 있지 않음을 보여주는 사건으로, 우리는 이 시기를 '인류세'라 부르기도 한다. 인류세시대에 유물론은 물질에 대한 기존의 생각에서 벗어나지 못했지만 신유물론은 자연과 물질에 대한 새로운 사유를 가능하게 했다.

2022년 9월 24일 기후정의 행진은, 경제성장과 인류의 번영을 목표로 자연을 대해왔던 여러 일들이 실제로는 자연을 착취하였고 이로써 인간의 삶의 풍요 이면에 불평등한 삶이 있었다는 것을 알리는 행위이다. 다만 이 행진에서 우리가 잊지 말아야하는 것은 기후문제는 인간과 비인간 모두의 문제로 마치 인간만을 예외적인 존재인양 간주해선 안 된다는 점이다.

그런데 왜 우리는 그토록 오랫동안 이 사실에 눈감아왔던 것일까? 아마도 그것은 인간중심적 관점에서 벗어나기가 어려웠기 때문이고, 합리성에 대한 잘못된 이해 때문이라 여겨진다. 이러한 문제적 사유의 근거는 데카르트와 칸트로부터 찾을 수 있다. 데카르트는 인간만을 사유하는 존재로 규정하고 나머지 세계를 죽은 물질들, 즉 연장적 객체존재로만 규정했고, 칸트는 주체와 객체의 근대적 이분화를 완성했다.

물론 근대인들 모두가 이 문제의 심각성을 문제삼지 않은 것은 아니었다. 흄은 근대의 인식론적 방법을 극단적으로 몰아부쳐 회의론에 이르렀고, 스피노자와 셸링의 자연개념에서 짐작할 수 있듯이 자연의 능동성에 대한 연구가 있어왔다. 그러나 패러다임 자체를 바꾸지 않고서 자연의 능동성만을 밝히는 것에는 근본적인 한계가 있다. 이후 근대의 이분법에 대한 비판에서 출발하는 후설의 현상학은 이분법적 구조를 지향적 구조로써 해소하려하지만 퀑탱 메이야수가 정확히 짚고 있듯이 후설적 현상학은 상관주의적 태도에 머물러 있었다. 메를로 퐁티는 후설의 지향적 구조가 자아극과 대상극이라는 극단적 상황으로 밀어붙임으로써[1] 이분법적 구조를 유지한다고 보고, 후설의 의식지향성을 몸지향성으로 대체한다. 즉 메를로 퐁티의 몸현상학에 이르러서야 비로소 그것의 가능적 근거를 확보할 수 있었다. 신유물론은 이와 같은 현상학에 어느 정도 빚지고 있음에 분명하다.

신유물론은 이원론적 사유가 관념적인 것, 혹은 정신적인 것에 중심을 두고 물질적인 것을 무시해왔던 것을 재사유화하며, 물질적인 것에 특별한 관심을 둔다. 특히 행위적 실재론을 주장하는 캐런

---

1 심귀연, 『몸과 살의 철학자 메를로-퐁티』, 필로소픽, 2019, 116쪽 참조.

버라드는 주체와 객체의 상관적 방법이 아닌, 물질적 참여를 통한 '주체와 객체의 얽힘'으로 윤리-존재-인식론적 문제로 다가간다.[2] 구유물론처럼 물질을 수동적이고 죽은 연장적 객체로만 다루는 대신, 물질의 능동성과 활력, 행위능력을 강조하는 신유물론의 기본 입장은 현상학자들의 입장이 그러하듯 세부적으로 살펴보았을 때, 그 내용들이 다양하여 몇 마디 문장으로 신유물론의 입장을 정의내리기는 쉽지 않다. 다만 신유물론은 구유물론과 같지 않음을 분명히 해둘 필요가 있다. 구유물론은 관념론과 대비되는 이론으로 정신보다 물질이 우선이라는 전제를 가지는 탓에 그 근원에는 이분법적 사고가 내재되어 있다. 반면 신유물론은 배제되어왔던 것의 회복이라는 측면에서 물질에 관심을 가지는 것이지, 정신과 대비되는 의미에서의 물질중심주의는 아니다. 이 글에서 다루고자 하는 페미니즘의 문제 역시 여성중심주의를 주장하는 것이 아니라, 여성배제적인 대립 체계 자체를 재사유하자는 것이다. 기후위기로 인한 재난이 여성을 비롯한 사회적 약자에게 더 집중되고 있다는 사실이며, 이 불평등의 기저에 이분법적 구조로 세계를 이해하는 틀이 있다는 점을 주시해볼 필요가 있다.

2. 신유물론적 관점에서 인간되기의 의미

인간은 몸인 존재다. 그러나 데카르트를 비롯한 근대인들은 인간을 사유하는 존재 혹은 정신적 존재로 정의했다. 몸은 인간을 인간다움에서 멀어지게 하는 한계였다. 데카르트 이래 칸트에 이르기

---

2 릭 돌피언, 이리스 반 데어 튠, 『신유물론』, 박준영 옮김, 교육서가, 2021, 71-72쪽 참조.

까지 정신과 몸의 이분화는 주체와 객체, 사고와 존재의 이분화와 함께 깊어졌다. 퀑탱 메이야수는 인간중심적인 사유의 방식을 '상관주의'로 명명했다. 메이야수가 말하는 상관주의란, 세계를 인간에-대한-세계로서만 존재의미를 두는 사고를 말한다. 세계는 인간탄생 이전에도 즉자적으로 존재해왔음에도 상관주의는 세계 혹은 존재의 즉자적 실재성을 무시하거나 외면해왔다는 것이다. 메이야수와 마찬가지로 신유물론자들은 인간 정신을 중심으로 몸과 세계를 이해하는 상관주의를 비판하며, 정신 혹은 이성주체에 의해 배제되어왔던 물질의 능동성과 행위성, 특히 몸의 물질성을 되살림으로써, 근대적 이성의 폭력성을 폭로한다.

　　마누엘 데란다와 로지 브라이도티가 처음으로 사용하기 시작한 신유물론(neo-materialism)은 들뢰즈와 가타리의 저서 『천의 고원』에서 지질학적 운동을 개념화하기 위해 사용한 방식을 재기술하면서 소개되었다.[3] 로지 브라이도티에 따르면 신유물론은 하나의 방법이자 개념적 틀이며, 정치적 입장을 가지고 출현했다. 신유물론은 몸의 물질성을 더 이상 수동적인 것으로 보지 않는다. 오히려 몸들은 구체적이면서도 복잡한 정치적 관계 속에서 이해된다. 신유물론의 몸과 물질을 바라보는 시선은 페미니즘적 입장에서 여성의 몸 또한 단일한 본질이 아니라 "다양성, 복잡성, 그리고 경험들의 잠재적 모순된 집합들로서 여러 가지 것들, 이를테면 계급, 인종, 나이, 생활방식, 성적 지향 등으로 중층화"[4]되어 있음을 말하는 것과 다르지 않다.

3　위의 책, 49쪽 참조.
4　위의 책, 43쪽.

신유물론은 정신과 독립적인 물질세계를 인정하는, 다시 말하자면 상관적 관계에서의 유물론적 입장과 구별이 된다. 유물론은 관념론과 마찬가지로 존재의 근원, 즉'본질이 무엇인가'에 관심을 둔다. 본질은 변하지 않는 무엇이다. 하지만 이러한 본질주의를 거부하게 되면, 본질은 더 이상 불변하는 무엇이 아니라, 과정 속에서 나타나는 실재들임을 알 수 있다. 과정 속에서 나타나는 실재들은 차이를 가진다. 중요한 것은 '동일성'과 '본질'이 아니라 '차이'와 '과정적 실재'라는 것이다.

　　이런 관점에서 페미니즘의 문제를 살펴본다면, 여성과 남성이라는 이분법으로 인간존재를 설명하는 것을 넘어 여성과 남성의 이분법을 해체하고 존재들의 다양성의 관점에서 재사유화할 필요가 있다. 이를 위해서는 기존의 위계적 질서에 따른 생태적 이해에서 동등한 위상으로 존재하는 다양한 존재들의 귀환이라는 의미인 '생태적 패러다임'으로의 전환이 요구된다. 생태적 패러다임은 인간과 비인간 사이의 경계를 모호하게 만들고, 개체화과정에서 표현된 사이존재들이 살아가는 지각세계를 존재론적 지평으로 가진다. 기존의 생태적 질서가 인간을 최상의 포식자로 설정하여, 그 아래 다양한 종들을 배치시켰다면, 새로운 생태 패러다임에서는 인간을 다양한 종들 사이의 한 종으로 이해한다. 이때 종은 본질로서의 의미가 아니다.

　　이 말을 이해하기 위해 우리는 행위실재론 혹은 관계적 존재론으로 신유물론을 말하는 버라드를 주목해볼 필요가 있다. 개체가 명사가 아닌 동사적 의미라면, 그리하여 실재가 아니라 실재화로서의 실재성을 가진다면, 이때의 존재론은 관계적 존재론으로 볼 수 있다. 버라드가 말하듯 관계에서는 행위소가 문제가 된다. 이때 행위소란 행위주체 혹은 행위자를 지칭하지는 않는다. 즉 '인간'이라는 실체를 설정하지 않는다는 말이다. 그리하여 본질은 '실체' 개념을 벗어난다. 행위실재론은 "일종의 행위의 수립(enactment), 얽힘들을 재배치하기 위한 가능성의 문제"[5]이므로, 몸은 실체가 아니라 관계적 실재이며, 물체의 본성은 실체가 아닌 얽힘이다. 버라드에 따르면 물질은 "간-행(intra-action)적 생성 속 세계의 역동적 표현절합"[6]이다. 그러므로 몸은 수행성 혹은 간-행성을 통해 '인간-되기'가 된다.

여기서 우리는 행위의 문제를 주목해야 한다. 행위를 말할 때, 우리는 일반적으로 그것이 누구의 행위인지에 대해 알고자 한다. 행위성은 행위자가 전제되어왔다는 의미이다. 버라드는 행위자가 전제가 된다면, 행위에 대한 도덕주의적 관점이 늘 문제가 될 것이라고 보았다. 임신중단수술의 사례에서, 자궁 안의 움직임이 행위자인 태아를 전제로 한다면 도덕성의 문제에 처하게 되기 때문이다. 이 문제는 낙태에 관한 페미니즘적 해석과 개입에서 매우 중요하다. 낙태죄 폐지를 주장하는 페미니스트들이 태아의 행위성을 부정한다면, 이 문제는 원천봉쇄되지만, 버라드는 행위성을 부정하지 않으면서도 이 문제를 해결할 수 있는 방법이 있다고 보았다. 버라드에 따르면 "이 덫에 빠지지 않는 유일한 방법은 행위성 자체를 재개념화하는 것"[7]이다.

버라드는 배 속의 움직임을 의료기술에서 발견한다. 행위는 의

---

5 위의 책, 74쪽.
6 위의 책, 98-99쪽.
7 임소연, 「신유물론과 페미니즘, 그리고 과학기술학: 접점과 접점의 접점에서」, 『문학과 과학사』 107집, 2021, 132쪽.

료기술로 인해 드러난다. 의료기술이 없었다면 우리는 태아가 행위자임을 말할 수 없을 뿐 아니라, 임신중절수술로 인한 책임문제 또한 제기되지 않는다. 즉 의료기술과 제도, 전문가 등의 행위가 행위자를 만든 것이다.

이제 우리는 몸이 행위로서만 자신을 드러낼 수 있다는 말을 주저없이 할 수 있다. 여기서 행위란 독자적이지 않다. 끊임없이 연결되고 해체되는 과정에서 반복된 행위는 스타일링함으로써 몸화된다. 스타일은 습관화된 몸이 자신을 드러낼 때 우리는 정체성을 가진다고 말할 수 있겠다. 마찬가지로 인간의 인간됨은 결국 인간이라는 어떤 스타일을 가진다는 것 외에 다른 것이 아니다.[8]

3. 현상학적 몸과 행위자 없는 행위의 문제

'행위자 없이 행위는 존재할 수 있는가?'라는 물음을 '여성이라는 실체 없이 여성다움을 말하는 것은 어떻게 가능한가?'로 바꾸어 물을 수 있다. 그것은 남성의 경우에도 마찬가지이다. 시몬느 드 보부아르에 따르면 생물학적 성과 여성다움은 일치하지 않는다. 여성으로 태어났으나 여성다움은 학습을 통해 만들어지기 때문이다. 만일 여성다운 여성을 진짜 여성이라고 말하고 싶다면 그 '진짜 여성'은 남성적 관점에서 만들어진 '갈라테이아'일 것이다. 갈라테이아는 어떻게 실재하게 되었는가? 갈라테이아는 피그말리온의 간절한 소망에 의해 존재하게 되었다. 우리는 이 여성이 만들어진 여성이라는 것을 안다. 이 이야기를 보부아르의 젠더 이론에 근거하여 볼 때,

---

8 심귀연, 『모리스 메를로 퐁티』, 컴북스캠퍼스, 2023, 57쪽 참조.

섹스와 분리된 젠더를 이해할 수 있다. 우리가 보부아르의 주장에 전적으로 동의할 수 없는 것은 그가 섹스를 숙명으로 받아들인다는 것이다. 이에 반해 버틀러의 수행성이론은 섹스 또한 젠더와 마찬가지로 구성된다. 젠더가 만들어진 것처럼 섹스 또한 만들어지는 것이니 버틀러에게는 섹스가 곧 젠더이다. 섹스가 구성되는 것이라면 버틀러의 페미니즘은 관념적인 것일까? 물질적인 것은 그에게 의미가 없는 것일까? 물질에 대한 고전적인 이해에 갇혀있다면 구성되는 섹스에 대해 우리는 탈물질이라는 혐의를 거두기 어려울 것이다. 그러나 버틀러에게 물질은 '새롭다'.

우리가 여기서 문제로 삼는 것은 행위자의 몸에 관한 것이다. 보부아르의 논의에서처럼 여성을 여성답게 만드는 데 그 몸이 일조하였다면, 그 몸은 여성이 극복해야 하는 물질성의 한계가 된다. 여성성이 만들어지듯 몸도 만들어진다면, 그래서 섹스와 젠더가 구분이 없다면 이 문제는 해소된다. 몸은 정신이 확장되듯 무한히 확장될 수 있다. 여성의 몸은 더 이상 한계도 아니며, 극복해야 할 대상도 아니다. 그렇다면 이제 몸은 물질화 과정을 통해서 표현되는 몸이며, 그것은 행위자 없는 행위인 몸이다. 즉 행위 없이 몸은 없다.

이제 우리는 새로운 문제점에 봉착한다. "구성주의적 접근은 성을 탈자연화, 탈실체화하는 과정에서 성적 차이에 대한 생물학적 차원"[9]을 부정하는 것처럼 보이며, 그렇게 된다면 페미니즘의 정치적 주체가 누구인지 알 수 없게 되기 때문이다. 그러나 버틀러에게 몸이 비록 문화적 구성물이라 하더라도, 이 몸은 물질성이 부정된 몸

---

9 박신화, 「주체의 성: 메를로-퐁티의 철학에서 성적 차이의 문제」, 『한국여성철학』 제 26권, 2016, 3쪽.

이 아니라, 반복된 수행으로 인해 스타일화된 몸이다. 이렇게 우리는 버틀러의 몸 이론을 메를로 퐁티의 고유한 몸 개념에서 발견한다.

메를로 퐁티에게 몸은 구체적이고 개별적이며 독특한 몸이다. 보편적이고 객관적인 몸이 아니기에 그 몸은 하나밖에 없는 고유한 몸이다. 이 몸은 상황 속의 몸이며, 더 구체적으로 말하자면 성적 상황 속 몸이다. 몸과 몸의 상황과 그 관계는 끌림으로 형성되기 때문이다. 메를로 퐁티는 이 몸의 끌림을 성적 표현으로 이해한다. 다시 말해 우리 몸은 모두 성적 상황 속에 빠져 있다. 페미니즘적 관점에서 성적 존재로서의 몸을 평가하는 그로스는 메를로 퐁티가 "성적 차이의 문제를 간과했고 한 종류의 주체의 경험을 '인간'주체의 경험으로 부당하게 일반화시켰다고 비판한다."[10]

그러나 그로스는 메를로 퐁티의 몸을 인간 몸적 관점에서만 보았을 뿐 아니라 성적 차이를 여성과 남성이라는 이분법적 관점에서 이해하고 있다는 한계가 있다. 메를로 퐁티는 고유한 몸을 회복하려 하나, 특정한 성만을 정상적이거나 보편적인 몸이라고 보지는 않았다. 메를로 퐁티에게 몸은 성적 주체로서의 고유성을 가지므로 여성 몸뿐 아니라 다양한 성, 구체적으로 말하자면 성적 소수자들의 몸 문제까지 포함한다. 앞서 언급했듯이 고유한 몸은 결코 객관화될 수 없다. 그 몸은 사랑하고 욕망하는 몸으로 드러난다. 메를로 퐁티에게 몸은 감정적 대상이자 성적 주체이다. 이 말은 그에게 "성은 주체의 삶의 한 영역에 불과한 것이 아니라 지각 일반과 삶 전반을 관통해 있는 하나의 차원"[11]이라는 것이다. 메를로 퐁티의 말을 인

---

10 위의 글, 25쪽.
11 위의 글, 11쪽.

용한다면, 다음과 같다.

성과 실존 사이에는 상호침투가 있다. 말하자면, 실존이 성에 퍼지면 역으로 성이 실존 안에 퍼지고, 그리하여 어떤 결단이나 주어진 행동에 대해 어디까지가 성적 동기화의 부분이고 어디까지가 다른 동기화의 부분인지를 규정하기는 불가능하며, 어떤 결단이나 행동을 '성적인 것'으로 혹은 '비성적인 것'으로 특징짓기는 불가능하다.[12]

만일에 우리가 어떤 여성에게 끌리지 않고 매력을 느끼지 않는다면, 그 여성은 그저 지나가는 1인에 불과할 것이다. 그러나 매력에 이끌리게 될 때 그 여성은 특별한 사람으로 자리하게 된다. 메를로 퐁티는 여성의 매력에 이끌리지 못하는 슈나이더의 사례를 들고 있지만, 우리는 메를로 퐁티의 성적 주체로서의 실존이라는 부분에서 모든 성이 여러 관계 속에서 특별하고 고유한 몸으로 드러난다는 것을 알 수 있다. 사랑하고 욕망하는 몸의 가능성은 다른 몸과의 관계에 있다. 그래서 몸은 관계적 실재이자 존재론으로 설명될 수 있다.

이분법적 세계에서는 남성 혹은 여성이라는 두 선택지뿐이지만, 고유한 몸성에서 본다면, 성은 수만 가지가 된다. 성은 끌림이다. 끌림의 다양한 관계가 지속성을 가질 때 몸은 특정한 몸틀을 가지게 된다. 그렇게 본다면 메를로 퐁티에게 몸은 자연적 물질이면서 문화적 구성물이다. 그는 몸의 표현분석에서 자연과 문화의 근원적 결합에 대해 사유한다.[13] 구성되는 몸들 사이의 관계는 메를로 퐁티

---

12 메를로-퐁티, 『지각의 현상학』, 류의근, 문학과 지성사, 2020, 266쪽.

새로운 물질로서 몸과 페미니즘

의 지향궁(intentional arc, 감싸안기)이라는 개념으로 이해될 수 있다. 나의 시선은 다른 몸을 만지고, 끌어안는다. 나의 목소리는 때로는 침묵으로 다른 몸에게로 다가간다. 이 몸은 관념적인 것도 아니며, 물질적인 것도 아니다. 또 그 몸은 관념적이며 물질적이다. 몸은 표현됨으로써 다른 몸과 얽히게 된다. 얽히고 교차되면서 몸은 또 다르게 표현된다. 이처럼 메를로 퐁티는 몸의 고유성을 스타일로 표현한다. 마치 화가들이 반복된 작품행위로 자신의 스타일을 만들어가는 것처럼, 몸은 표현과 지각과 행위로 자신을 스타일화한다.

우리가 여성이라 부르는 존재는 생물학적 특징을 가진 존재를 가리키는 것도 아니며, 물질적 특성을 제거한 어떤 순수한 담론적 존재도 아니다. 여성은 문화적 역사적 경험의 지평위에서 나타난다. 그러므로 '최초의 여성' 혹은 '여성 자체'는 존재하지 않는다. 여성은 자연적이고 문화적인 지평 위에 자신을 드러내지만, 동시에 지평을 재구조화한다. 이것이 물질성의 특성이며, 몸의 특성이다. 지평 없는 지각이 불가능하듯이 고유한 몸은 관계 속에서 자신을 드러낸다. 그러므로 메를로 퐁티의 지각은 지평과의 관계 속에서만 이해될 수 있고, 여기에는 자연과 문화의 근본적인 결합이 작동하고 있는 것이다. 메를로 퐁티에게 결합 혹은 얽힘은 『보이는 것과 보이지 않는 것』(1964)에서 제시되고 있다.

고유한 몸은 성적인 몸으로 드러난다. 이는 몸과 몸과의 끌림을 말하는 것이다. 몸과 몸의 차이는 곧 성적 차이와 같다. 각각의 몸들이 모두 고유하다면, 그 자체로 본질이라는 의미이다. 따라서 성적 차이는 그 자체로 본질을 가지며, 그 존재의 방식은 스타일의

---

13 박신화(2016), 앞의 글, 15쪽.

방식으로 드러난다. 나는 어떤 스타일을 가지고 있는가? 그리고 그 스타일은 누구에 의해서 어떻게 호명되는가? 나는 '여성'이라 불림으로써 '여성'이라는 틀에 갇히지만 그 틀은 다시 짜여지고 재구성될 수 있는 틀이다. 버틀러의 수행성 이론은 메를로 퐁티의 몸이론을 통해 좀 더 분명히 그 의미를 드러낸다. "메를로 퐁티의 철학은 성적 차이의 문제에 있어 종래의 페미니즘 이론이 봉착한 한계를 넘어설, 문제에 대한 새로운 접근과 대안적 사유의 가능성을 열었다고 평가된다."14

4. 우리는 모두 무엇이 되고자 하는가

몸의 고유성을 인정하지 않고, 차이를 말할 수는 없다. 몸을 보부아르가 말하듯 '숙명'으로 받아들일 필요가 없다. 숙명인 몸의 속성은 여성이 극복해야 할 장애물이 될 수 있기에, 여성인 몸은 결핍으로 이해될 수밖에 없다. 그러나 버틀러는 섹스와 젠더의 구별을 해체시킴으로써 몸의 물질성에 대한 새로운 해석을 시도한다. 이러한 버틀러의 입장은 감추어져 있던 성소수자의 문제를 수면 위로 불러오는 역할을 한다.

버틀러는 섹스와 젠더 그리고 섹슈얼리티는 법과 제도의 2차적 결과물이라고 말한다. 섹스, 즉 남성과 여성이라는 구분은 문화적, 역사적 구성물이다. 자연적 토대란 존재하지 않는다. 버틀러의 이러한 접근방식은 페미니즘의 문제를 무화시킬 수 있는 우려를 낳는다. 왜냐하면 억압받는 여성의 실체를 지시할 수 없기 때문이다. 그럼에

---

14 위의 글, 2쪽.

도 불구하고 그것이 무엇으로 호명되건 간에 호명된 것의 물질성이 사라지는 것은 아니다. 다만 그것이 무엇으로 불리건, 그 기준이 무엇이며 누구의 결정인가 하는 점에서 버틀러는 호명된 성을 권력담론의 일부로 본다. 즉 "생물학적 섹스는 그것이 어떻게 읽히고 이해되어야 하는가를 지시하는 기호를 통해 해석된다."[15] 따라서 생물학적 섹스, 즉 물질은 미규정적 실재이다.

무엇이 되고자 하는 행위가 비록 호명됨으로써 정체성을 가지게 된다고 하지만, 행위 자체가 행위자를 전제한다는 의미는 아니다. 앞장에서 서술했듯이 행위를 통해 행위자가 구성된다.[16] "버틀러의 행위성 이론은 사회적 소수자들의 말하기를 배제하지 않는 행위성 이론, 자율적이고 일관된 근대적 주체 개념에 기대지 않고서도 저항적 실천과 연대를 말할 수 있는 정치적 행위성 이론의 길을 열어준다"[17]는 점에서 중요하다.

버틀러의 이와 같은 주장에 대한 아메드와 데이비스의 상반된 견해를 무시할 수는 없다. 아메드는 몸과 물질의 관계에서 버틀러가 몸을 물질이 아닌 물질화 과정의 효과로 보고 있다고 주장한다. "섹스를 주어지고 고정된 물질이 아니라 물질화라는 역동적인 과정의 효과로 보았다는 것이다."[18] 그러나 데이비스는 버틀러의 물질화 개념을 생물학의 영역으로 포함시키지 않고, '그' 혹은 '그녀'로 호명되면서부터 여성 혹은 남성이 되어간다고 말하면서 버틀러의 수행성

---

15 고지현, 「자연은 과연 얼마나 자연적인가?—주디스 버틀러의 섹스와 젠더」, 『아시아문화연구』 제32집, 2020, 13쪽.
16 전혜은, 「근대적 주체 이후의 행위성: 주디스 버틀러의 행위성 이론」, 『영미문학페미니즘』 제19권 2호, 2011. 157쪽 참조.
17 위의 글, 184쪽.
18 임소연(2021), 앞의 글, 139쪽.

이론이 문화적인 영역에 머물고 있다고 비판한다.[19] 데이비스의 이러한 주장에도 불구하고 우리는 버틀러가 '호명'되는 순간부터 존재를 향해 열려진 지평을 문제삼고 있음에 주목한다. 우리는 '무엇'으로 호명된다. 그 무엇이 '그녀'라면 여성으로 호명된 그녀 앞에는 '그녀'로서 살아가야 할 삶의 지평이 열린다. 몸은 이처럼 '그'로도 '그녀'로도 살아갈 수 있다. 그것은 호명된 바에 따른 몸의 수동성처럼 보이지만, 몸이 '그녀인 몸'이듯, '그인 몸'일 수도 있다는 점에서 몸은 생물학적이면서도 스스로 그 정체성을 바꾸어간다. 이때 몸이 능동적일 수 있는 것은 그 몸이 변신 가능하다는 점에서다. 몸인 물질은 스스로를 구성해나갈 수 있는 행위능력을 가지고 있는 까닭에 변신의 과정을 겪어나갈 수 있다.

성정체성은 자기동일적이고 지속적이며 연속성을 갖는다. 버틀러는 이러한 연속성을 "사회적으로 구성되고 유지되는 인식 가능성의 규범"[20]이라고 말한다. 버틀러가 탈-자연화된 몸을 말한다고 해서 몸을 관념에 불과한 것으로 보는 것은 아니다. 즉 몸의 물질성이 부정된다고 말할 수는 없다. 만일 버틀러에게서 몸의 물질성이 부정된다는 말을 받아들인다면, 그 몸은 이분법적 구조에 따라 이해된 수동적인 물질을 의미하게 된다. 그러나 버틀러에 따르면 수행적 결과로 나타나는 섹스, 즉 성은 몸이 스스로 자신을 구성해낸다. 그러므로 이분법적 관점에서 버틀러의 수행성 이론을 본다면, 물질성을 거부하는 것으로 보일 수 있으나, 몸자신이 몸주체라는 몸현상학적 관점에서 볼 때 몸은 스스로 주체적이며 능동적인 힘을 가진 것으

---

19 위의 글, 141쪽.
20 주디스 버틀러, 『젠더 트러블: 페미니즘과 정체성의 전복』, 조현준 옮김, 문학동네, 2008, 114쪽.

로 간주될 수 있다는 것이다.

메를로 퐁티는 몸이 능동적 주체이면서 객관적 대상일 수 있다고 말한다. 이는 몸의 이중감각을 통해 설명된다. 두 손을 맞잡았을 때, 손은 능동성과 수동성을 동시에 드러낸다. 앞서 말했듯이 버틀러의 수행적 몸, 즉 몸의 물질화는 언어적 힘에 의해 이끌려간다고 할지라도 변신이라는 점에서 능동성이라고 볼 수 있다. 이는 몸이 '배치와 접속'을 가능하게 하는 행위역량을 가지기 때문이다.

우리는 서로에게 침투되는 존재다. 우리는 실체로서 존재할 수 없기에 관계 속에서 실재성을 드러낸다. 몸은 내 몸이면서도 내 몸이 아니다. 그렇게 경계는 흐려진다.[21] 버틀러의 수행이론을 통해 우리가 확인하는 것은 성적 존재로서의 몸은 성적주체로서의 몸이며, 그 몸은 관계맺음의 과정 속에서 개체화된다는 것을 의미한다. 몸은 스스로를 확장시킬 수 있지만 동시에 한계적 상황에서 처해있는 주체임을 부정할 수 없다. 우리는 "늙어 죽으며 쉽게 상처받고 고통받는 사람이기 때문이다. 그리고 이런 욕망과 한계는 나의 주체적 행위뿐 아니라 내게 행해진 사회규범에도 그 원인이 있다"[22]

우리의 논의는 몸의 물질성이다. 그리고 그 몸이 성적 주체성이라는 것에 관심을 두고 있다. 그러나 그 몸을 논하는 이가 인간인 한에서 그 몸은 인간 몸인 관점이다. 그러나 몸인 내가 다른 몸과의 관계에서 스타일화한다고 할 때, 우리는 인간 몸만을 전제하지는 않는다는 사실을 잊어서는 안 된다. 몸은 사회규범을 포함한 다양한 지각세계의 존재들과의 관계 속에 있기 때문이다. 그리고 그 각각의

---

21 조현준, 「나에서 우리로, 젠더에서 인간으로: 주디스 버틀러의 『젠더 트러블』과 『젠더 허물기』 비교연구」, 『여성문학연구』 제40호, 2017, 246쪽.
22 위의 글, 250쪽.

몸은 모두 각자의 관점에서 주체일 수 있으며, 그 주체들이 지평이 되어 다른 존재들을 드러내어 주는 것이다.

5. 나가는 말

신유물론에서 다루고자 하는 물질의 문제는 배제되었던 존재들을 대표한다고 해도 과언이 아니다. 페미니즘의 문제가 신유물론의 문제와 다르지 않은 이유는 이 때문이다. 생태위기를 겪고 나서야 비로소 자연과 물질에 대해 다시 생각하게 되었다는 것은 매우 안타까운 일이다. 왜냐하면 자연과 물질에 대한 선입견과 편견을 페미니스트들은 줄곧 이야기해오고 있었기 때문이다. 기후문제가 우리에게 던지는 문제는 '어떻게' 공생할 것인가에 대한 것이다. 마찬가지로 페미니즘이 몸과 물질을 재사유하는 것 또한 공생의 문제에서 벗어나지 않는다. 거기에 더해 공생관계에 포함되는 존재들의 범위는 어디까지인가? 그 범위를 한정할 수 있는가에 대한 고민이 필요하다.

1992년 칠레 정치생태학연구소에서는 '생태부채(Ecological debt)'라는 개념을 제시했다. 이 말의 의미는 선진국의 발전이 제국주의 시대 식민지 약탈을 기반한 것이니, 선진국이 제3세계에게 부채를 지고 있다는 것이다.[23] 이는 매우 상징적인 사건이다. 기후문제는 인간과 비인간의 관계이기도 하면서, 인간 사이의 문제이기도 하다. 기후문제는 다층적인 문제들을 '동시에' 드러낸다. 페미니즘은 바로 여기에 주목해야 한다. 여성이 남성과 달리 부당한 대우와 불평등한

---

23 송은주, 『인류세 시나리오』, 스리체어스, 2022, 97쪽 참조.

상황에 처해있다는 사실을 목소리 내어 외치기 시작한 것이 페미니즘 운동의 출발이었다면, 이제는 여성뿐 아니라 여성도 남성도 아닌 비인간 존재들도 부당한 대우와 불평등한 상황에 처해있다는 사실도 말해야 할 때이다.

현상학적 방법을 경유하여 신유물론이 제기하는 물질의 재사유를 통한 물질-기호론적 존재론은 다음과 같이 정리할 수 있다. 첫 번째, 그것은 인간과 비인간 몸의 존재론 차이를 통해 존재들의 고유성을 드러내는 작업이다. 두 번째, 그것은 물질이 가지는 능동성 및 잠재성을 강조한다. 이는 주체 중심의 모든 이론들을 무화시키면서 세계의 질서를 새롭게 구조짓는 행위이다. 따라서 페미니즘은 최초에 문제로 삼았던 여성의 불평등한 위치, 그리고 억압의 문제들을 해소할 뿐 아니라, 모든 존재들의 동등한 위상을 가능하게 하는 실천적 이론으로 자리할 수 있다.

교정되어야 할 존재는 없다. 마찬가지로 어떤 존재도 규정될 수 없다. 그것은 또 다른 폭력일 뿐이다. 우리는 미규정적 지평 속에서 각자의 방식으로 고유성을 찾아갈 뿐이며, 그러한 권리만을 가진다. 마찬가지로 자연을 문명으로 질서지운다는 근대적 사고방식은 폭력의 다른 모습임이 확인되었다. 기후위기는 불평등과 폭력의 결과이며, 지워진 존재들을 소환해내는 하나의 역설적 계기가 되고 있다. 따라서 기후문제를 통해 우리가 가져야 할 페미니즘적 태도는 관계맺음 자체가 아니라, 관계맺음의 보다 나은 방법이 무엇인가를 찾는 것에 있다. 그런 이유로 우리는 여성과 남성이라는 이분법적 구별을 해체하고 차이와 다양성의 존재론적 가능성을 메를로 퐁티와 버틀러 그리고 신유물론자들을 통해 검토하였다. 검토과정에서 현상학적 방법론과 신유물론적 사유는 그러한 방법을 찾는 데 좋은 길을 제시하고 있음을 확인할 수 있었다.

참고문헌

고지현, 「자연은 과연 얼마나 자연적인가?-주디스 버틀러의 섹스와 젠더」, 『아시아문화연구』 제32집, 2020.

릭 돌피언, 이리스 반 데어 튠, 『신유물론』, 박준영 옮김, 교육서가, 2021.

메를로-퐁티, 『지각의 현상학』, 류의근, 문학과 지성사, 2020.

박신화, 「주체의 성: 메를로-퐁티의 철학에서 성적 차이의 문제」, 『한국여성철학』 제26권, 2016.

송은주, 『인류세 시나리오』, 스리체어스, 2022.

심귀연, 『몸과 살의 철학자 메를로-퐁티』, 필로소픽, 2019.

_____, 『모리스 메를로 퐁티』, 컴북스캠퍼스, 2023.

임소연, 「신유물론과 페미니즘, 그리고 과학기술학: 접점과 접점의 접점에서」, 『문학과 과학사』 107집, 2021.

전혜은, 「근대적 주체 이후의 행위성: 주디스 버틀러의 행위성 이론」, 『영미문학페미니즘』 제19권 2호, 2011.

조현준, 「나에서 우리로, 젠더에서 인간으로: 주디스 버틀러의 『젠더 트러블』과 『젠더 허물기』 비교연구」, 『여성문학연구』 제40호, 2017.

주디스 버틀러, 『젠더허물기』, 조현준 옮김, 문학과지성사, 2015.

4
부

생명과 죽음,
그리고 얽힘의 실제들

소녀,
농약,
좀비[1]

박이은실

"우리가 세계를 만드는 것과 같은 하나의 동일한 과정에서
세계는 우리를 만든다."[2]

1. 들어가며

이상한 세상이다. 이 시대는 물질문명을 너무 숭배해서 문제라
고 한다. 동시에 어느 시대보다 하나의 중요한 사실이 간과되고 무
시되고 있는 것도 같기 때문이다. 즉, 가장 근본적이고 기본적인 인
간의 조건, 즉, 인간이 물질대사를 하는 존재라는 사실 말이다.

지구라는 물질은 약 46억년 전 형성되었다. 어떤 생명체도 존재
하지 않았던 지구에 최초로 등장했던 생명체는 인간이 아니다. 동물
도 아니었다. 인간의 거주환경인 육지에 동물은 나중에 온 후배였고
인간은 그 후배들 중 하나다.[3]

---

1 이 글은 『여/성이론』 48호 기획특집란에 발표된 글을 수정 보완한 글이다.
2 스테이시 앨러이모, 『말, 살, 흙: 페미니즘과 환경정의』, 윤준·김종갑 옮김, 그린비, 2018, 116쪽.

근대 사회의 많은 이들은 근대철학자 르네 데카르트의 사상적 후예가 아니어도 정신과 몸은 분리되어 있고 정신을 인간존재의 정수로 보았던 관점을 따른다. 뿐만 아니라 자신과 자신을 둘러싼 환경이 마치 분리되어 있기라도 한 듯 여기기도 한다. 페미니스트들은 어떻게 근대의 시작과 함께 백인/부르주아/이성애자/남성이 기득권을 차지하게 되었는지를 분석하는 과정에서 정신과 몸을 나누는 이원론적 사유와 가치관을 비판해 왔다.

18세기 이래 사회운동의 흐름은 이와 같은 비판의 안팎 어디쯤에 위치해 있다. 근대 자본주의체제 하에서 구축된 공/사 영역의 분리와 이와 병행해 여성을 공적 영역에서 배제하고 무상 또는 저렴한 '산업예비군'으로 배치하면서 진행된 여성의 '가정주부화'4 문제를 해결하기 위해 페미니스트들이 취했던 전략 또한 이 자장 안에 있었다. '평등'을 주요 의제로 놓은 페미니즘 운동 안에서 여성들은 백인/부르주아/이성애자 남성들이 지배하고 있던 세계에 자신들도 동등하게 참여할 수 있는 권리와 기회를 주장한다. 다른 한편에서는 주류사회에서 사회적, 경제적, 정치적 가치를 제대로 인정받지 않는 노동이기 때문에 선택지가 있다면 맡고 싶어하지 않는 노동이 된 '가사'와 '돌봄' 등의 '가정주부화된 노동'을 주로 여성인 다른 이들에게 전가하며 지속적으로 외주화해 왔다. 이 과정에서 부지불식간에 '경제적 합리성' 또는 '기회비용' 등과 같은 경제 논리에 따라 외주화 비용을 가능한 낮추기 위해 애쓰게 되고 이런 가운데 여성들 스스로에 의해 공/사 영역 분리가 재강화되고 가사와 돌봄

---

3 린 마굴리스 & 도리언 세이건, 『생명이란 무엇인가?』, 김영 옮김, 리수, 2016.
4 마리아 미즈, 『가부장제와 자본주의』, 최재인 옮김, 갈무리, 2014.

을 하는 노동에 대한 가치 절하가 지속되는 딜레마가 발생해 왔다. 페미니스트들도 여기에서 그다지 예외적인 상황에 놓여있지 않다.

한편, 소위 '남성의 세계'인 공적 영역에 동등하게 진입할 권리를 주장할 때는 물론이고, '여성'은 (따라서 '남성'도) 관념체계라는 문화적 결과물일 뿐이라고 보면서, 공/사 구분과 위계화의 논리 자체를 해체해야 하고 이를 위해서는 이 구분과 위계화가 작동하는 토대(예, 생물학적 본질주의, 이성애주의, 남/여 이항주의 등)를 해체해야 한다는 논리 안에서도 문제로 남는다. 이런 논의는 백인/부르주아/이성애자 남성을 사회세력으로 구성시킨 사유체계를 급진적으로 타격하는 효과가 있었지만 그 사유체계를 뒷받침해 주면서 동시에 그것에 의해 확장되어 온 물적 기반에는 그만큼의 타격을 가하지는 못했던 것이다. 남성/백인/부르주아/이성애 체제의 물적 기반이자 그 체제를 존속시켜주는 자본주의체제는 여러 위기를 겪은 뒤인 지금도 여전히 굳건히 지속되고 있다. 신유물론 이론화에 참여하고 있는 이들 중 한 사람인 스테이시 앨러이모는 특히, '여성'과 '남성'이 생물학적 기초를 가지고 생물학적으로 결정되는 것이 아니라 사회문화적으로 구성될 뿐이라고 보았던 사회구성주의 이론들이 "물질세계의 의의, 구성요소, 힘을 고려하지 않거나 그것의 중요성을 과소평가한다"고 비판했다. 앨러이모는 사회구성주의는 "인간을 자연의 과정과 리듬에서 벗어나기를 원하는 존재로 정의하기 때문에, 거시적으로는 자연적인 것을 인공적인 것으로 대체하는 산업주의자의 상업주의와 공모 관계"에 있고 "산업주의의 세계관과 정확하게 일치하는 자연의 모델을 제공"해 문제를 지속시키는 데 기여해 왔다고 지적한다.[5]

이런 맥락에서 신유물론주의자들은 기존의 유물론과 비판적 거리를 두면서 사회구성주의와 '문화적 전회(cultural turn)'의 핵심 기반인 '언어 중심적 패러다임'과 거리를 둔다. 대신 '권력의 사회적 관계 안에 담긴 신체들의 구체적이지만 복잡한 물질성'에 주목한다. '하나의 방법, 개념적 틀, 정치적 입장'으로서의 신유물론이 근대문명의 기반이 되어 온 정신과 몸, 주체와 대상을 이분하고 위계화하는 데카르트적 인식론에서 벗어나는 움직임 속에서 논의되고 있는 이유이기도 하다.[6]

제인 베넷은 "근대인의 이성을 통해 빠르게 번진 한 생각, 즉 물질을 수동적인 재료, 다시 말해 날 것 그대로의, 활기 없는 또는 무력한 것으로 여기는 생각에 대해 역으로 천천히 숙고"할 필요가 있다고 주장한다. 그러면서 "'생명'과 '물질'이라는 수사를 반복적으로 되풀이하여 (…) 그러한 수사가 기이하게 보일 때까지 그것들을 뒤흔들"[7]기를 바란다. "죽어 있거나 철저히 도구화된 물질이라는 이미지가 인간의 자만심과 정복 및 소비 등 지구를 파괴"해 왔으며 이 문제는 "인간의 물질성과 사물의 물질성 사이의 세심한 만남"을 드러냄으로써 해결할 필요가 있다고 보기 때문이다.[8] 이런 맥락에서 베넷은 "윤리적 감수성과 사회적 관계를 형성시키고 재형성하는 신체적 규율이 그 자체로 정치적"이며 변화를 바란다면 "경제의 녹색화, 부의 재분배, 권리의 강화와 확장은 그것들의 효과를 기꺼이 받

---

5 앨러이모, 앞의 책, 32쪽.
6 릭 돌피언·이리스 반 데어 튠, 『신유물론: 인터뷰와 지도제작』, 박준영 옮김, 교유서가, 2021, 23쪽과 59쪽 참조.
7 제인 배넷, 『생동하는 물질: 사물에 대한 정치생태학』 문성재 옮김, 현실문화, 2020, 7-8쪽.
8 위의 책, 11-12쪽.

아들이는 인간의 성향, 기분, 그리고 문화의 총체가 없다면 존재하지 않을 것"이라는 점에 주의를 기울여야 한다고 말한다. "자연뿐 아니라 상품과 다른 문화적 생산물들에 대한 감각적 황홀함의 순간들이, 우리로 하여금 윤리적 원리를 인정하는 것에 그치지 않고 윤리적 행위를 실제로 실천하도록 하는 데 필요한 동기부여 에너지를 늘릴 수도 있"기 때문이다.[9] 이에 더해 '생물학적 문제나 자연과학들로부터 통찰력을 체화한 문화이론뿐 아니라, 정치경제학의 문제에도 집중'해야 한다고(Sheridan, 2002)[10]할 때, 그리고 '정신이 아니라 서로 다른 실천이 서로 다른 문화를 구성시킨다'고 할 때[11] 우리는 데카르트주의에 기반한 관념주의적 논의에서 벗어나 이 세상을 다시 보려는 시도들을 만나게 된다.

그렇게 물질, 감각, 행위 등 데카르트가 우리에게 끝없이 의심하라고 했던 것들에 다시 관심을 돌려 그것이 구성하는 세상을 살필 때 우리가 만나는 가장 최종의 것은 바로 노동이다. 노동은 지구의 산물로서 물질대사를 하는 인간이라는 '몸정신(bodymind)'[12]이 자신의 안팎에서 지구에서 공존하는 다른 몸정신을 전유하는 방식이자 돌보는 방식이다. 앨러이모가 소개하고 있는 『벌목 마을의 저녁』에서 저자 메리델 르 쉬외르(Meridel Le Sueur)는 "과도한 노동으로 얼룩진 삶이 그들의 몸을 기형으로 만들었다고 개탄하면서 여성들의

---

9 위의 책, 15-16쪽.
10 Susan Sheridan, "Words and Things: Some Feminist Debates on Culture and Materialism", *Australian Feminist Studies*, 17(37): 23-30, 2002, 릭 돌피언·이리스 반 데어 튠, 앞의 책, 150쪽 재인용.
11 릭 돌피언·이리스 반 데어 튠, 앞의 책 2장, 마누엘 데란다와의 인터뷰, 64쪽.
12 도나 해러웨이가 '자연문화(natureculture)'라고 쓰고 있듯 '몸정신(bodymind)'이라는 말을 써 볼 수 있겠다. 해러웨이는 자연/문화, 몸/정신, 여성/남성 등과 같은 이원론을 비판하면서 이 경계는 결코 각각을 온전히 분리하는 경계가 될 수 없다고 말한다. 서로는 서로가 없다면 존재할 수 없고 서로로 인해 구성되면서 동시에 각각의 고유성은 결코 환원론적으로 사유될 수 없다.

뒤틀리고 부어오른 얼굴을 묘사"하면서 '자본주의가 땅과 노동자를 착취하는 현실을 기록'하고 있다.[13] 또, 『여성은 아주 많은 것을 안다』에서는 여성은 '뉴스를 그것의 출처, 즉 인간의 몸에서 습득'하기 때문에 '뉴스를 읽지 않는다'고 하면서 어떻게 사회적인 것이 몸에, 몸이 사회적인 것과 '겹쳐'지는지 보여준다.[14] 쉬외르는 "신념이나 이데올로기에 제한된 정치 참여는 너무나 탈신체화되어 있기 때문에 진정한 사회적 변화를 추동하지 못한다"고 본다. 인간과 지구는 "강력하게 상호 결합된 '격동의 동지들'"이며 '탈신체화된 이데올로기적 비판이나 관습적인 정치투쟁'을 넘어서 이 두 물질적 동지 혹은 '접합체'[15]를 사회적 변화를 추동할 때 중심에 놓을 것을 역설하고 있다.[16]

지금 쓰고 있는 이 글은 1972년에 인간이라는 몸정신으로 세상에 출현했다가 1988년, 열여섯 해 동안의 삶을 스스로 마감한 한 여성/청소년/학생/노동자(이하, '소녀')에 대한 것이다. 앨러이모는 '거의 모든 분야에서 학자들은 실재성과 서사성, 집합성이라는 문제를 어느 하나만 치중해 연구하도록 훈련받는다'고 비판하면서 '이를 한꺼번에 다룰 수 있는 분석방법'이 필요하다고 제안하였다. 소녀의 삶과 그녀가 처했던 구체적인 상황을 최대한 제대로 살피기 위해서 이 16년 동안 무슨 일이 물질적으로, 또 사회적으로 일어났는지를 들여다보는 일은 중요하다. 그것은 그녀의 삶이 그저 꿈이었던 듯

---

13 조세희의 『난장이가 쏘아올린 작은 공』(이성과힘, 2000)같은 책에서도 유사한 풍경들을 볼 수 있게 된다.
14 앨러이모, 앞의 책, 104쪽.
15 '접합체'는 해러웨이가 『해러웨이 선언문』에서 쓴 말이다.
16 앨러이모, 117쪽.

사라져 버리지 않게, 그 삶의 실재성을 다시 한 번 붙드는 일이다. 그리고 어떤 개인도 오롯이 개인이라는 섬에서 살지 않으며 수많은 물질들의 연결 속에서 구체적으로 영향 받고 또 줌으로써 삶이 구성된다는 것을 한 번 더 상기하는 일이기도 하다. 삶에 대한 신유물론적 독법이란 정체성에 대한 이야기 이상의 것을 들여다보는 것이다.

2. 한 소녀

소녀는 1972년 경남 지역의 한 반농반어촌에 가까운 소도시에서 딸을 둘 둔 부모 슬하에서 나고 자랐다. 소녀가 초등학교(당시는 '국민학교')에 입학했던 즈음인 1979년에 인근 바다에 화력발전소가 들어섰다.[17] 이로 인해 바다를 삶의 터전으로 삼아 살아왔던 이들이 큰 타격을 입었다. 이어 1980년에 이 소도시와 이웃 도시의 왕래를 도맡고 있던 기찻길이 폐쇄되고[18] 따라서 기차역이 폐쇄되었다. 고속도로가 개통되었기 때문이다.

그 즈음을 전후로 많은 일들이 나라 안팎에서 일어났다. 1963년 8월, 전역한 민간인 신분으로 공화당 총재 및 대선후보가 된 후 정권을 장악한 박정희가 1972년 10월, 또 한 번 대통령이 된다. 그는 1960년, 이승만 독재정권을 무너뜨린 4·19 운동의 힘으로 열린 제2공화국의 장면 정부를 군사 쿠데타를 일으켜 무력으로 무너뜨리고

---

17 이 발전소는 수명이 다해 2020년, 1-2호기를 시작으로 2027년에는 6호기까지 최종 폐쇄 예정이었으나 2022년 7월, 폭염으로 인해 전력수급 문제가 불거지자 1-2호기 재가동 여부가 논의되기도 했다.
18 이 철도는 2024년 제5차 국가철도망 구축 계획에 따라 국비 6천9백7십여 억원을 들여 재건설하기 위한 움직임이 지역 차원에서 진행 중이다.

정권을 장악한 인물이었다. 한편, 2차대전 후 세계 패권을 장악하고 한국사회에도 지금까지 막강한 영향력을 행사하고 있는 미국에서는 1961년 출범한 캐네디 정부 하에서 '저개발국 경제개발론'이 부상하고 있었다. 그 취지는 미국식 자본주의를 확산시켜 냉전 체제 하에서 미국의 영향력을 높이는 것이었고 그 내용은 한국을 포함해 식민지에서 독립국이 된 소위 '제3세계'에 경제원조를 명목으로 차관을 받게 해 미국 자본을 위한 금융시장을 개척하고 전 세계를 분업화된 상품생산 기지로 만들어 자본주의라는 하나의 시스템 안에 묶어 두는 것이었다.

이런 목적에 부합하여 미국에서는 각국의 특수성을 이해하기 위한 '지역학'이 부상했다. 또한, 미국 정부는 각 국가 내에서 '경제개발'에 적극적으로 협력할, '친서구적이고 반공적이면서도 전근대적인 생산관계와 단절된, 일정한 수준의 근대교육을 받아 조직과 행정력을 보유한 집단' 출신의 '지도력'을 원하고 있었다.[19] 1972년에는 미국의 리처드 닉슨 대통령이 1주일간 중국을 방문했고 한국에서는 4월에 미스코리아 대회가 지상파 텔레비전을 통해 최초로 중계되었다. 그리고 7월에는 7·4 남북공동성명이 발표되었고 8월에는 미국군이 베트남 전쟁에서 완전히 철수했으며 10월에는 미국과 소련이 핵무기제한조치협정에 조인했다. 같은 달, 한국에서는 박정희가 10·17 비상조치를 선언하고 국회를 해산시킨 뒤 정당활동을 정지시키면서 헌정체제가 정지된 '10월 유신'이 시작되었다. 그리고 12월, 박정희가 통일주체국민회의 대의원의 간접선거를 통해 제8대 대통령

19　"5·16 군사정변, 군이 정부를 장악하다", <우리역사넷>, http://contents.history.go.kr/mobile/kc/view.do?levelId=kc_i500900&code=kc_age_50 (검색일: 2022년 11월 26일).

으로 재선된 것이었다. 12월 27일, 남한에서는 박정희의 유신헌법이 공포되었고 북한에서는 김일성이 국가주석으로 추대되었다.

소녀가 열여섯 살이 되던 1988년 2월에는 노태우가 전두환을 이어 제13대 대통령으로 취임했다. 같은 해 5월에는 시민 모금을 통해 만들어진 언론, '한겨레'가 창간되었다. 8월에는 울진 핵발전소 1호기가 준공되었고 미국에서는 슈퍼301조를 포함한 포괄무역법안이 공표되었다. 9월에는 한국에서 올림픽이 개최되었고, 11월 미국에서는 조지 부시가 미국 대통령으로 당선되었다.

그해, 반농반어촌 소도시의 한 작은 중학교를 졸업한 소녀는 또래 친구들이 진학한 인근의 고등학교 대신 두어 시간은 족히 차를 몰아야 있는 도시의 한 산업체 부속고등학교에 입학하게 된다. 소녀에게는 소아마비를 앓아 어린시절부터 다리에 장애가 있는 큰언니와 소녀보다 한 해 먼저 태어난 작은언니가 있었다.

산업체부설학교는 산업화 과정에서 발족된 교육기관이었다. 1974년 한일합섬이 개교한 한일여실고를 시작으로 1976년에 개정된 교육법에 따라 1977년에 전국으로 확산되었다. 이 법은 '1천명 이상의 상용 근로자'를 고용하고 있는 산업체가 학교법인 설립 없이도 산업체 내에 학교를 설치해 운영할 수 있도록 제도화한 것이었다. 산업체부설 중·고등학교와 일반학교 내 산업체 특별학급은 1977년 전국에 30개교 학생 수 1만 명이었는데, 1988년 1백76개교 학생 수 12만 명(부설학교 4만 7천 명, 특별학급 7만 3천 명)으로 증가했다. 중학교 의무교육이 추진됨에 따라 정규 중학교 진학이 일반화되어가자 산업체 중학교는 초기에 비해 점점 입학생이 줄었지만 고등학교의 경우에는 1983년에 2만8천4백13 명, 1985년에는 3만3천604 명, 그

리고 1987년에는 4만4천104 명으로 증가했다. 대부분은 여학생이었다.[20]

산업체부설학교 개설의 명분은 '가정형편이 어려운 근로청소년들에게 배움의 터전을 마련'해 주는 것이었다.[21] 이에 '정부와 산업체의 적극적인 원조로 매년 크게 성장'했으며 '운영 경비에 있어 일반적 통념으로서의 수익자부담원칙과 상반되는 것으로, 지금까지의 교육제도에서 크게 벗어난 혁신'이라고 평가받기도 했다.[22]

그러나 산업체부설학교는 무엇보다 이를 운영하는 회사의 노동력 확보에 큰 도움을 주는 것이었다. 당시 기사에 따르면, "취업청소년의 '일하며 배우고 싶다'는 향학열을 채워주기 위해 출발했던 산업체부설학교가 청소년을 '교육을 미끼로 잡아두거나 임금동결의 수단'으로 이용하고 있어 본래의 설치목적에 크게 어긋나" 있으며 "취업학생들보다는 기업체의 이익을 위해 운영"되고 있는 것도 현실이었던 것이다.[23]

특히, 80퍼센트를 넘을 만큼 절대다수가 여성이었던 산업체학교는 청소년 여성들을 봉제, 섬유, 고무 산업 등 임금이 낮고 노동조건이 열악해 노동력 이동이 가장 심한 부문에 노동력을 안정적으로 제공하는 구조였다. 노동력이 집중적으로 필요하면서도 임금 등 보상 조건이 나쁜 업체들의 입장에서는 자신이 고용한 청소년 여성들

---

20 김종철, "산업체부설학교", 『한국민족문화대백과사전』, 한국학중앙연구원, 1995년 작성, http://encykorea.aks.ac.kr/Contents/Item/E0026291 (검색일: 2022년 11월 27일).
21 기자명 불명, 「산업체 부설학교 인기 '시들'」, 《한겨레》, 1989년 9월 5일, 출처: 네이버 뉴스 라이브러리 (검색일: 2022년 11월 27일).
22 김종철, 앞의 글.
23 박근애, 「산업체학교 향학열 미끼로 노동력 확보」, 《한겨레》, 1988년 10월 9일, 출처: 네이버 뉴스 라이브러리 (검색일: 2022년 11월 27일).

신유물론×페미니즘

을 학교에 보내주는 명목으로 최소 2~3년간은 숙련 노동력을 확보할 수 있었던 것이다. 게다가 당시 1년에 1인당 5만 원의 학비 감당만 하면 3년 내내 임금을 인상해 줄 필요도 없었고 교육용 상속재산, 토지, 경비, 사업소득세, 취득세, 심지어 전화요금까지 면제해주는 특혜를 받았기 때문에 기업 입장에서는 사회적 이미지와 실리를 모두 챙길 수 있었다. 일반 중고교 건물을 야간에 대여해 운영하는 경우 산업체 특별학급을 위탁받는 학교에 학급당 연간 80만 원에서 2백만 원까지 운영비를 국고 지원했는데 이 경우에도 위탁받는 학교나 위탁하는 업체 측에서나 손해 볼 일이 없어 마다할 것이 아니었다. 산업체 특별학급으로 교실을 대여하는 학교는 1977년에 25개에서 1988년에 1백33개로 늘었다.[24]

산업체학교를 다니는 청소년 노동자들은 노동자인 동시에 십대 학생인 이중신분이었기 때문에 노동자의 권리와 학생의 권리 양측면에서 모두 다른 노동자나 학생에 비해 차별을 받았다. 산업체부설학교는 어떤 면에서는 그런 차별을 합법적으로 제도화해 놓은 것이기도 했다. 무엇보다 학생/노동자들이 가장 불만을 가졌던 것은 임금동결이었다. 재학기간 2~3년 동안 인상없는 최저임금을 받아들이지 않으면 안 되었기 때문이다. 부실한 교과과정도 문제였다. 국·영·수 과목을 비롯한 '주요' 과목은 일반 중고의 3분 2만 이수해도 된다는 규정이 있어 학기가 끝날 때까지 진도를 다 마치지 못할 만큼 수업시간이 충분히 확보되지 않기도 했다. 나머지 3분의 1에 해당되는 시간은 현장실습으로 대체한다는 규정이 악용되었고 아예 학교에 보내지도 않고 일을 시키면서 이를 현장실습으로 처리하는

---

24 위의 기사.

소녀, 농약, 좀비

경우도 허다했다. 현장실습 평가도 현장관리자의 말을 잘 들어야 좋은 성적을 받을 수 있는 구조였기 때문에 노동자/학생들은 학교를 다니는 내내 학교에서의 문제든, 노동현장에서의 문제든 그저 개인적으로 참고 견디는 수밖에 별 다른 해결 방법이 없었다.[25]

노동조건을 개선하기 위해 활동하는 학생들은 불이익을 당했다. 충남방적부설학교로 1980년 3월에 설립된 충남예덕실업고등학교 학생 1천5백여 명은 1988년 3월, 학내 민주화와 현장 민주화 그리고 임금인상 등을 요구하며 4일 동안 파업농성을 했다. 이들은 '학교에 보내준다는 명분 아래 강요된 저임금, 열악한 작업환경의 개선을 요구'했고 '현장관리자의 학생 강간' 등을 문제삼고 대책을 요구했다. 그러나 '파업을 하면 학교에서 제적시키겠다는 협박을 받았고 이로 인해 학생들은 졸업 전까지는 회사에서 시키는 대로 고분고분 지낼 수밖에 없는 형편'인 경우가 많았다. '학생에 대한 통제가 곧바로 노동통제'였던 것이다. 산업체학교 학생/노동자들은 노조나 농성에 참여했다는 이유로 폭언과 폭행을 당하기도 했고 사직을 강요받는 등 부당한 요구나 대우를 받기도 했다. 근로조건 개선 등을 요구하며 준법투쟁을 시작한 학생/노동자들은 농성 불참을 종용받았고 말을 따르지 않으면 원가족에게 '전보를 띄워 데려가도록 하겠다'는 협박을 받기도 했다. 또한, 파업참여 중 강제로 봉고차에 태워져 학교로 끌려가 사직서를 강요받기도 했고 학교 지시를 따르지 않는다고 폭행을 당하기도 했다. 산업체학교를 다녔던 청소년 학생/노동자들의 상황이 이처럼 열악했기 때문에 졸업생은 입학정원의 50퍼센트에 그쳤다.[26]

---

25 위의 기사.

한때, 가정형편이 어려워 일반고 진학이 어려웠던 청소년들에게 산업체부설학교에 들어가는 것이 '큰 혜택'으로 여겨져 진학경쟁까지 벌어졌지만 산업체부설학교는 임노동을 하는 여성청소년노동자들을 저임금 노동자로 활용하면서 통제하는 기제로 운영되는 성격이 강했다. 이런 이유로 학교 지원자가 점점 줄고 졸업 후에는 바로 다니던 업체를 떠나 이직하는 경우가 다반사였다. 1989년 기사에 따르면 주로 섬유업체에서 운영하는 전국 산업체부설학교 43개교의 신입생이 1988년 1만6천9백65 명에서 1989년에는 1만5천6백15 명으로 8.8퍼센트가 줄어들었다. 한일합섬부설 한일여실고 또한 1988년 2천5백27 명에서 1989년 2천2백89 명으로 2백여 명이 감소했고 제일합섬이 운영했던 성암여고는 해당 년 지원자가 한 명도 없었다. 이렇게 여성청소년들이 산업체부설학교를 점점 지원하지 않게 되자 산업체부설학교에 노동력의 대부분을 의존하고 있던 면방, 화섬 등 섬유업체는 심한 인력난에 시달리기 시작했다.[27]

1995년 즈음에는 산업체부설학교가 운영난에 시달리게 된다. 이렇게 학교 설립업체가 경영악화로 법정관리 등에 들어가면서 학교가 재정지원을 제대로 받지 못하게 되자 학교는 책걸상 등 기본적인 수업기자재조차 마련하지 못하는 지경에 이르기도 했고 교사 임금도 제대로 지불되지 않는 등 난항을 겪으며 일부 부설학교는 폐교되기도 했다. 일부 기업은 노동력 확보를 위해 교사들에게 '노동자(학생)를 모집해 오도록 강권'하는 사례도 있었다. 산업체부설학교 교사들은 일반학교 교사 임금의 절반 수준에 그치는 상황에 학생수

26 「산업체 부설학교 인기 '시들」,《한겨레》, 앞의 기사.
27 위의 기사.

감소가 교원감축으로 이어져 '울며 겨자 먹기'로 학생모집에 나서기도 했다. 상황이 이렇다 보니 '해마다 7월 이후에는 사실상 수업을 전폐'하는 일도 벌어졌다. '한국산업체학교 중등교사 협의회(산교협)'은 '교육부, 시, 교육청 등에 재정지원 등 대책마련을 여러 차례 요청했으나 그때마다 설립회사의 일이라면서 외면'당했다.[28]

산업체학교를 최초로 시작했던 한일합섬이 위치해 있던 당시 경남 마산시 양덕동[29]은 수출자유지역으로 잘 알려져 있다. 마산수출자유지역은 1970년에 착공되어 1973년 완공된 우리나라 동남해안의 대표적인 국가산업단지였다. 수출자유지역이란 '반입된 물품에 대한 수입세 및 관세의 부과징수가 유보되며 통상적인 세관절차가 생략 또는 간소화되는 지역'으로서, 해당 국가의 '관세영역 밖에 위치'한 지역으로 간주되는 곳이다. 1970년 1월, 한국 정부는 '공업화 과정에서 부족한 제조업을 유치하기 위해 외국인의 투자촉진과 고용증대, 기술향상을 목적'으로 하는 <수출자유지역설치법>을 제정했고 경상남도 마산시와 전라북도 익산시 2곳을 지정했다. '저렴한 국내의 노동력'을 내세워 '외국인의 자본투자'를 독려하고 국내에서 생산된 상품 수출을 장려하기 위한 것이었다.[30] 1973년, 이곳에 115개의 업체가 입주하는 등 1970~1974년 동안 정부의 기반 조성 목표는 달성되었다. 1980년 이후에는 지속적인 수출 증가와 함께 노동집약형 업종이 기술집약형 업종으로 서서히 대체되었고, 1994년

---

28 배경록·하석, 「산업체 부설학교 '운영난' 심각」, 《한겨레》, 1995년 4월 26일, 출처: 네이버 뉴스 라이브러리 (검색일: 2022년 11월 27일).
29 마산과 창원이 통합되면서 현재 행정지역명은 경상남도 창원시 마산회원구 양덕동이다.
30 김학민, "수출자유지역", 《국가기록원》, 2006년 12월 1일 작성, https://www.archives.go.kr/next/search/listSubjectDescription.do?id=003485&pageFlag=&sitePage (검색일: 2022년 11월 28일).

이후에는 전기, 전자 업종 중심으로 대표업종 구조가 변하였다. 2000년 7월부터는 <자유무역지역의 지정 등에 관한 법률>에 따라 생산, 무역, 물류, 유통, 정보처리 서비스업 등 새로운 기능이 추가된 자유무역지역이 되었고 마산의 경우 명칭도 마산자유무역지역으로 변경되었다.[31]

1993년 2월 ㈜한일합섬으로 상호를 변경한 한일합섬은 1998년 금융위기 때 부도를 맞았다. 2000년 2월에 회사정리계획안이 인가된 후 2007년 동양그룹에 인수되면서 한일합섬은 역사 속으로 사라졌다. 한일합섬이 있던 당시 마산시 양덕동 부지는 2006년 공장 건물이 철거된 후 2009년 메트로시티 1차 아파트가 들어섰고, 2015년에는 메트로시티 2차 아파트가, 저장 탱크가 있던 자리에는 2008년 '3·15 아트센터'가 들어섰다.[32]

3. 농약

소녀가 중학교를 졸업하고 살던 지역의 고등학교로 진학하지 않고 집을 떠나 멀리 한일여자실업고등학교로 진학하게 된 것은 농사를 지어 자식들을 먹여 살려온 부모가 내린 결정이었다.

농사로 생계를 이어가는 일은 언제나 어려운 일이었다. 농산물과 노동력이라는 물질에너지는 인간의 삶에서 무엇보다 가장 기본적인 것이고 그렇기 때문에 중요하지만 이윤 남기는 것을 가장 우선적인 과제로 삼는 사회에서는 가장 쉽게 저렴한 것이 되어버린다.

---

31 박양춘·이원호, "마산자유무역지역", 『한국민족문화대백과사전』, 한국학중앙연구원, 1995년 작성/2011년 개정, http://encykorea.aks.ac.kr/Contents/Item/E0017365 (검색일: 2022년 11월 28일).
32 김구연, 「[경남을 기록하다] 창원시 마산회원구 양덕동 한일합섬」, 《경남도민일보》, 2018년 3월 5일, https://www.idomin.com/news/articleView.html?idxno=560616 (검색일: 2022년 11월 28일).

기계나 공장 따위의 다른 생산수단은 가치를 소여할 뿐 잉여를 만들지 못한다. 들인 것보다 많은 가치를, 즉, 잉여가치를 만드는 것은 언제나 땅과 노동력이다. 그래서 오히려 가장 강도 높은 통제를 받는다.

국가와 자본은 가능한 많은 이윤을 위해 생산비를 가능한 낮추고 싶어 한다. 그래서 노동력 구매에 쓰는 비용도 가능한 낮추고 싶어 한다. 노동력은 어떻게 생산되는가? 가장 중요한 것은 음식이다. 음식은 식재료 생산과 요리 생산을 통해 만들어진다. 농부는 식재료를 생산한다. 노동자는 음식을 먹어야 노동력을 생산할 수 있고 노동력을 생산하는 비용을 최대한 저렴하게 유지하기 위해 식재료가 저렴하기를 원한다. 적어도 노동력의 가치와 식재료의 가치가 동일하면 안 된다. 노동력 판매가격(임금)과 노동력 생산가격(기본 생활비)이 같아지면 노동자가 먹는 일 외의 생활을 하는 것은 불가능해진다. 집도 옷도 교육도 문화생활도 할 수 없다. 그럼에도 국가와 자본은 저렴한 노동력을 원한다. 가능한 많은 이윤을 남기기 위해 가능한 저렴한 노동력을 원한다. 가능한 저렴한 노동력은 노동력 생산비가 저렴해야 가능하다. 노동자들이 노동력을 제대로 생산해 노동력을 제공하지 않으면 산업자본주의는 지속되지 못하기 때문에 이 톱니바퀴를 굴러가게 하기 위해서는 노동자들의 노동력 생산에 필요한 쌀도 저렴해야 하고 배추도 저렴해야 한다. 이 순환구조는 자본주의체제의 시작이자 기반이기 때문에 자본주의체제가 지속되는 한 계속된다. 농산물을 농사지어 판매하는 농부가 가난하거나 조만간 가난해지거나 빚쟁이가 되거나 할 수 밖에 없는 이유다. 국가가 물가관리라는 명목으로 농산물 가격을 통제하는 가운데 중간유

통을 하는 상인들도 이 구조 안에서 최대한의 이윤을 뽑아내려고 하고 그렇게 하기 위해 산지에서의 가격을 '후려치기'하기도 한다. 이러니 도시에서 농산물 가격이 '폭등'[33]해도 농민들의 삶이 크게 나아지지는 않는다.

한국 농업은 전통적으로 다수의 영세농이 담당해 왔다. 식민지와 내전을 겪은 후였던 1953년 조사에 따르면 전체 농가의 절반에 해당하는 약 110만 호가 절량농가[34]로 추정되었고 이와 같은 상황은 1960년대에도 크게 변하지 않았다. 쌀 생산량이 부족해 1963년에는 식당, 여관, 호텔 등에서는 점심 식사에 쌀 원료 음식을 제공하지 못하도록 금지하는 양곡소비제한조치가 내려지기도 했고 1967~1976년까지 매년 정부가 혼분식 행정명령을 내렸다. 학교에서는 "꼬꼬댁 꼬고 먼동이 튼다. 복남이네 집에서 아침을 먹네. 옹기종기 모여앉아 꽁당보리밥, 꿀보다 더 맛좋은 꽁당보리밥. 보리밥 먹는 사람 신체 건강해"라는 가사의 '혼분식의 노래'를 가르치기도 했다.[35]

그런 가운데 한국사회는 급속한 공업화 및 인구팽창 문제에 직면해 식량을 낮은 가격으로 대량 생산할 필요를 맞닥뜨리게 된다. '도시 공업단지에 값싼 노동력을 무제한적으로 공급하기 위해서 낮은 곡물 가격을 유지해야' 했던 것이다. '빠른 공업화와 수출을 중

---

33 농산물 '가격 폭등'이라는 말은 누구의 입장과 이해를 반영하는 것일까? 땅과 농부의 입장과 이해는 분명 아닐 것이다.

34 절량농가(絶糧農家)는 쌀이나 보리 등의 양식이 떨어져 밥을 먹지 못하는 농가를 지칭하기 위해 1970년대 이전부터 사용한 단어다. 1970년대 중반부터 그 사용빈도가 줄어들었고 현재는 춘궁기, 보릿고개 등과 더불어 거의 쓰이지 않는다. "절량농가", 《위키백과》, https://ko.wikipedia.org/wiki/절량농가 (검색 일: 2022년 11월 28일).

35 "통일벼 개발과 녹색 혁명: 유신체제와 함께 피고 진 식량자급의 꿈", 《우리역사넷》, http://contents.history.go.kr/mobile/kc/view.do?levelId=kc_i503300&code=kc_age_50 (검색일: 2022년 11월 28일).

소녀, 농약, 좀비

추로 발전하는 경제체제에서 식량증산은 일종의 시대정신'이었다. 이런 필요 안에서 1971년 농촌진흥청 주도로 개발된 '통일벼'가 탄생한다. 정부는 행정력을 총동원하여 전국 농촌에 통일벼를 보급했고 1977년에는 쌀 총 수확량이 1960년대 말 대비 30퍼센트 이상 증가하기도 했다. 그해 정부는 '녹색 혁명 성취'를 선언하기에 이른다.

'녹색 혁명'은 1968년 미국국제개발처(USAID)에서 '소비에트식의 붉은 혁명과는 다른' 혁명이 아시아에 필요하다고 보면서 사용했던 용어였다. '녹색 혁명은 아시아에서 공산주의의 파도를 막아낼 방파제이자 선제적으로 대응할 수 있는 또 하나의 혁명'으로 규정되었다. 1962년 미국은 포드 재단과 록펠러 재단을 통해 필리핀에 '녹색 혁명 수행'을 위한 기관이 되어 줄 <국제미작연구소(International Rice Research Institute, IRRI)>를 개소한다. IRRI의 목표는 '제3세계 국가들이 공산주의 진영으로 편입되는 것을 방지하는 것'이었다. 1962년에서 1984년까지 세계 각국에서 총 3천7백여 명의 연구자들이 IRRI가 진행한 다양한 프로그램에 참여했고 그 중 80퍼센트가 아시아 국가 출신이었다. 한국에서 참여한 연구자[36]도 1964년부터 2년 동안 이 연구소에서 벼 품종개량 관련 연구를 진행했다. 이런 과정을 통해 탄생한 통일벼를 보급하기 위해 정부는 농촌진흥청에 '식량증산 작전상황실'을 설치했고 농촌지도사를 충원했다. 정부 주도의 통일벼 보급운동은 1970년대 '새마을 운동'과 함께 농촌 마을로 급속히 확산되었다. 1975년 쌀 생산량 4백2십6만7천 톤이 달성되자 쌀 자급률 1백퍼센트가 달성되었다.

그런데 '녹색 혁명' 달성에 이바지했던 통일벼는 획기적으로 쌀

---

36 서울대학교 농과대학 허문회 박사

생산량을 늘렸지만 대신 밀, 옥수수, 콩 등 다른 작물의 생산기반은 약화시켰다. 이로 인해 쌀 자급률은 올라간 반면 전체 식량 자급률은 오히려 떨어져 1962년에는 94.6퍼센트였던 것이 1980년이 되면 69.9퍼센트로 급락한다. (2022년도 한국의 곡물자급률은 20퍼센트대로 OECD 국가들 중에서 가장 낮다.)[37]

한편, 쌀 소비자들은 통일미는 찰지지 않다고 기존 일반미를 선호했다. 중산층 이상은 재배 시 화학비료가 많이 사용되는 통일미보다 '청정미'를 찾았다. 1980년대 등장한 신군부는 통일벼 확대보급을 중단했고 일부 지역에서 정부 추곡수매용으로 명맥이 유지되다가 1990년대 초반 추곡수매 중단과 함께 일상에서 사라졌다.[38]

'녹색 혁명'의 공신 중 하나는 '농약'이었다. 농약은 '병해충 및 잡초와 같은 작물의 생육을 저해하는 인자들로부터 보호역할을 하는 농자재'로 정의되고 '작물의 안전한 생육을 돕는 자재'라는 뜻에서 '작물 보호제'라 불리기도 한다. 특히, 현대에 농약은 '농업 생산물의 양적 증대와 품질향상, 농작업의 생력화 등 다양한 순기능을 갖는, 현재 농업에 필수불가결한 요소의 하나'로 여겨진다. 농약관리법도 있어 이 법에 따르면 농약은 '농작물을 해하는 균, 곤충, 응애, 선충, 바이러스, 잡초, 기타 농식품부령이 정하는 동식물의 방제에 사용되는 살균제, 살충제, 제초제, 기타 농식품부령이 정하는 약제와 농작물의 생기능을 증진하거나 억제하는 데 사용되는 약제'다.[39]

---

37 밀은 0.5%, 옥수수는 0.7%로 최악의 상황이며 이런 가운데 농지의 60%를 비농민 또는 외지인이 소유하고 있다. (김한결, 「우리나라 곡물자급률, 이대로 괜찮은가」, 《한국농정》, 2022년 5월 1일, http://www.ikpnews.net/news/articleView.html?idxno=47344 (검색일: 2022년 12월 19일)).

38 "통일벼 개발과 녹색 혁명: 유신체제와 함께 피고 진 식량자급의 꿈", 앞의 글.

39 유진상·임태헌·이동운, 「1980년대 이후 우리나라에 등록된 살균제와 살충제의 독성, 제형 및 계통별 현황」, 『농약과학학회지』 24호 1권, 2020.

농약은 농사의 역사만큼이나 긴 역사를 가지고 있다. 한반도에서 사용되어 온 농약(또는 작물보호제)에 대한 기록은 1429년 조선 세종 때 정초(鄭招)와 변효문(卞孝文)이 지은 『농사직설』에 나온다. 1610~1617년 허균의 『한정록』에도 고삼이나 도꼬마리, 쑥 등을 해충 방제제로 사용한 기록이 있다.[40] 다른 나라들에서는 1850년대 전까지 재, 유황증기, 청산가스, 담뱃잎 추출물, 비누 등이 사용되기도 했으며, 19세기 후반에는 살충효과가 있는 피체트린이라는 물질이 함유된 제충국(insect flower)을 이용하여 벌레를 쫓기도 하였다.

오늘날 일반적으로 농약이라 인식되는 유기합성농약은 1930년대 후반부터 본격적으로 사용되기 시작했다.[41] 한국에 처음 도입된 것은 1930년 일제강점기 하에서 '조선삼공농약사'가 설립되고부터다. 1969년에는 한국 최초의 농약원제[42] 합성이 이루어졌고 1970년대부터 농약업이 증가해 1980년대와 1990년대에 급격히 성장했다.[43] 이후 많은 유기합성농약이 개발되어 사용되어 왔다. 이중 일부는 생태계 및 인간에게 미치는 영향이 문제시 되면서 사용 및 제조가 금지되기도 했다.[44]

유기합성농약에 중독되면 메스꺼움, 목 따가움, 콧물, 호흡곤란, 시야 흐려짐, 손발 저림, 말 어눌해짐, 가슴 답답증, 사지마비, 실신

---

40 정영호 외, 『최신 농약학』, 시그마프레스, 2004; 유진상·임태헌·이동운, 위의 글, 20쪽 재인용.
41 "농약의 역사는 농업의 역사", 고려대학교 의과대학 '농약과 건강 연구팀' 웹사이트, 2021년 10월 15일 작성, http://pesticides.kr/?p=198 (검색일: 2022년 11월 28일).
42 유기합성농약의 유효성분이 농축되어 있는 물질.
43 유진상·임태헌·이동운, 위의 글, 20쪽.
44 1962년, 레이첼 카슨은 『침묵의 봄』(김은령 역, 에코리브르, 2011)에서 1차 세계대전의 산물이기도 한 살충제와 제초제 등 DDT가 들어가 있는 유독물질이 농토에 대량 살포되며 생태계가 파괴되고 있어 결국 인간을 포함한 동식물들에게 돌이킬 수 없는 피해를 입히는 문제를 고발하여 경각심을 일깨웠다. 1972년, 미국 환경부는 DDT 사용을 금지시켰다.

등의 증세가 나타난다.[45] 독극물이기도 한 유기합성농약은 자살 수단으로 사용되는 경우도 많다. 농약으로 인한 자살은 한국을 포함해 많은 나라에서 매우 큰 사회적 문제가 되어 왔다. 한국사회 전체 자살의 30퍼센트가 농약 자살이며 전체 중독 중에서 60퍼센트를 차지한다.[46] 유기합성농약 음독자살은 전 세계적으로도 가장 많이 사용되는 자살방법 중 하나로 전체 자살의 14~20퍼센트를 차지한다.[47] 통계청에 따르면 한국에서 "1999년~2008년까지 10년간 평균 2,820명이 농약으로 사망했고, 이 가운데 2,568명(91%)은 농약에 의한 자살"이었다.[48]

유기합성농약 중 그라목손, 뉴속사포 등의 상표로 판매되었던 패러쾃(paraquat)은 제초제로서 국내에서 가장 많이 사용되었던 유기합성농약인 동시에 국내에서 중독 사망과 가장 많이 관련되어 있다.[49] 2011년 말에 국내 재등록이 취소되었고 2012년 11월말부터는 판매도 전면금지되었다. 그러나 여전히 사용하고 있는 나라들도 있다.[50]

---

45 "농약의 역사는 농업의 역사", 앞의 글.
46 "농약 자살률의 변화양상 및 요인", 고려대학교 의과대학 '농약과 건강 연구팀' 웹사이트, 2013년 3월 7일 작성, http://pesticides.kr/?p=1311 (검색일: 2022년 11월 28일).
47 정부는 농약자살 예방하기 차원에서 농약불법유통을 막고자 농약상이 아닌 농약 통신판매를 2012년부터 금지시켰다. 이로 인해 농약 자살이 절반으로 감소했다고 주장했다. (이준엽, 「농약 인터넷 판매 막았다더니... "점 하나 찍으면 바로 검색"」, 《YTN》, 2022년 10월 11일, https://www.ytn.co.kr/_ln/0103_202210110549270765 (검색일: 2022년 11월 28일).
48 통계청, https://kostat.go.kr/portal/korea/kor_nw/4/7/index.board?bmode=read&aSeq=197409&pageNo=2&rowNum=10&amSeq=&Target=&sTxt (검색일: 2022년 11월 28일).
49 "우리나라의 패러쾃 규제에 의한 자살률 감소 효과", 고려대학교 의과대학 '농약과 건강 연구팀' 웹사이트, 2015년 11월 26일 작성, http://pesticides.kr/?p=1706 (검색일: 2022년 11월 28일).
50 등록이 취소된 고독성농약의 회수 및 폐기가 제대로 이뤄지지 않아 현재도 여전히 문제가 되고 있다. (백종수, 「등록취소 농약 회수율 9%... 업체·정부 책임방기 논란」, 《농업인신문》, 2022년 10월 14일, https://www.nongupin.co.kr/news/articleView.html?idxno=97032 (검색일: 2022년 1월 29일). 2017년 8월, 한국에서는 살충제 계란 파동이 있었다. 와중에 경북 경산시와 영천시의 산란계 농장의 계란, 닭, 농장 토양 등에서 DDT가 검출되었다. DDT는 1979년에 시판이 금지된 살충제다. DDT 잔류양이 전격 소실되는 데에 걸리는 시간이 50년이라고 할 때 40여 년 뒤에도 검출이 될 가능성은 있지만 당

패러콰은 다른 농약에 비해 동일한 양이라도 사망률이 높은 것으로 알려져 있다. 2008년 농촌진흥청이 전국 응급실 환자를 조사한 바에 따르면 농약 중독 물질이 밝혀진 총 1천5백18 건 중 패러콰 중독이 538 건으로 가장 많았고 사망률도 약 78퍼센트로 높았다. 패러콰에 중독되면 먼저 폐부종 및 폐 손상이 일어나고 이어 폐 섬유화가 진행되어 1~2주 내 사망하게 된다.[51]

한때 '녹색 혁명'을 자랑하던 정부는 '중화학공업 육성에 맞춰진 정책자금 방출과 1978년 2차 석유파동으로 인한 중화학공업 채산성 약화'를 이유로 농정 기조를 변경했다. 또한 재정적자를 이유로 고미가 정책을 폐기하고 신품종 재배에 대한 재정 지원도 중단하며 농산물 수입개방 확대 준비에 들어갔다.[52]

1988년 봄, 농사를 지어 사는 부모의 결정으로 집과 고향을 떠

시 검출된 DDT의 양은 오래전에 사용된 것으로 보기에는 그 수치가 지나치게 높았다. 당시 농장주들은 직접 DDT를 사용한 적이 없다고 했다. 그러나 이 농장들에서 사용하고 있는 살충제인 디코폴 (Dicofol)은 DDT를 원료로 한 것이고 제조과정에서 DDT 성분을 걸러내지 않았을 가능성도 있었다. 디코폴을 한국에 수출하고 있는 중국에서 생산, 시판된 디코폴 제품 1kg에 DDT 성분이 244g이나 들어있다고 밝힌 논문도 있었다고 한다. 디코폴은 2010년 12월 등록 취소되었지만 그때까지는 중국에서 계속 수입되어 국내에서 사용되어 왔다. DDT는 디클로로디페닐트리클로에탄(dichlorodiphenyl-trichloroethane)의 약자이며 색깔과 냄새가 없는 유기염소계 살충제다. 1874년 독일에서 처음 합성된 DDT가 살충작용이 있다는 사실이 1939년 스위스 화학자 파울 헤르만 뮐러에 의해 밝혀진 후 2차대전 중 말라리아와 장티푸스를 예방하는 목적으로 대거 사용되었고 1945년 10월 미국에서는 살충제로 일반인들에게 시판이 되기도 했다. 한국에도 미군을 통해 DDT가 1945년에 들어오게 된다. 미군은 한국 군인들의 몸에 DDT를 직접 살포했고 이 장면을 기록한 사진자료들은 어렵지 않게 찾아볼 수 있다. (강찬수, 「살충제 DDT, 약이냐 독이냐」, 《중앙일보》, 2017년 11월 4일, https://www.joongang.co.kr/article/22082451#home) (검색일: 2022년 11월 2일).

51 "패러콰 농약", 고려대학교 의과대학 '농약과 건강 연구팀' 웹사이트, 2012년 12월 24일 작성, http://pesticides.kr/?p=771 (검색일: 2022년 11월 28일); 패러콰 규제 이후에는 글리포세이트 및 글루포시네이트 제초제에 의한 자살시도자가 증가했는데 이 물질들은 치명률이 비교적 낮아 실제 자살 사망에 이르는 정도는 감소하고 있는 것으로 보고되고 있다. ("국내 패러콰 규제 이후 자살에 사용되는 농약 종류들", 고려대학교 의과대학 '농약과 건강 연구팀' 웹사이트, 2015년 10월 14일 작성, http://pesticides.kr/?p=1672) (검색일: 2022년 11월 28일).

52 "통일벼 개발과 녹색 혁명: 유신체제와 함께 피고 진 식량자급의 꿈", 앞의 글.

나 수출자유지역에서 운영되던 산업체부설 고등학교에 입학했던 열여섯 살의 한 청소년/노동자/학생은 그해 오월 어느 날 본가로 돌아와 '녹색 혁명'의 공신인 '제초제'를 마시고 제초제가 뿌려진 들판의 싱싱한 풀이 죽듯 죽었다. 음독 후 병원에 옮겨졌지만 손 쓸 방법이 없었다. 소녀가 자신의 어머니에게 남긴 마지막 말은 "엄마, 나 살고 싶어"였다고 전해진다.

4. 좀비

'좀비(Zombie)'는 원래 '신(神, god)'이라는 뜻의 니제트어와 콩고어인 'nzambie'에서 유래되었다고 한다. 여기에 아이티의 민속종교인 부두교 전설에 등장하는 '비약 노예' 이야기가 보태져 오늘날 회자되는 좀비 이미지가 탄생한 것이다. 부두교 전설에는 사람에게 약물을 써서 가사상태로 만든 후 장례를 치르고 매장한 뒤 그 무덤을 파서 다시 살려내면 살아있는 상태지만 인지능력이 현격히 떨어진 산송장이 되는데 산송장 상태의 이 사람을 농장노예로 팔아 노예노동을 하게 만드는 이야기가 나온다. 이 이야기가 1929년에 『마법의 섬Magic Island』(윌리엄 브룩)이라는 소설에 등장했는데 이후 영화 <살아있는 시체들의 밤>(조지 A. 로메로, 1968년 작)에서 '전염병에 감염되어 결국 사람을 물어뜯어 먹어야 살아가는 괴물'로 재탄생하기에 이른다. 이 과정에서 좀비는 인종차별과 자본주의적 착취를 비판하는 상징적 이미지로 부상한다.[53]

영화에 등장하는 좀비는 묘지에서 나오기도 하지만 대개는 보이

---

53 이희수, 「현대사회의 초상으로서의 좀비」, 성균관대학교 석사학위청구논문, 2014년, 1-4쪽.

지 않는 바이러스 감염으로 만들어진다. 이렇게 되고 보니 내 주변의 누구나가 좀비가 될 수 있는 가능성이 있고 일단 좀비가 되면 대화가 불가능해진다. 한때 나와 가까운 관계였으나 이제는 한 마디 말도 통하지 않는, 살아있는 사람의 몸을 뜯어먹는 살육자, 절대 죽지도 않고 마지막 한 명의 살아있는 인간까지 남김없이 뜯어먹기 위해 달려들고 달려들고 또 달려드는 산송장.[54] 1960년대 이후부터 지금까지 영화나 드라마 등을 통해 좀비가 거듭거듭 재현되고 있는 이유가 있을 것이다.

끊임없이 이윤을 남겨 끊임없이 자본을 축적하려는 체제인 자본주의는 계속 늘어나는 물질적, 비물질적 상품을 위한 시장을 계속해서 만들고 확장하지 않으면, 즉, 경제를 계속해서 성장시키지 않으면 지속되지 못한다.[55] 성장을 가능하게 하는 에너지와 물질은 주로 원주민 거주 지역이나 소위 '저개발' 지역의 상품 개척 경계로부터 추출한다. 뜯어먹는 것이다. 폐기물과 오염 물질은 사회의 주변 지역이나 소외된 공동체, 하층민이나 다른 인종, 민족이 거주하는 지역에 버려진다. 경제성장은 필연적으로 중심국과 주변국, 중심 경제와 주변 경제 간의 불공평한 자원 교환을 통해 이익이 발생하고 이 이익이 기득권층에게 집중되고 비용은 소외 계층으로 이전되는 방식으로 이뤄진다.[56]

UN은 1940년대에 국내총생산(GDP)이라는 지표를 마련하는 데

---

54 김봉석, 「좀비영화의 탄생과 흐름: 좀비 아포칼립스의 시대」, 《맥스무비》, 2016년 6월 30일.
55 마리아 미즈·반다나 시바, 『에코페미니즘』, 손덕수·이난아 공역, 창비, 2020년, 422쪽.
56 제이슨 무어에 따르면 자본주의는 저렴하거나 무상으로 동원해 사용해 온 자원(여성을 포함한 식민지와 자원으로 불리는 자연)없이는 처음부터 시작될 수도 그리고 지금까지 유지될 수도 없었다. (제이슨 W. 무어, 『생명의 그물 속 자본주의』, 김효진 옮김, 갈무리, 2020).

210
신유물론×페미니즘

에 국제적 노력을 규합하고 이를 세계 모든 국가가 따르도록 독려했다. '국내총생산'이란 한 국가에서 일정기간 동안 새롭게 생산된 모든 재화와 서비스의 가치를 합한 값을 가리킨다. GDP가 증가하면 그 사회가 발전하고 있는 것으로 여겨지고 증가분이 현저히 적거나 마이너스가 되면 그 국가에 문제가 있는 것으로 여겨진다. GDP 증가, 즉 생산의 증가가 생활수준의 향상으로 이어지려면 생산인구가 증가하는 것이 아니라 1인당 생산성이 증가해야 한다. 10명이 빵 10개를 만들 때보다 100명이 빵 100개를 만들면 GDP는 증가하지만 1인당 섭취할 수 있는 빵은 (골고루 배분되는 조건 하에서) 여전히 1개가 될 것이므로 생활수준이 나아졌다고 할 수 없기 때문이다.[57]

경제성장이라는 것이 생산성 증가에 달려 있다는 것은 근본적으로 문제적이다. 우선, 1인당 생산성의 끊임없는 증가는 노동자를 더욱 고도로 착취해야만 가능하며 극도의 착취는 곧 노동자 자체를 절멸시키는 것이기 때문에 무한한 착취란 실현 불가능하다. 또한, 1970년대 이후 소위 산업화된 선진국들에서 먼저 우리의 거처인 지구 행성 자체가 유한하므로 '성장의 한계'가 있다고 지적되어 왔지만 이를 무시하고 전 지구적 자본주의화와 세계적 분업이 가속화된 결과 1980년대부터 이산화탄소 배출이 급증했고 결국 오늘날 인류는 기후붕괴와 생태계 위기에 봉착했다. 한정된 세계에서 경제성장을 지속하기 위해 끊임없이 생산하고 그러기 위해 끊임없이 소비해야만 하는 체제에서 기후붕괴와 같은 문제가 발생하는 것은 시간문제였을 뿐 결국 언제고 일어나고야 말 일이었다. 1970년대부터 이미

---

57   토마 피케티, 『21세기 자본』, 장경덕 옮김, 글항아리, 2014, 93쪽.

수많은 과학자들과 사회 연구자들이 이를 지적하고 경고해 왔다.[58]

그럼에도 불구하고 대다수의 사람들이 '경제성장'을 곧 '삶의 발전'이라 여기면서 그것이 가진 근본적인 문제를 심각하게 보지 않았다. 20세기 초 1인당 월평균 소득이 4백 유로가 채 되지 않았던 유럽인들이 2010년경에는 2천5백 유로를 벌게 되면서 주로 식품류로 채워졌던 유럽 노동자들의 장바구니가 다양한 공산품과 서비스 품목으로 채워졌다.[59] 이런 까닭에 많은 이들이 '경제성장'을 '발전', '개선', '좋은 삶'과 같은 관념과 연결한다. 그리고 경제성장을 꽃이 피듯, 아이가 자라듯, 씨앗이 나무가 되듯 마땅하게 일어나야 할 일이라고 느끼게 되었다.

그러나 '경제발전(개발)'이라는 용어가 세계 정치사적으로 처음 등장하게 된 것은 1949년 1월, 미국의 한 대통령(해리 트루먼)의 취임연설에서였다. 그 연설의 내용은 더 이상 식민지 침략을 통한 무상 자원 수탈 혹은 저렴한 획득이 불가능해진 세계사적 상황에서 한때 식민지였던 나라들에 미국의 자본을 투입해 해당 나라의 자원을 예전처럼 저렴하게 이용함으로써 미국의 '경제성장'을 도모하겠다는 것이었다. 그때 트루먼이 고안해 사용했던 용어가 '저개발 국가(under-development)'였고 그 내용은 '기술적, 경제적 원조를 하고, 투자를 하여 발전시킨다'는 것이었다. '저개발 국가'라는 용어는 당시 어떤 경제학 논문에서도 사용된 적이 없던 것이었다.[60]

---

58 박이은실, 「지금 탈성장!: 자급과 증여(순환) 관계 재구축을 통해 풍요롭고 지속가능한 사회가 가능하게」, 『여/성이론』 46호, 여성문화이론연구소, 2022년 8월 참조.

59 토마 피케티, 위의 책, 109–110쪽.

60 C. 더글러스 러미스, 『경제성장이 안되면 우리는 풍요롭지 못할 것인가』, 김종철·최성현 옮김, 녹색평론사, 2011, 60–61쪽.

한국의 경제개발계획은 제2공화국(장면 정부)에서부터 시작되어 1960~1970년대 박정희 정권 하에서 본격적으로 추진되었다. 박정희 사망 후 전두환 신군부 세력에 의해 경제사회발전계획으로 변경되는 와중에도 기조는 이어졌다. 박정희 정권의 경제정책은 '저개발 국가에서 한정된 자원을 경제개발 정책자금으로 집중시킨 과정인 동시에 경제개발을 위해 저임금, 저곡가 정책을 지속'시켰다. 1980년 이후 신군부 세력은 '민간과 시장경제의 원활한 운용을 위한 정부 지원 성격을 강화'하면서 '높은 외채 의존도, 소득 양극화, 시장에 대한 민주적 견제의 부재'라는 '한국 경제의 양적 성장에 따른 고질적 문제'를 남겼다.[61]

한국 최초의 좀비 영화는 1980년 작인 <괴시>(강범구 감독)다. 이 영화에서 '죽은 시체'를 움직이게 한 것은 바이러스가 아니라 '해충박멸용 초음파'였다.[62] 시간이 꽤 지난 2016년, 한국의 좀비는 영화 <부산행>(연상호 감독)과 애니메이션 <서울역>(연상호 감독)의 좀비로 이어졌다. 이 두 영화에 등장하는 좀비는 알 수 없는 원인에 의해 좀비가 된다. 그러나 여느 좀비들처럼 살아있는 인간을 무차별적으로 공격해 좀비로 만든다.

좀비 영화의 등장과 흥행은 그 사회의 정치, 사회적 상황을 배경으로 하는 경향을 가진다. 좀비가 되는 이유가 '해충박멸용 초음파'든 미지의 바이러스든 마찬가지다. 좀비가 되지 않으려고 사력을

---

61 "경제개발 5개년 계획: 정부 주도의 경제성장을 추진하다", 《우리역사넷》, https://url.kr/fkqmi5 (검색일: 2022년 11월 30일).

62 이수진, 「좀비주의: 한국 최초의 좀비영화 속 좀비는 용모가 단정(?)하였다」, 《조선일보》, 2016년 7월 22일, https://www.chosun.com/site/data/html_dir/2016/201672102265.html (검색일: 2022년 12월 20일).

소녀, 농약, 좀비

다하는 인간들의 몸부림과 줄기차게 급증하며 살아있는 이들을 물어뜯어 좀비로 만들려는 좀비는 모두 현 체제의 산물이다. 좀비물을 보는 이들은 어쩌면 거의 직관적으로 이것이 현실세계의 이야기라는 것을 알고 있지 않을까?

5. 나가며

이 지구상의 모든 것들은 지구의 산물이다. 지구는 생성 후 어떤 물질도 지구 밖과 주고받지 않았던 폐쇄계였다. 그런 이 지구에 존재하는 모든 것들은 처음에는 지표면에 없었다가 어느 순간 생겨나 얼마간의 존재 기간이 다하면 다시, 없는 상태가 되며 사라진다. 그러니 이 세상에 있었던 한 소녀가 지금은 없다는 것이 새삼스러울 일도, 예외적인 일도 아니다.

다만, 인간이라는 몸정신이 지금까지처럼 존재할 필연적인 이유란 없다. 소녀가 십육 년 동안 세상을 살아야 했던 방식, 소녀가 세상을 떠난 방식 모두 꼭 그랬어야만 하는 이유는 없다. 농사를 지어 살던 부모의 결정으로 집과 고향을 떠나 수출자유지역의 산업체 고등학교 청소년/노동자/학생이 된 지 채 몇 달이 지나기도 전에 작물을 보호할 목적으로 만들어졌다는 농약을 마시고 보호받기는커녕 목숨조차 보존하지 못한 이 짧은 삶의 이야기는 꼭 그랬어야만 하는 이유가 없다.

"고전물리학에 따르면, 단지 두 가지 종류의 실체만이 세계에 존재합니다. 그것은 입자와 파동이지요. (…) 입자는 (…) 시공간 안에 어떤 특정한 위치를 점하지요. (…) 파동은 전혀 실체라고 할 수 없습니다. 파동은 장(fields) 안의 요동입니다. (…) 물리학에서는 어떤 것이 입자고 파동인지를 알아내는 데 쓰이는 아주 간단한 기계장치가 있지요. 이중슬릿장치(two-slit apparatus)가 그것입니다. (…) 파동기계에 대해 생각해봅시다. 물속에서 어떤 파장을 일으키는 기계를 생각해보[죠.] (…) 이 파장이 이 슬롯과 같이 두 개의 구멍을 가진 '방파제'를 친다면, 그 파장은 그 구멍들 쪽에서 파동을 그리며 불거져 나아갈 것이고, 당신은 통과한 동심원들, 중첩하는 원들을 목격할 것입니다. (…) 그것이 회절 패턴[입니다.] (…) 두 개의 슬릿을 가진 장치로 전자를 실험한다면 (…) 우리가 실제로 얻게 되는 결과는 전자들이 회절이나 파동 패턴을 전개한다는 것 (…) 회절 패턴은 중첩 파동에 의해 생성[됩니다.] (…) 하지만 전자가 중첩할 수 있나요? (…) 입자와 (…) 파동, 두 가지 모두로 활동하는 전자 (…) 우리가 실험에서 관찰하게 되는 것은 어떤 '현상' 또는 얽힘, 또는 장치들과 관찰 대상의 분리불가능성[입니다.] (…) 독립적 대상들은 추상적 개념들입니다. 이것은 잘못된 지칭이지요. 실제 대상 지칭은 현상, 다시 말해 우리가 전자와 측정장치라고 부르는 것들 간의 간-행위(intra-action)지요. (…) 물질성 자체의 본성은 얽힘입니다. (…) 윤리학은 그러므로 타자를 근본적으로 외재화하는 것에 대한 바른 응답이 아니라 우리가 그 한 부분인 생생한 관계성들을 위한 책임과 의무에 대한 응답이지요."[63]

여러 행위들이 있었다. 이를테면 소녀가 태어나 살았던 반농반어촌과 그곳의 마을 공동체, 그곳에서 농사로 생계를 꾸렸던 가부장인 아버지, 유기합성농약의 등장, 소도시에 들어섰던 화력발전소, 고속도로가 들어서면서 더 이상 다니지 않게 된 기차와 폐쇄된 기차역, 독재자를 심판한 시민들의 열망에 찬물을 끼얹었으며 등장한 군부독재와 이후 비리로 점철된 정경유착, 전 지구적 자본주의화 흐름 속에서 군부독재에 의해 진행된 한국의 산업화와 통일벼로 대표되

---

63 릭 돌피언·이리스 반 데어 튠, 앞의 책, 3장 카렌 버라드와의 인터뷰, 84–86쪽, 99쪽.

었던 '녹색 혁명', 여성청소년의 노동력을 산업체부설학교라는 제도를 통해 합법적으로 저렴하게 착취했던 섬유기업, 그런 가운데 소용돌이쳤던, 그저 좀 더 잘 살아보고 싶었을 뿐인 사람들의 열망. 그 모든 것들이 얽혀있는 행위의 망이 있다. 무엇이 문제였다고 해야 할까? 소녀가 자살하지 않고 지금까지도 몸정신으로 살아서 천명을 다하며 살 수 있었으려면 우리에게 무엇이 필요했던 것일까?

참고문헌

김봉석, 「좀비영화의 탄생과 흐름: 좀비 아포칼립스의 시대」, 《맥스무비》, 2016. 6. 30.

더글러스 러미스, 『경제성장이 안되면 우리는 풍요롭지 못할 것인가』, 김종철·최성현 옮김, 녹색평론사, 2011.

릭 돌피언스·반 데어 튠, 『신유물론: 인터뷰와 지도제작』, 박준영 옮김, 교유서가, 2021.

린 마굴리스·도리언 세이건, 『생명이란 무엇인가』, 김영 옮김, 도서출판 리수, 2016.

마리아 미즈, 『가부장제와 자본주의』, 최재인 옮김, 갈무리, 2014.

마리아 미스·반다나 시바, 『에코페미니즘』, 손덕수·이난아 옮김, 창비, 2020.

박이은실, 「지금 탈성장!: 자급과 증여(순환) 관계 재구축을 통해 풍요롭고 지속가능한 사회가 가능하게」, 『여/성이론』 46:12-42. 2022.

스테이시 앨러이모, 『말, 살, 흙: 페미니즘과 환경정의』, 윤준·김종갑 옮김, 그린비, 2018.

유진상·임태헌·이동운, 「1980년대 이후 우리나라에 등록된 살균제와 살충제의 독성, 제형 및 계통별 현황」, 『농약과학학회지』 24(1): 19-33, 2020.

이희수, 「현대사회의 초상으로서의 좀비」, 성균관대학교 석사학위청구논문, 2014.

정영호 외, 『최신 농약학』, 시그마프레스, 2004.

제이슨 W. 무어, 『생명의 그물 속 자본주의』, 김효진 옮김, 갈무리, 2020.

제인 베넷, 『생동하는 물질: 사물에 대한 정치생태학』, 문성재 옮김, 현실문화, 2020.

토마 피케티, 『21세기 자본』, 장경덕 옮김, 글항아리, 2014.

Susan Sheridan, "Words and Things: Some Feminist Debates on Culture and Materialism", *Australian Feminist Studies*, 17(37): 23-30, 2002.

강찬수, 「살충제 DDT, 약이냐 독이냐」, 《중앙일보》, 2017. 11. 14. https://www.joongang.co.kr/article/22082451#home, (검색일: 2022년 11월 28).

고려대학교 의과대학 '농약과 건강 연구팀' 웹사이트, http://pesticides.kr (검색일: 2022년 11월 28일)

김구연, 「[경남을 기록하다] 창원시 마산회원구 양덕동 한일합섬」, 《경남도민일보》, 2018. 3. 5. https://www.idomin.com/news/articleView.html?idxno=560616 (검색일: 2022년 11월 28일).

김종철, "산업체부설학교", 《한국민족문화대백과사전》, 한국학중앙연구원, 1995, https://encykorea.aks.ac.kr/Article/E0026291 (검색일: 2022년 11월 27일).

김학민, "수출자유지역", 《국가기록원》, 2006. 12. 1. https://www.archives.go.kr/next/newsearch/listSubjectDescription.do?id=003485&sitePage= (검색일: 2022년 11월 28일)

김한결, 「우리나라 곡물자급률, 이대로 괜찮은가」, 《한국농정》, 2022. 5. 1. http://www.ikpnews.net/news/articleView.html?idxno=47344 (검색일: 2022년 12월 19일).

무기명, 「산업체 부설학교 인기 '시들'」, 《한겨레》, 1989. 9. 5. (네이버 뉴스 라이브러리, 검색일: 2022년 11월 27일).

무기명, 「농약 인터넷 판매 막았더니… 점 하나 찍으면 바로 검색」, 《YTN》, 2022. 10. 11. https://www.ytn.co.kr/_ln/0103_202210110549270765 (검색일: 2022년 11월 28일).

박근애, 「산업체학교 향학열 미끼로 노동력 확보」《한겨레》, 1988. 10. 9. (네이버 뉴스 라이브러리, 검색일: 2022년 11월 27일).

박양춘·이원호, "마산자유무역지역", 《한국민족문화대백과사전》, 한국학중앙연구원,1995/2011,https://encykorea.aks.ac.kr/Contents/Item/E0017365 (검색일: 2022년 11월 28일).

배경록·하석, 「산업체 부설학교 '운영난' 심각」, 《한겨레》, 1995. 4. 26. (네이버 뉴스 라이브러리, 검색일: 2022년 11월 27일).

백종수, 「등록취소 농약 회수율 9% … 업체·정부 책임방기 논란」, 《농업인신문》, 2022. 10. 17. http://pdf.nongupin.co.kr/1418/141811.pdf (검색일: 2022년 11월 26일)

《우리역사넷》, "경제개발 5개년 계획: 정부 주도의 경제성장을 추진하다", http://contents.history.go.kr/mobile/kc/view.do?levelId=kc_i501600&code=kc_age_50, (검색일: 2022년 11월 30일)

《우리역사넷》, "5.16 군사정변, 군이 정부를 장악하다", http://contents.history.go.kr/mobile/kc/view.do?levelId=kc_i500900&code=kc_age_50 (검색일: 2022년 11월 26일)

《우리역사넷》, "통일벼 개발과 녹색 혁명: 유신체제와 함께 피고 진 식량자급의 꿈", http://contents.history.go.kr/mobile/kc/view.do?levelId=kc_i503300 &code=kc_age_50 (검색일: 2022년 11월 28일).

이수진, 「좀비주의: 한국 최초의 좀비영화 속 좀비는 용모가 단정(?) 하였다」, 《조선일보》, https://www.chosun.com/site/data/html_dir/2016/07/21/2016072102265.html (검색일: 2022년 12월 20일).

생태 안에서 분해되기:
발 플럼우드의 먹이와 묘지 이야기[1]

김지은

"생명을 순환이자 선조 공동체가 전하는 선물로 이해함으로써 우리는 죽음을 재생하는 것으로, 곧 생명의 기원을 이루는 선조 공동체와 생태 공동체로 흘러들어가는 것으로 바라 볼 수 있습니다."[2]

-발 플럼우드, 『악어의 눈』 중

1. 끊어진 다리와 신유물론

벨기에의 초현실주의 화가 르네 마그리트(René Magritte, 1898-1967)의 그림 <이미지의 반역>(La Trahison des images, 1929)은 파이프 그림 바로 아래 "이것은 파이프가 아니다(Ceci n'est pas une pipe)"라는 문구를 배치함으로써 관찰 경험과 인식의 불일치를 유발한다. 파이프를 재현한 파이프 그림에 불과하기 때문에 결코 '파이프가 아닌' 이 그림이 선사하는 불일치의 충격은 대상을 대상에 대한 주관적 평가 그리고 담론의 질서가 가미된 재현과 동일시해 온

---

1 이 글은 다음 글을 부분 발췌, 수정한 것임을 밝힌다. 김지은,「인간과 비인간의 관계 맺기: 발 플럼우드의 헤라클레이토스적 우주와 관계적 자아」,『현대비평』, 제16호, 2023, 41-58쪽.
2 발 플럼우드, 『악어의 눈』, 김지은 옮김, yeondoo, 2023, 57쪽.

관습적 사고에 균열을 만든다. 이로써 마그리트의 그림은 실제 대상과 실제 대상에 투사한 재현의 이미지 사이의 단절을 꾀한다.[3]

이로부터 6년 뒤인 1935년 마그리트는 그림 <헤라클레이토스의 다리>(Heraclitus's Bridge)를 세상에 선보인다. 물안개가 자욱이 깔린 어느 높은 산과 드넓은 강을 화폭에 담은 이 그림은 언뜻 사실주의 풍경화처럼 보인다. 그러나 곧이어 산과 강의 건너편을 잇는 다리는 중간에서 끊어진 채 위태롭게 구조를 유지하고 있는 반면, 물결에 비친 다리는 그 구조를 온전히 유지하고 있는 완벽하게 이어진 다리라는 점이 '사실성'이라는 순진한 믿음을 깨트린다. 마그리트는 이 그림을 통해 현실세계에서 물리적으로 불가능한 일종의 환영 (illusion)을 캔버스에 옮긴 것처럼 보인다. 그의 시도는 눈앞의 사물과 현실을 그대로 예술작품으로 옮기는 기존 회화론에 대한 통렬한 반격이기도 하다. 이 지점에서 마그리트가 그림에 담고자 한 환영이 현실에 대한 거짓되고 왜곡된 인식으로서의 환영이 아니라 인간의 '객관적'(그러나 사실상 '주관적') 지각에서 벗어난 낯선 세계를 비튼 방식으로 보여주는 환영이라면, 그 세계는 물리적으로 불가능할지라도 분명 실존하는 생생한 세계라는 점이 중요하다.

근대 인식론적 사고관에서는 존재할 수 없는 부재의 세계이지만 동시에 현존하는 세계, 그 세계가 바로 그림의 제목이 함의하는 헤라클레이토스적 세계이다. 생전에 『자연에 관하여 On Nature』라는 단 한 권의 저서만 남긴 헤라클레이토스(Héraclitus)는 우주에 존재하는 모든 것은 끊임없이 변화한다는 만물유전의 사상가로 알려져 있다.

---

3 미셀 푸코는 마그리트의 회화론을 실제 사물과 결부된 재현 및 담론의 문제로 풀어서 비평한 바 있다. 이에 대해서는 다음을 참조. 미셀 푸코, 『이것은 파이프가 아니다』, 김현 옮김, 고려대학교출판부, 2010, 9-16, 77-80쪽.

헤라클레이토스의 사상을 추적한 여러 철학자들에 따르면, 그에게 만물은 고정된 실체로서 존재하는 것이 아니다. 그보다는 생성(생명)과 소멸(죽음)이라는 지속적인 운동의 흐름 속에서 존재하며, 이 흐름을 관장하는 것이 대립물들의 충돌이다.4 이때 생성의 전제조건은 서로 일치하지 않는 것들이 부딪히고 그 부딪침 너머 조화를 이뤄나가는 과정 그 자체이다. 예컨대 활대와 줄 사이의 긴장을 유지하는 활이 제 기능을 하고, 현과 조임 틀 사이의 긴장을 유지하는 리라가 아름다운 선율을 만들어낼 수 있는 건 서로 반대되는 힘들을 하나의 방향으로 흡수하지 않고 대립의 긴장감을 유지시키기 때문이다. 대립(물)이 있기에 조화가 있고, 불협화음이 있기에 화음이 있는 것이다. 후자는 전자에 선행하지 않으며, 양자는 서로 분리될 수 없다.

이와 대조적으로 합일(合一)하는 조화를 표방해 온 근대적 사유는 후자(조화, 화음)를 전유하기 위해 전자(대립, 불협화음)를 소거하거나 흡수하는 방식을 선택해왔다. 충돌의 긴장이 야기하는 역동성은 고정된 안전성에 자리를 내어주었고, 이를 거듭하며 중심(부)은 자신과 동일하지 않은 주변(부)에 대한 위계적 권력을 강화해왔다. 현대인이 지각하고 경험하고 살아가는 세계는 이러한 방식으로 구성

---

4 헤라클레이토스의 사상을 가장 잘 담고 있는 단편과 문구로는 다음이 있다. "대립하고 있는 것은 일치하고 있는 것에 있고, 가장 아름다운 조화는 갈등하고 있는 것들로부터 나온다(그리고 모든 것들은 투쟁을 통해 태어난다.)"(Aristotle, Nicomachean Ethics 1. 1155b4); "전체적인 것과 그렇지 못한 것, 결합된 것과 그렇지 못한 것, 일치하는 것과 그렇지 못한 것을 함께 파악하는 것. 모든 것으로부터 통일이 나오며, 통일로부터 모든 것이 나온다."(Aristotle, De mundo 5. 396b 20); "올라가는 길과 내려가는 길은 하나이며 동일하다."(Hippolytus, Refutatio IX 10.5); "불멸들은 가멸적이며, 가멸들은 불멸적이다. 타자의 죽음 속에 살아 있는 것이고, 타자의 삶 속에 죽어 있는 것이다."(ibid., IX 10.6). 본 각주의 번역 및 인용 출처는 다음과 같다. 고병권, 「헤라클레이토스의 단편들」, 『문학과경계』 2호, 2001, 397~421쪽.

된 세계로서 헤라클레이토스적 세계의 혼적을 지우는 방식으로 힘을 키워왔다. 마그리트의 그림이 인식론적 충격을 선사하는 이유는 자기 강화적 방식으로 구성되어 온 근대의 세계가 더 이상 유효하지 않은 순간, 다시 말해 짙게 깔린 물안개로 나아갈 방향성을 상실하고, 앞으로 나아갈 길마저 붕괴된 바로 그 순간에 떠오르는 헤라클레이토스적 세계를 보여주기 때문이다. "자연[사물의 진정한 질서]은 숨기를 좋아한다"[5]는 헤라클레이토스의 통찰처럼 헤라클레이토스적 세계는 인간의 지각과 이성적 판단으로는 쉽게 포착할 수 없는 세계이다. 인간중심적 지각과 판단에 균열이 가해지는 순간에서야 비로소 수면 위에 나타나는 낯선 세계이다.

지금으로부터 약 90년 전에 등장한 마그리트의 그림이 인간의 지각적 해석과 사물의 본질 사이에 큰 괴리가 존재할 수 있다는 점을 예술로 증명했다면, 오늘날 인간의 자기 확신적 지각과 담론에 균열을 가하여 낯선 세계로 인도하는 것은 단연 신유물론이다. 최근 물질적 전회(material turn)로 명명되는 신유물론은 코페르니쿠스적 혁명을 지칭하는 인식론적 전회와 언어의 구성적 힘에 주목한 담론적 전회를 넘어서는 가히 철학사적 사건으로 자리매김하고 있다. 신유물론의 주된 목적은 인식론 중심성과 언어 중심성이 묵과해 온 위계적 이원론(자연-문화, 인간-비인간, 남성-여성, 물질-정신, 주체-객체 등) 그리고 이에 결탁해 온 인간중심주의를 비판하는 것이다. 따라서 "모든 사물의 척도로 기능해 온 비투르비우스적 인간"[6]을 의문에 붙이는 신유물론은 자연스레 수동성의 영역으로 폄하되

---

5 원 출처는 Themistitus, Orationes V 69b이며, 번역은 고병권, 앞의 글, 420쪽 참조.
6 Rosi Braidotti. *The Posthuman*, John Wiley & Sons, 2013, p.13.

어 온 물질·자연·비인간 존재 등의 복권을 시도한다.

신유물론이 학계에서 빠르게 부상하고 있는 이유 중 하나는 인류세(Anthropocene) 혹은 자본세(capitalocene)[7]로 명명되는 현재가 신유물론이 담지하는 비판의식과 성찰을 절실히 요청하기 때문이다. 일례로 지난 7월 3일은 19세기 말 지구의 기후관측이 시작된 이후 가장 더운 날로 확인되었고, 기록적인 폭염과 산불은 생태위기가 그 어느 때보다 가속화되고 심화되고 있음을 세계 곳곳에서 방증하고 있다. 또한 전 세계인이 집단적으로 경험한 인수공통감염병의 발발은 자연과 문화라는 구분이 무효함을 예증했다. 이 점에서 인간을 넘어 인간 이상의 흐름을 사유하는 신유물론의 문제의식은 더 이상 선택의 문제가 아니라 생존의 문제라 하겠다.

그렇다면 뿌리 깊은 인간중심주의를 넘어서는 도약은 어떻게 가능한가? 이 글은 생태위기의 한 중심에서 질적으로 다른 존재 방식을 고민하기 위해, 오스트레일리아의 페미니스트 생태철학자 발 플럼우드(Val Plumwood, 1939-2008)의 먹이와 묘지 이야기를 살펴본다. 몸과 정신, 생명과 죽음, 인간과 비인간, 자연과 문화를 분리하여 사유해 온 서구 근대사상에서 죽음은 정신이 몸을 떠나는 순간 혹은 더 이상의 서사가 존재하지 않는 환원적 유물론의 관점에서 논의되었을 뿐, 생명과 죽음의 순환에 대해서는 충분히 논구되지 않았

---

7 인류세는 인간이 지구 행성에 끼치는 영향력이 유의미한 지질학적 변화를 야기할 만큼 지대해졌음을 가리키는 용어로, 폴 크뤼천(Paul Crutzen)의 논문("Geology of Mankind", Nature 415, 2002)을 기점으로 본격적으로 학계에 통용되기 시작했다. 그러나 인류세 개념은 '인류'라는 통칭 속에서 인간 집단의 다양성과 그 이면의 권력관계를 간과한다는 비판을 받았다. 이런 맥락에서 제이슨 무어(Jason Moore)는 인류세를 대체하는 용어로 자본세를 제안한다. 이에 대해서는 다음을 참조. Jason W. Moore. "The Capitalocene, Part 1: on the nature and origins of our ecological crisis", *The Journal of Peasant Studies* 44, 2017.

다. 오랜 기간 망각되어 온 이 순환의 의미를 다시 사유할 때, 관건은 단연 물질로서의 몸이다. 몸은 생명과 죽음을 연결하는 가장 기본적인 매개 지점이기 때문이다. 구체적으로 이 글은 플럼우드가 비인간 존재와의 얽힘, 그리고 몸의 분해를 거부하는 인간중심적 포식과 서구의 장례 및 매장관습을 비판하는 맥락을 살펴보고, 그녀가 펼치는 먹이와 묘지 이야기를 생태적 유물론으로 해석한다. 이는 오늘날 재난, 멸종, 질병을 포함한 여러 위기가 방증하는 '끊어진 다리'의 대안을 찾아 떠나는 여정이기도 하다.

2. 에너지 공유를 위한 먹이 이야기

> "죽음이란 원자의 소멸이 아니라 원자의 재배열이다.
> 내가 죽어도 내 몸을 이루는 원자들은 흩어져 다른 것의 일부가 된다.
> '인간은 흙에서 와서 흙으로 돌아간다'라는 말은 아름다운 은유가 아니라
> 과학적 사실이다. 이렇게 우리는 원자를 통해 영원히 존재한다."
>
> -물리학자 김상욱, 『하늘과 바람과 별과 인간』 중

우주상의 모든 존재는 생성과 소멸을 경험한다. 생명 에너지를 다한 후 죽음을 맞이하는 건 그 어떤 존재라도 피할 수 없는 숙명이다. 하이데거의 통찰처럼[8] 살아있다는 것은 죽음이 있기에 의미를 갖는 것이며, 죽는다는 것은 살아있음이 있기에 심오한 의미를 갖는 것이다. 그런데 이러한 생명과 죽음의 이어짐은 결코 개체 영역으로 국한되지 않는다. 오히려 넓은 의미에서 한 존재의 죽음은 다른 존재가 탄생하는 생명의 조건이 된다. 물리학적 관점에서 "죽음이란

---

8 마르틴 하이데거, 『존재와 시간』, 전양범 옮김, 동서문화동판, 2016.

원자의 소멸이 아니라 원자의 재배열"[9]이기 때문이다. 다시 말해 한 생명존재를 구성했던 원자는 죽음을 거쳐 영원한 상실로서 종결되는 것이 아니라, 흩어졌다가 다시 모이는 재배열의 과정을 거쳐 다른 생명존재로 탄생한다.[10] 그러므로 원자의 입장에서 생명과 죽음은 한 개체에서 다른 개체로의 이동이자 순환이며, 이 과정은 응당 공동체 내에서 이뤄진다.

이 순환 과정이 지속 가능하기 위해서 필요한 것은 무엇인가? 무엇보다 원자 그리고 원자에게 할당된 에너지의 공유가 활발히 이뤄질 수 있는 토대가 마련되어야 한다. 또한 이 토대를 기계적으로 설명하는 대신, 순환과 공유에 담긴 의미를 다층적으로 살펴볼 수 있는 이야기가 필요하다. 그러나 플럼우드는 서구문명이 견지해 온 인간중심주의가 그러한 에너지 공유를 가로막는 거대한 장벽으로 기능하면서, 이 장벽으로부터 수많은 생명존재를 죽음으로 내모는 생태위기가 기인했다고 진단한다.[11] 다시 말해, 오늘날 인류가 이룩한 소위 '문명'은 그러한 토대 형성에도, 이야기 만들기에도 노력을 기울이지 않았다. 어쩌면 플럼우드가 주인 모델(master model)로 명명하는 인간중심주의는 인간을 주인의 자리에 위치시키는 반면, 비인간 존재는 타자의 자리에 위치시키며 인간과 비인간, 자연과 문화

---

9 김상욱, 『하늘과 바람과 별과 인간』, 바다출판사, 2023. ebook.
10 죽음을 통해 원자가 재배열된다는 점은 물리학 뿐 아니라 다른 분야에서도 활발히 논의되고 있다. 다만 학문분야에 따라 사용하는 용어에 어느 정도 차이를 보인다. 예를 들어 농업기술사를 연구하는 후지하라 다쓰시(藤原辰史)는 생태학에서 분해(decompose)가 "활자를 뿔뿔이 흩어지게 하고 그리하여 이후 새롭게 조판되기를 기다리는, 그런 풍부한 이미지를 제공하는 개념"으로 변신했다고 밝힌다. 생태계에서 이 분해를 담당하는 분해자(decomposer)는 죽은 존재를 먹어서 자연으로 배출하는 '장의사'이자, '세계를 다시 만드는 존재'이다. 후지하라 다쓰시, 『분해의 철학』, 박성관 옮김, 사월의 책, 273-303쪽.
11 Val Plumwood, *Environmental Culture: The Ecological Crisis of Reason*, Routledge, pp.97-122.

생태 안에서 분해되기: 발 플럼우드의 먹이와 묘지 이야기

간의 과도한 분리(hyper-separation)를 꾀했기 때문에, 에너지를 상호 교환하는 지구공동체(earth community)를 만드는 데 실패한 것이다.[12] 주인 모델의 왕좌에 올라 주인 정체성(master identity)을 뽐내는 인간은 자신의 에너지가 다른 존재들에게 빚지고 있다는 사실을 인정하지 않고, 그렇기에 자신의 에너지는 절대로 내어주지 않은 채, 타자를 거침없이 삼키는(devouring) 데에만 몰두해왔다.[13]

장기간의 절제 없는 폭식은 종국에 과식사(過食死)를 초래한다. 이러한 비극을 막기 위해, 플럼우드는 지금이라도 인간이 지구상의 에너지를 독점적으로 전용하는 것을 멈추고 적극적인 공유 방식을 고민하고 실천해야 한다고 주장한다. 이때 플럼우드가 제안하는 방법이 바로 먹이로서의 에너지 공유이다. 1985년 2월 오스트레일리아 카카두 국립공원에서 작은 빨간색 카누를 타고 홀로 안헴랜드 고원의 물살을 가르던 플럼우드는 예기치 못한 사건을 경험한다. 그녀는 어쩌면 인간으로서 가장 상상하기 싫은 일, 바로 야생동물인 악어의 강력한 턱에 물려 물속으로 끌려 들어가 죽음의 위기를 겪는다. 분명 한 인간이 야생동물에게 잡아먹힐 뻔한 사건은 인간이 스스로에게 부여한 주인 정체성을 전복시키는 트라우마적 경험이다.

'이러한 일은 내게 일어날 수 없어. 나는 사람이지 고기가 아니야. 나는 이 운명을 받아들이지 않아!'라는 생각은 제 불신의 끝을 구성하는 한 요소였습니다.[14]

---

12 Val Plumwood, *Feminism and the Mastery of Nature*, Routledge, 1993, pp. 47-55.
13 *ibid.*, p.192.
14 Val Plumwood, "Being Prey", in James O'Reilly, Sean O'Reilly and Ricahrd Sterling (ed.), *The Ultimate Journey*, Traveler's Tales, 2000, pp.142.

그러나 플럼우드는 주인(포식자)에서 먹이로 전락한 경험에서 보다 중요한 깨달음을 발견한다. 바로 지금껏 왜곡된 환영—"실제 사물의 기울기 즉, 우리의 동물성과 체현의 진정한 척도"[15]—이라고 치부해 온 헤라클레이토스적 우주의 발견과 이곳으로의 이동이다. 이 우주로 향하는 도약의 길은 인간은 다른 종에 비해 특별하고, 모든 다른 동물보다 우위에 있다는 위계질서를 본질적으로 무너트리는 가혹한 진리와 마주하는 순간 비로소 개방된다.

> 저는 악어의 눈을 통해 평행우주처럼 보이는 곳으로 뛰어들었습니다. 이곳은 '보통의 우주'와는 전혀 다른 규칙을 가진 우주입니다. 이 가혹하고 생소한 영토가 바로 모든 것이 흐르며, 우리가 다른 존재의 **죽음을 살아가고**, 다른 **존재의 생명으로 죽는** 헤라클레이스토적 우주입니다.[16]

　　무엇보다 이 우주는 먹이사슬로 나타난다. 진흙 속에 자신의 몸을 숨긴 채 은밀히 다가와 피라미드의 최정상에 있던 인간, 그중에서도 백인을 먹이사슬의 최하단부로 끌어내린 악어의 '눈'을 통해 플럼우드는 자신이 몸담고 있는 익숙한 우주가 이 세계의 전부가 아니었음을 깨닫는다.[17] 마그리트의 그림 속 강 위의 다리와 강에 비친 다리가 동시에 공존하고 있는 것처럼, 이 세계에는 두 개의 우주가 동시에 존재한다. 플럼우드가 평상시 지각한 우주는 그저 보통의 우주(개체/정의의 우주)로서 강물 위의 끊어진 다리에 불과하

15　플럼우드(2023), 앞의 책, 39쪽.
16　위의 책, 41쪽.
17　자크 데리다(Jacques Derrida)에게 암컷 고양이의 눈이 '나체로 보여짐'에 수반된 수치심을 느끼게 한다면, 플럼우드에게 악어의 눈은 '먹힘'과 '먹이로의 전락'에 담긴 생태적·윤리적 의미를 통감하게 한다.

다. 이때 악어의 날카로운 이빨이 야기한 균열은 보통의 우주에 가려 존재하지 않는 것으로 간주되어 온 헤라클레이토스적 우주를 드러내고 온몸으로 생생히 체험하게끔 만든다.

헤라클레이토스적 우주는 먹이/생태적 우주로서 "놀랍도록 급진적인 평등의 세계"[18]이다. 평행우주로 존재하는 이곳에서 인간을 포함한 모든 존재는 필연적으로 먹이로서 존재한다. 보통의 우주에서 주인 정체성과 주인 모델을 지탱해 온 지각과 인식, 언어, 이성과 판단은 인간 이외의 존재의 에너지만을 소비하고 전용해왔지만, 인간의 에너지 독점을 지켜온 '껍데기'들은 먹이/생태적 우주에서 더 이상 어떠한 의미도 갖지 못한다. 인간 중심적 방어막을 허용하지 않는 후자의 우주는 모든 존재를 육즙이 가득한 먹이로서 평등하게 대하고, 모든 몸은 한 개체에게 속하지 않고 오히려 만물에 속한다.[19] 따라서 황금빛 테두리로 빛나는 악어의 눈에 비친 플럼우드의 몸은 악어를 비롯한 지구공동체의 다른 일원들에게 에너지를 공급할 물질로서의 먹이이다. "원자는 서로 구분할 수 없이 똑같다는 사실"처럼[20] 악어에게 인간의 몸은 쥐와 동등하다.

보통의 우주에서 한 개체로서의 인간은 자신이 점유한 에너지의 양을 절대적으로 소유하고 자신의 점거를 히스테리적으로 유지한다.[21] 그러나 헤라클레이토스적 우주에서 에너지는 지구공동체의 더 큰 먹이사슬을 통해 마땅히 공유되고, 이로써 생성(탄생)과 소멸(죽

---

18 플럼우드(2023), 앞의 책, 97쪽.
19 위의 책, 95쪽.
20 김상욱, 앞의 책, ebook.
21 플럼우드에 따르면, 인간이 소유한 에너지와 영양분을 조금이라도 내어주지 않겠다는 일종의 강박증은 SF 공포영화에 잘 드러나 있다. 예컨대 인간의 피를 빨아먹는 모기와 인간을 잡아먹는 외계 생명체에 대한 혐오는 반감을 넘어 히스테리적이기까지 하다.

음)은 생태적 순환 구조를 이루게 된다. 먹이사슬은 이 순환을 가능하게 하고 작동시키는 실천 방안, 문자 그대로 '다른 존재의 죽음을 살아가고, 다른 존재의 생명으로 죽는 것'이다. 이 먹이사슬을 포용하는 것은 "우리[인간]의 생명은 복잡한 생물학적 교환 안에서 지탱되고, 우리는 모두 다른 존재의 희생을 통해 자양분을 얻을 수밖에"[22] 없다는 점을 인정하는 것이다.

> 우리는 인간의 멋진 삶에서 우리가 먹이로 만드는 이들과의 친족 관계를 인정하는 방식으로 먹이를 얻어야 합니다. 이 방식은 우리가 먹이 그 이상이라는 점을 망각하지 않으면서 우리 자신을 다른 존재의 먹이로서 상호적으로 위치시킵니다. (…) 생태적 체현을 분리가 아닌 상호 간의 존중하는 쓰임을 수반하는 것으로 평등하게 바라보는 시각. [23]

그러므로 비인간 존재는 인간에 의해 도구화되는 타자가 아니라 인간의 친족 관계가 되고, 인간 역시 같은 방식으로 비인간 존재의 먹이이자 친족이 된다. 주지할 점은 그저 '고기'로 환원되는 것이 아니라는 점에서 먹이이되, 먹이 그 이상이 된다는 점이다. 플럼우드는 이러한 에너지의 공유를 게리 스나이더(Gary Snyder)가 "생명의 성스러운 에너지 교환, 진화적인 상호공유의 측면 다시 말해, 문자 그대로 서로를 먹음으로써 에너지를 나누고 그 에너지를 이곳저곳으로 전달하는 것"[24]이라고 칭한 것으로 받아들인다.

인간과 비인간의 친족관계라는 급진적 사유를 가장 명증하게 나

---

22 플럼우드(2023), 앞의 책, 160쪽.
23 위의 책, 210쪽.
24 위의 책, 95쪽.

타내는 것이 바로 지구상에 거주하는 만물은 지구공동체의 도서관에서 빌린 책이라는 비유이다.[25] 대여한 책은 대여기간이 만료되면 회수되어 다른 대여자에게 넘어가고, 새로운 대여자는 그 책에 자신의 손으로 또 다른 이야기를 이어서 써내려갈 수 있다. 인간·주체·주인에게만 배타적으로 할당되었던 능동성과 행위성은 먹이사슬에 참여하는 모든 존재에게로 확장된다. 쓰지 않겠다는 금지가 아니라 서로 쓰임의 인정이 필요하다. 인간이 홀로 차지했던 (혹은 차지한다고 착각했던) 지구의 식탁은 이미 지구 공동체의 만찬장으로 탈바꿈할 준비를 마쳤다.

3. 시끌벅적한 만찬장으로서의 묘지 이야기

악어와의 조우를 계기로 인간 또한 먹이사슬의 일부라는 점을 가감 없이 증명한 플럼우드의 먹이 이야기는 분명 설득력 있다. 그러나 플럼우드와 완전히 다른 환경에 살고 있는 사람에게 그녀의 경험은 여러 설명과 이론이 덧붙여져도 어딘지 멀게 느껴지는 것이 사실이다. 예컨대 남반구 오스트레일리아의 광활한 국립공원에서 악어와 마주쳤던 플럼우드의 경험을 한국의 어느 도시에 살고 있는 필자와 독자가 겪을 가능성은 매우 낮다. 무엇보다 인간은 다른 지구공동체에게 풍부한 에너지를 나눌 수 있는 물질로서의 몸이라는 플럼우드의 주장이 소구력을 가지려면 모든 이가 경험할 수 있는 공통의 경험이 필요한데, 이 부분은 여태껏 서구 문화가 죽음을 다루었던 방식을 비판적으로 고찰하는 것으로 메워질 수 있다.

---

25 위의 책, 99쪽.

모든 생명 존재는 필연적으로 죽음을 맞이한다. 이때 한 존재의 죽음이 다른 존재의 생명으로 이어지는 생성과 소멸의 운동이 지속되려면, 그리고 그 반복적 운동이 갖는 의미를 이해하기 위해서는 죽음에 대한 다른 접근법이 필요하다. 모든 인간이 공통적으로 경험하는 죽음, 이 죽음을 인간(종)의 영역으로 제한하지 않으면서 인간 이상의 흐름 속에서 바라보는 관점이 필요하다.[26] 이를 위해 플럼우드가 전하는 묘지 이야기를 살펴보자.

플럼우드의 첫째 아들 존(John Macrae)은 일찍이 관절염과 강직 척추염으로 앓다가 1988년 8월의 어느 날 스물아홉의 젊은 나이에 요절했다. 존의 죽음은 악어에게 공격 받아 죽음의 문턱에서 빠져나온 지 불과 3년 만에 맞닥뜨린 아픔이었다. 지난 3년 간 먹이사슬을 통한 생명과 죽음의 순환에 천착해 온 플럼우드에게 아들이 묻힐 '적합한' 묘지를 찾는 일은 쉽지 않았다. 그곳은 아들이 살다간 짧은 생을 충분히 애도할 수 있는 공간이면서, 동시에 상실의 슬픔을 다른 생명의 탄생으로 달랠 수 있는 순환의 공간이어야 했다. 플럼우드는 고민 끝에 아들과 함께 생활했던 시드니와 캔버라 사이에 위치한 메이저스 크릭 묘지(the cemetery at Majors Creek)를 선택했다.

메이저스 크릭 묘지는 플럼우드가 오스트레일리아 산림 및 생태 다양성 연구를 위해 1970년대 중반에 처음 방문했던 곳인데, 한동안 기억의 저편에 가려져 있다가 아들의 묘지를 찾던 중 다시 떠올리게 된 것이다.[27] 이곳은 초기 정착민들이 묘지로 사용하기 이전부

---

26 이때 '공통적으로 경험하는 죽음'은 생명 존재로서 겪는 필연적 죽음을 의미한다. 죽음을 경험하는 순간과 방식, 과정은 모두 다르기에 모든 죽음을 균질화하거나 동질화하는 의미로 사용된 것은 아님을 밝힌다.

터 오스트레일리아의 원주민들이 생태 매장을 진행했던, 그리하여 인간은 자연의 일부이며 언젠가 자연으로 돌아간다는 원주민의 순환적 생명관이 고스란히 녹아있는 '신성한' 공간이었다. 플럼우드는 아들이 묻힐 묘지를 찾는 것부터 장례 및 매장을 준비하고, 법적 절차를 진행하는 데에 이르기까지의 전 과정을 겪은 후, 서구에서 죽음을 다루는 방식 역시 인간을 배제한 먹이사슬처럼 지극히 인간중심주의적이라는 점을 절감하고, 이를 본격적으로 비판한다. [28]

그녀가 던지는 비판의 화살은 20세기 이전의 천국론을 거쳐 20세기 환원적 유물론을 겨냥한다. 이때 핵심은 몸에 대한 인식이다. 요컨대 20세기 이전의 천국론은 몸과 정신의 위계적 이분법에 따라 몸을 정신을 보관하는 장소로만 인식했다. 천국론에 따르면, 죽음은 정신이 몸을 떠나는 순간, 최종 도착지인 천국으로 향하기 위해 통과하는 중간지에 불과했다. 따라서 인간성의 본질인 정신이 몸을 떠났을 때, 몸에는 어떠한 서사도 남겨지지 않았고 그저 정신(영혼)의 영원성과 연속성에 국한되어 논의되었다. 플럼우드는 이에 대한 증거로서 천국론 아래 조성된 묘지의 손가락 묘석에 주목한다. 즉, 20세기 이전 묘지에는 정신의 하늘 승천을 가리키는 손가락 묘석이 즐비해있고, 묘비에는 '사랑하는 남편이여. 평온히 잠드소서/신은 때가 되었을 때 그대를 부르셨도다' 등의 영원성 서사가 새겨져 있는데, 이러한 문화는 몸이 정신을 담는 그릇으로서 치부되었다는 점을 효과적으로 보여준다.[29] "천국론에 따르면 지구는 기껏해야 임시

---

27 Dominic Hyde, *Eco-logical Lives: The Philosophical Lives of Richard Routley/Sylvan and Val Routley/Plumwood,* The White Hore Press, 2014, p. 233.
28 서구 장례 및 매장에 대한 비판에 대해서는 다음을 참조. Val Plumwood, "The Cemetery Wars: Cemeteries, Biodiversity and the Sacred." *Local-Global 3,* 2007, pp. 54-71.

거처에 불과"한 것이므로, 이러한 문화는 "[지구] 땅에 속하는 몸은 부패하지만 진정한 자아인 영혼은 따로 떨어진 영역에서 영원한 생명을 얻는" 초월적 해법을 따르고 있다. 이로써 인간과 비인간 존재, 나아가 지구공동체는 죽음의 영역에서도 단절된다.30

반면 20세기, 특히 1920년대 이후 환원적 유물론의 시대에 들어서면, 정신(영혼)의 영원성 서사도 힘을 잃게 된다. 더 이상 사람들은 손가락 묘석을 세우거나, 묘비에 장황한 문구를 담지 않게 되었다. 이제 묘지에 남는 것은 매우 건조하고 간단한 정보일 뿐이다. 적어도 20세기 이전 천국론에서 죽음은 중요한 논제였지만, 근대성은 죽음 자체를 사회적 금기에 부치며 침묵한다. 이제 죽음은 그 자체로 물질적이고 체현된 자아의 이야기가 종료되는 시점으로 인식되었고, 죽음 이후의 서사는 더 이상 아무것도 존재하지 않는 무효의 관점이 통용되기 시작한다. 이러한 환원적 유물론 역시 플럼우드에게 만족할만한 서사를 제공하지는 못한다. "근대성은 과거[천국론]의 환영을 벗어던졌다는 점에 심취했지만, 정작 천상적 환영을 대체할 생태적이거나 지구적인 정체성 내지 서사를 제공하는 데는 실패"31했기 때문이다.

20세기 이전의 천국론과 환원적 유물론에서 나타나는 무신론은 언뜻 다른 노선을 취하고 있는 것처럼 보인다. 그러나 플럼우드는 후자가 전자를 절단된 형태로 유지하는 데에 그치고 있으므로, 죽음

---

29 플럼우드, 앞의 책. 241-246쪽.
30 플럼우드에 따르면, 땅 속 깊이 묻힌 관과 제초제가 뿌려진 묘지의 풍경은 비인간존재(곤충, 박테리아, 동물, 식물 등)의 '침입'을 불허하여 이들과의 얽힘을 허용하지 않으려는 강박이 투영되어 있다.
31 위의 책, 245쪽.

에 대한 통찰을 제공하지 못한다고 강하게 비판한다. 그렇다면 죽음에 대한 깨달음을 제공하는 대안은 무엇이란 말인가? 플럼우드는 원주민의 사상을 계승하는 생태적 유물론을 소환한다.

> 몸은 그저 '끝'난 것이 아니므로 부패하거나 분해됩니다. 비록 몸은 조직 형태를 잃지만, 물질과 생명력을 공유하면서 새로운 형태를 취하거나 새로운 형태로 통합됩니다. 이 과정에는 죽음 이후의 서사가 아주 풍부하게 존재합니다![32]

이 관점은 인간의 몸을 땅 속 생명존재로부터 침해되지 않도록 딱딱한 관을 만들고 울타리를 치는 것과는 정반대의 노선을 취한다. 플럼우드가 지지하는 생태적 유물론은 생명을 다한 존재가 생태 안에서 '잘' 분해되어 다른 존재에게 자신의 에너지를 흘러들어가도록 만들고, 그 과정 전반을 적극적으로 긍정하며 서사로 전승하는 것이다. 이로써 "죽음은 개체 수준에서 생명의 찰나성을 확정하지만, 생태적 수준에서는 지속적이고 탄력적인 순환 또는 과정"을 보여주게 된다.[33] 생태 안에서 분해되기란 원자와 에너지, 서사의 소멸이 아니라 또 다른 얽힘을 위한 해체의 수순이다. 그리고 이러한 얽힘은 죽으면 인간의 정신은 천국으로 향한다거나, 죽으면 무(無)로 돌아간다는 편협한 생각을 넘어선다. 그보다는 죽음을 통해 비인간 존재와 피와 살과 신경이 부대끼며 녹아드는 과정을 기리는 것이다.

묘지를 앞서 지구에 거주한 신성한 존재와 그들을 따로 떨어트리는 장소가

---

32 위의 책, 248쪽.
33 위의 책, 249쪽.

아니라 그들과 결합하는 장소로서 추앙하고, 인간을 인간 이상의 것으로 변화시키는 분해의 과정을 기립니다.[34]

플럼우드가 전개하는 사상은 인간을 인간 이상의 것으로 변화시키는 생태 안에서 지구공동체와 얽히는 것이 첫째, 인간 몸의 취약성을 수용하여 부패하는 몸을 인정하고 둘째, 생태 질서 속에서 몸을 지닌 평등한 지구공동체원이라는 점을 상기한다는 점에서 중요하다.[35]

이때 부패하는 인간의 몸은 혐오의 대상이 아니라, 다른 존재에게 기꺼이 자신의 영양분을 내어 죽음을 생명으로 연결시키는 만찬장이다. 타자에게 열려있고 침투 가능하고 횡단 가능하기에, 이 만찬장은 이질적 존재들이 풍요롭게 한데 모이는 장소가 될 수 있다. 만찬장에 들어오는 비인간 존재의 수가 많아지면 많아질수록, 다양해지면 다양해질수록 그 공간은 역동성의 공간으로 탈바꿈한다. 이 시끌벅적한 만찬장에서 이들을 퇴치하는 것이 아니라 적극적으로 초대하는 실천을 통해 "우리보다 앞선 존재들이 모여 체현된 공동체"[36]의 에너지를 공유 받았던 인간의 몸은 그 선물의 시혜성을 자신에서 끝내지 않고 다른 친족에게 그리고 다음 세대에게 넘겨줄 수 있다. 만찬장을 더 넓게 확장하고, 더 많은 존재들과 나눔으로써 선조공동체로부터 물려받은 지구공동체를 키워내는 것이 플럼우드가 파악한 이 시대의 중요한 철학적 문제이다.

---

34 위의 책, 251쪽.
35 위의 책, 250쪽,
36 위의 책, 250쪽.

4. 인간과 비인간의 관계 맺기

필자가 물질과 생명, 죽음, 관계(성)을 다시 사유하는 신유물론 시대에 에너지를 지닌 물질로서의 몸을 경유해 생명과 죽음의 선순환을 사유하는 플럼우드를 소환하는 것은 '끊어진 다리' 위에서 방황하는 우리 인간에게 그 다리 아래 헤라클레이토스적 우주가 실제로 존재한다는 점을 인식하도록 도와주기 때문이다. 물론 이러한 인식과 실천은 결코 쉽지 않다. 쉽지 않기에 두려움도 따른다. 또한 이론과 현실 두 영역이 호응하는 변화를 한 번에 이루겠다는 것은 욕심에 불과할 수 있다. 다만 이러한 두려움과 어려움 앞에서, 스스로 죽음의 문턱에 가까이 가보았던 플럼우드의 경험을 공유하는 것은 그 자체로 의미가 있다.

1988년 아들을 지구공동체의 품으로 돌려보낸 후, 20년이 흐른 2008년 2월의 어느 날 플럼우드는 플럼우드 산(Plumwood Mountain) 아래 손수 가꾼 집 안에서 뇌졸중으로 세상을 떠났다. 당시 그녀는 두 번째 남편이었던 리차드 라우틀리(Richard Routley)와도 이혼한 상황이었기에, 플럼우드의 시신을 매장해 줄 직계 가족은 없었다. 그저 플럼우드의 동료들이 그녀가 남긴 유서에 따라 그녀의 마지막 가는 길을 배웅하였다. 그들은 땅 속에서 분해되기 쉬운 종이 판지(cardboard)로 관을 만들었고, 플럼우드는 그녀의 생태적 분해를 기꺼이 도와줄 흙, 식물, 곤충과 함께 관 안에 안치되어, 집 앞 정원에 묻혔다. 묘지에는 그 흔한 묘비나 묘석도 없었지만, 오히려 이 덕분에 시끌벅적한 만찬장을 꿈꿔온 플럼우드의 바람처럼 수많은 비인간 존재에게 개방되어 있었다.[37] 묘지를 인간(성)을 박제하는 곳이 아니라, 인간을 인간 이상의 흐름 속에서 분해하여 지구에 앞서 거주한 신성한 존재들과 결합시키는 곳, 그리하여 생명과 죽음이 순환하는 곳이기를 염원했던 플럼우드에게는 최적의 묘지라 하겠다.

최근 미국에서 플럼우드가 지향한 퇴비장이 합법화되고 있다. 워싱턴, 오리건, 콜로라도, 버몬트주에 이어 캘리포니아주가 2027년부터 인간 퇴비화 장례(Human and Composting Burial)를 허용하는 법안에 서명했다. 퇴비장이 오늘날 여러 양상으로 드러나는 위기의 씨앗인 인간중심주의를 버리는 유일한 길 혹은 가장 효과적인 길이라고는 말할 수 없다. 그러나 이러한 소식은 우주에서, 적어도 지구 행성에서 모든 생명존재는 서로 먹고 먹히는 포식과 피식의 상호 호혜적 관계에 있다는 점을 긍정하는 플럼우드의 사유가 단순히 이론의 영역 뿐 아니라 실천의 영역에서도 다양한 방식으로 시도될 수 있음을 입증한다. 신유물론의 부상은 비인간 존재의 능동성과 행위성을 긍정하고 이로부터 인간과 비인간의 새로운 관계성을 상상하고 실천하는 데 의의가 있다. 때로는 인간에게 에너지를 주고, 때로는 인간에게 에너지 나누기를 청하며, 인간에게 다양한 방식으로 말거는 비인간 존재와의 시끌벅적한 공존과 공생의 관계 맺기에 플럼우드의 안내가 소박하게나마 기여하길 바란다.

---

37 플럼우드의 동료들은 이러한 생태적 매장 과정을 글과 사진으로 기록하였고, 이를 학계 및 대중과 공유하기 위해 온라인 추모 공간을 만들었다. 다음의 홈페이지를 참조 바람: https://valplumwood. wordpress.com (검색일 2023.07.11.)

참고문헌

고병권, 「헤라클레이토스의 단편들」, 『문학과경계』 2호 (2001): 397-421.

김상욱, 『하늘과 바람과 별과 인간』, 바다출판사, 2023. ebook.

마르틴 하이데거, 『존재와 시간』, 전양범 옮김, 동서문화동판, 2016.

미셸 푸코, 『이것은 파이프가 아니다』, 김현 옮김, 고려대학교출판부, 2010,

발 플럼우드, 『악어의 눈』, 김지은 옮김, yeondoo, 2023.

후지하라 다쓰시, 『분해의 철학』, 박성관 옮김, 사월의책, 2022

Dominic Hyde, *Eco-logical Lives: The Philosophical Lives of Richard Routley/Sylvan and Val Routley/Plumwood*, The White Hore Press, 2014.

Jason W. Moore, "The Capitalocene, Part 1: on the nature and origins of our ecological crisis", *The Journal of Peasant Studies* 44 (2017): 594-630.

Rosi Braidotti, *The Posthuman*, John Wiley & Sons, 2013.

Val Plumwood, *Feminism and the Mastery of Nature*, Routledge, 1993.

_____, "Being Prey", in James O'Reilly, Sean O'Reilly and Ricahrd Sterling (ed.), *The Ultimate Journey: Inspiring Stories of Living and Dying*, Traveler's Tales (2000).

_____, *Environmental Culture: The Ecological Crisis of Reason*, Routledge, 2001.

_____, "The Cemetery Wars: Cemeteries, Biodiversity and the Sacred." *Local-Global* 3 (2007): 54-71.

_____, *The Eye of Crocodile*, ANU Press, 2012.

https://valplumwood.wordpress.com